Kohlhammer

Lehren und Lernen

Herausgegeben von

Andreas Gold
Cornelia Rosebrock
Renate Valtin
Rose Vogel

Stefan Jeuk

Deutsch als Zweitsprache in der Schule

Grundlagen – Diagnose – Förderung

Verlag W. Kohlhammer

Dieses Werk einschließlich aller seiner Teile ist urheberrechtlich geschützt. Jede Verwendung außerhalb der engen Grenzen des Urheberrechts ist ohne Zustimmung des Verlags unzulässig und strafbar. Das gilt insbesondere für Vervielfältigungen, Übersetzungen, Mikroverfilmungen und für die Einspeicherung und Verarbeitung in elektronischen Systemen.

Die Wiedergabe von Warenbezeichnungen, Handelsnamen und sonstigen Kennzeichen in diesem Buch berechtigt nicht zu der Annahme, dass diese von jedermann frei benutzt werden dürfen. Vielmehr kann es sich auch dann um eingetragene Warenzeichen oder sonstige geschützte Kennzeichen handeln, wenn sie nicht eignes als solche gekennzeichnet sind.

2., aktualisierte Auflage 2013

Alle Rechte vorbehalten
© 2010 W. Kohlhammer GmbH Stuttgart
Umschlag: Gestaltungskonzept Peter Horlacher
Gesamtherstellung:
W. Kohlhammer Druckerei GmbH + Co. KG, Stuttgart
Printed in Germany

ISBN 978-3-17-023268-6

Geleitwort

Die großen internationalen Vergleichsstudien zu Schul- und Schülerleistungen vom Beginn des Jahrhunderts haben spürbare Innovationen im gesamten Bildungssystem bis hinein in die konkreten unterrichtlichen Praktiken mit sich gebracht. Auch die Forschungslandschaft rund um das Lehren und das Lernen wurde durch diese Impulse nachhaltig beeinflusst und wirkt ihrerseits weiter auf die Entwicklung von Schule und Unterricht ein.

Eine der Lehren aus diesen Studien war die Anerkennung der Notwendigkeit von Interdisziplinarität: Lehren und Lernen, wissenschaftlich betrieben, kann nur durch das Zusammenspiel pädagogischer, psychologischer, fachwissenschaftlicher und fachdidaktischer Theorien und Befunde befriedigend erklärt und gesteuert werden. In der pädagogischen Praxis kann keine Lerntheorie ohne Bezug auf eine konkrete Inhaltsdomäne und keine Lehrmethode ohne Curriculumsbezug und ohne Beachtung der individuellen Lernvoraussetzungen erfolgreich sein. Die je eigenen Perspektiven und Erkenntnisse der Psychologie, der Pädagogik und der beiden schulisch zentralen Fachdidaktiken Mathematik und Deutsch, vertreten in den Disziplinen der Herausgebenden, sollen in den einzelnen Bänden dieser Reihe jeweils zu einem kohärente Gesamtbild zusammengeführt werden. Neben der Interdisziplinarität liegt besonderer Wert auf einer – weit verstandenen – Empirie: Erfahrungswissenschaftlich gewonnene Erkenntnisse zum Lehren und Lernen stehen jeweils im Mittelpunkt der Darstellung. Schließlich fokussieren alle Bände der Reihe den Anwendungsbezug: Die entfalteten Themen, Diskurse und Fachgebiete sind jeweils unmittelbar bedeutend für Schule und Unterricht. Insgesamt präsentieren die Bände die wichtigsten unterrichtlich relevanten Forschungsthemen und -ergebnisse aus den unterschiedlichen Disziplinen.

Die vorliegende Reihe umfasst thematisch den Vorschul-, Grundschul- und weiterführenden Schulbereich bis etwa zur zehnten Klassenstufe. Konzipiert ist sie für (zukünftige) Lehrende, auch für PädagogInnen und PsychologInnen in weiteren Anwendungsfeldern im Bildungssystem. Mit dem „Lehren und Lernen" werden die oben angesprochenen politisch-praktischen Veränderungen im pädagogischen und fachlichen Feld und in der Aus- und Weiterbildung von Lehrerinnen und Lehrern aufgegriffen, indem die Ergebnisse der empirischen Forschung in den zentralen Bereichen des Lehrens und Lernens aus interdisziplinärer Perspektive für professionelle Anwender verständlich und kompakt dargestellt werden.

Andreas Gold, Cornelia Rosebrock, Renate Valtin & Rose Vogel

Vorwort

Sehr viele Kinder und Jugendliche wachsen in Deutschland mehrsprachig auf. Lehrkräfte sowie Erzieherinnen und Erzieher werden jedoch nicht immer ausreichend auf diesen Umstand vorbereitetet. In Bildungsplänen und Beschlüssen der Kultusministerkonferenz findet sich häufig ein Verweis auf die Kompetenzen der mehrsprachigen Lernenden und die Vorgabe, dass diese Kompetenzen wertgeschätzt und in den Unterricht und die Förderung einbezogen werden sollen. In der Praxis werden mehrsprachige Kinder und Jugendliche jedoch häufig als Problemgruppe wahrgenommen.

Meine Auseinandersetzung mit dem Thema begann Anfang der 1990er Jahre mit meiner Arbeit als Sonderschullehrer für sprach- und lernbehinderte Kinder: In der Praxis hatte ich viele mehrsprachige Kinder, die Schwierigkeiten mit der deutschen Sprache hatten, in meiner Ausbildung hatte ich jedoch keine Kompetenzen hinsichtlich des Umgangs mit mehrsprachigen Kindern erworben. Obwohl im Studium der Sprachbehindertenpädagogik das Thema Spracherwerb einen Studienschwerpunkt bildete, stand hier ausschließlich der Erwerb einer Sprache im Fokus. Wie mehrsprachige Spracherwerbs- und Bildungsprozesse ablaufen, wurde nicht diskutiert. Dies hat sich in den letzten zehn Jahren geändert, im Arbeitsbereich „Deutsch als Zweitsprache" sind einige erfreuliche Entwicklungen zu beobachten.

Seit 1999 befasse ich mich auch wissenschaftlich mit diesem Thema, und ich musste feststellen, dass es auf die komplexe Frage, wie mehrsprachige und heterogene Lerngruppen am besten unterrichtet werden können, keine einfachen Antworten gibt; vieles ist noch ungeklärt, und manches lässt sich auch nicht ohne Weiteres klären. Meine Erfahrungen und die wissenschaftliche Auseinandersetzung mit dem Thema „Deutsch als Zweitsprache" bilden die Basis dieses Bandes. Einige Inhalte sind bereits in anderen Publikationen vorgestellt worden, neu ist jedoch die Orientierung an der Zielgruppe der Lehrkräfte und der Versuch, eine Reihe von konkret handhabbaren Vorschlägen in die Erörterungen einzuflechten. In diesem Band wird versucht, eine Zusammenfassung der wichtigsten Grundlagen des Unterrichts mit mehrsprachigen Lerngruppen vorzulegen. Das Thema wird so aufbereitet, dass Lehrkräfte, Erzieherinnen und Erzieher sich möglichst viele Grundlagen aneignen können, die sie für ihren pädagogischen Alltag benötigen.

Ich danke allen Kolleginnen und Kollegen, die mich in den letzten Jahren bei meiner Arbeit unterstützt haben, vor allem Elke Grundler und Joachim Schäfer für vielfältige Korrektur- und Überarbeitungsvorschläge. Außerdem danke ich dem Kohlhammer-Verlag, insbesondere Ulrike Albrecht, sowie den Herausgeberinnen und dem Herausgeber der Reihe für ihre umfangreiche Unterstützung. Mein besonderer Dank gilt jedoch allen Kindern und Familien, mit denen ich im Laufe meiner Forschungstätigkeiten zusammenarbeiten durfte. Ihre Offenheit und Bereitschaft zur Zusammenarbeit bildet die Basis aller meiner Untersuchungen.

Ludwigsburg, im Januar 2010   Stefan Jeuk

Für die Neuauflage wurde der Text korrigiert und geringfügig überarbeitet, dabei wurden aktuelle Entwicklungen berücksichtigt. Ich danke Esin Isil Gülbeyaz für wichtige Korrektur- und Überarbeitungsvorschläge.

Ludwigsburg, im Januar 2013   Stefan Jeuk

Inhalt

Geleitwort 5

Vorwort 7

Einleitung 11

1 Deutsch als Zweitsprache in Deutschland 13
   1.1 Begriffsbestimmung 13
   1.2 Bildungsbenachteiligung 17
   1.3 Deutsch als Zweitsprache als Bildungsaufgabe in der Schule ... 20

2 Zweitspracherwerb 26
   2.1 Kindliche Sprachaneignung 26
   2.2 Zweitspracherwerbstheorien 31
   2.3 Einflussfaktoren auf den Zweitspracherwerb 37
   2.4 Der Einfluss der Erstsprache 42

3 Verlauf des Zweitspracherwerbs und Lernschwierigkeiten 48
   3.1 Alltagskommunikation und Bildungssprache 48
   3.2 Zweitspracherwerb im Vorschul- und Schulalter 54
   3.3 Schwierigkeiten beim mündlichen Sprachgebrauch 66
   3.4 Schwierigkeiten beim schriftlichen Sprachgebrauch 72

4 Sprachstandserhebung und Leistungsbewertung 77
   4.1 Aufgaben und Ziele von Sprachstandserhebungen 77
   4.2 Standardisierte Verfahren 83
   4.3 Informelle Verfahren 87
   4.4 Fehleranalysen und die Frage der Leistungsbewertung ... 94

5 Pädagogische und didaktische Modelle 102
   5.1 Migrationspädagogik 102
   5.2 Modelle zweisprachiger Erziehung 108
   5.3 Didaktische Modelle des DaF-Unterrichts 114
   5.4 Didaktische Modelle des DaZ-Unterrichts 118

6 Methoden der Sprachförderung und des Sprachunterrichts 125
  6.1 Sprachförderung im Elementarbereich 125
  6.2 Sprachunterricht und Sprachförderung in der Schule 132
  6.3 Spezielle Methoden des Sprachunterrichts
      und der Sprachförderung 139

Literatur 147

Stichwortverzeichnis 155

Einleitung

Es herrscht weitgehend Einigkeit darüber, dass mehrsprachige Kinder und Jugendliche im Laufe der Schulzeit nicht immer den Sprachstand in der Zweitsprache Deutsch erreichen, der notwendig wäre, um ohne zusätzliche Sprachförderung gemeinsam mit deutschen Kindern nach einheitlichen Bildungsstandards beschult zu werden. Mehrsprachige Kinder besuchen in Deutschend signifikant häufiger eine Sonderschule oder eine Hauptschule als einsprachig deutsche Kinder, dafür besuchen vergleichsweise weniger mehrsprachige Jugendliche ein Gymnasium. Die Gründe für die Bildungsbenachteiligung sind nicht immer auf individuelle Lernschwierigkeiten zurückzuführen, sondern auch auf Defizite auf Seiten der Bildungseinrichtungen. Ein Aspekt hiervon ist, dass es an einsprachig (= monolingual) verfassten Schulen kaum konzeptionelle Überlegungen gibt, wie mit Mehrsprachigkeit umzugehen sei. Häufig wird davon ausgegangen, dass der Erwerb zweier Sprachen im Prinzip kein Problem sei und dass es im Vorschulalter gelingen müsse, Deutsch als Zweitsprache so zu erwerben, dass eine Beschulung gemeinsam mit einsprachig deutschen Kindern problemlos möglich ist.

Schwierigkeiten und Defizite beim Erwerb der Zweitsprache Deutsch führen im Lauf der Schulzeit unter Umständen zu immer größeren Lernschwierigkeiten, die sich auch auf die Sachfächer auswirken. Die Kompetenzen in den Herkunftssprachen der Kinder spielen hingegen in der deutschen Schule kaum eine Rolle. So werden mehrsprachige Kinder häufig als Defizitträger wahrgenommen, da sie von Beginn der Schulzeit an mit einsprachig deutschen Kindern verglichen werden, die nur in einer Sprache kommunizieren müssen und die zum Zeitpunkt der Einschulung in der Regel, soweit es sich nicht um Kinder aus gravierend soziokulturell benachteiligenden Verhältnissen oder um sprachbehinderte Kinder handelt, die Unterrichtssprache altersgemäß beherrschen.

Ein anderer Zusammenhang wird bei der Interpretation der Ergebnisse internationaler Studien deutlich: Schülerinnen und Schüler mit Migrationshintergrund sind im deutschen Schulsystem erfolgreicher, wenn man sie mit denjenigen deutschen Kindern und Jugendlichen vergleicht, die unter denselben benachteiligenden sozialen Umständen leben. Die starke Abhängigkeit des Bildungserfolgs von der sozialen Herkunft trifft Kinder mit Migrationshintergrund in besonderem Maße. Im schulischen Alltag vermischen sich in der Wahrnehmung der Lehrkräfte häufig soziale und kulturelle Aspekte. Es kann davon ausgegangen werden, dass vieles, was in den Augen der Lehrkräfte kulturelle Differenzen sind, auf soziale Differenzen zurückzuführen ist bzw. ein Ergebnis komplexer soziokultureller Wechselwirkungen ist.

In den sozialen Bedingungen ist nur ein Grund für die Bildungsbenachteiligung vieler Kinder mit Migrationshintergrund zu sehen. Ein anderer liegt darin, dass viele mehrsprachige Kinder in Kindergarten und Grundschule nicht ausreichend gute Gelegenheiten haben, sich die deutsche Sprache angemessen anzueignen. Mehrsprachige Kinder, die viele Kontakte zur Zweitsprache Deutsch haben, haben auch weniger Probleme, die deutsche Sprache zu erwerben. Darüber hinaus scheint die Qualität der vorschulischen und schulischen Sprachförderung eine entscheidende Rolle zu spielen. Es ist bisher zu wenig im Bewusstsein von Bildungspolitikern, Lehrkräften und Erzieherinnen, dass sprachliche Fähigkeiten, die vielfach als Voraussetzung für schulische Bildung gesehen werden, im Kindergarten und in der Schule erst noch vermittelt werden müssen.

Aus dem Gesagten ergibt sich zweierlei: Zum einen ist die Förderung der Zweitsprache Deutsch bei mehrsprachigen Kindern genuine Aufgabe des Deutschunterrichts an der Schule, zumal im Verlauf des Schriftspracherwerbs und des weiterführenden Lese- und Schreibunterrichts bestimmte sprachliche Formen, die eben für die Schriftlichkeit kennzeichnend sind, erst vermittelt werden. Zum anderen ist die Unterstützung des Zweitspracherwerbs in allen Schulfächern über die gesamte Schulzeit hinweg eine zentrale Aufgabe, da z. B. in den Sachfächern Verknüpfungen zu Weltwissen und somit zum Wortschatz- und Bedeutungserwerb gelegt werden.

Mit diesem Band sollen Lehrkräften aller Schularten Hilfen an die Hand gegeben werden, wie Kinder mit Deutsch als Zweitsprache unterstützt werden können. Hierzu wird zunächst die Lebens- und Bildungssituation mehrsprachiger Kinder in Deutschland dargestellt. Die Kenntnis der lebensweltlichen Mehrsprachigkeit ist eine wichtige Voraussetzung dafür, mehrsprachige Kinder in Deutschland besser zu verstehen (Kap. 1). Im 2. Kapitel werden Ergebnisse der aktuellen Zweitspracherwerbsforschung vorgestellt, sofern sie für schulische Lernprozesse relevant sind; im 3. Kapitel geht es um die sprachlichen Bereiche, die für mehrsprachige Kinder besonders schwer zu erwerben sind. Das 4. Kapitel widmet sich der Sprachstandsfeststellung und der Sprachdiagnostik. Dies ist ein Thema, das in jüngerer Zeit zunehmend an Bedeutung gewinnt, wird doch von Lehrkräften erwartet, Förderung und Unterricht aufgrund von Lernstandsanalysen und individuellen Beobachtungen zu konzipieren. Auch im Rahmen von Zuweisungsentscheidungen (z. B. Zurückstellung vom Schulbesuch oder Zuweisung zusätzlicher Sprachförderangebote) werden diagnostische Vorgehensweisen immer wichtiger. Im 5. und 6. Kapitel stehen die Förderung und der Unterricht im Zentrum. Ausgehend von den Prämissen einer interkulturellen Pädagogik werden in Kapitel 5 didaktische Modelle vorgestellt und diskutiert, in Kapitel 6 werden die Überlegungen auf Fragen der Sprachförderung und des Sprachunterrichts übertragen.

Die Konzeption dieses Bandes wird von der Vorstellung geleitet, dass Deutsch als Zweitsprache eine Bildungsaufgabe ist, die mehrsprachige Schülerinnen und Schüler über die ganze Kindergarten- und Schulzeit und noch darüber hinaus begleitet und dass dieser Bereich deshalb eine fächerübergreifende Aufgabe für alle Lehrerinnen und Lehrer in allen Schularten darstellt.

1 Deutsch als Zweitsprache in Deutschland

Unter optimalen Bedingungen sind Kinder in der Lage, zwei oder mehr Sprachen ohne besondere Schwierigkeiten zu lernen. Diese Bedingungen sind am ehesten in zweisprachigen (= bilingualen) Familien gegeben. Da der Erfolg beim Erwerb mehrerer Sprachen auch von den Lernbedingungen abhängig ist, ist es nicht möglich, aus der zweifellos faszinierenden Sprachlernfähigkeit von Kindern pauschal zu schließen, dass der Erwerb mehrerer Sprachen in jedem Fall problemlos ablaufen müsse. Um sich der Frage, unter welchen Bedingungen eine (zweite) Sprache erfolgreich gelernt werden kann, zu stellen, muss zunächst geklärt werden, in welchem Rahmen das Lernen erfolgt. Im Rahmen der migrationsbedingten Mehrsprachigkeit werden mehrsprachige Kinder und Jugendliche häufig als Personen wahrgenommen, die in der Schule große Lernschwierigkeiten haben.

Viele mehrsprachige Kinder, die deutsche Schulen besuchen, haben zum Zeitpunkt der Einschulung hohe Kompetenzen in ihrer Erstsprache. Außerdem haben einige von ihnen schon viel in der Zweitsprache Deutsch gelernt. Damit können sie mehr als die meisten einsprachig deutschen Kinder, die ja nur in einer Sprache kommunizieren können. Die Kompetenzen in der Zweitsprache Deutsch reichen aber häufig nicht aus, um dem Unterricht, der für einsprachige Kinder konzipiert ist, ohne weiteres zu folgen. Da sich die Sprachschwierigkeiten auf alle schulischen Lernbereiche auswirken, ist es auch Aufgabe aller Lehrkräfte, die besonderen Lernvoraussetzungen mehrsprachiger Kinder und Jugendlicher zu berücksichtigen und diese bei der Aneignung der Zweitsprache Deutsch zu unterstützen.

1.1 Begriffsbestimmung

Im Gegensatz zu Deutschland und anderen (europäischen) Nationalstaaten ist *Mehrsprachigkeit* in den meisten Ländern der Welt der Normalfall (Crystal, 1995, S. 360). Dies gilt z. B. für die Länder, in denen neben der Sprache der ehemaligen Kolonialmächte, die häufig als Verständigungs- und Verwaltungssprache dient, verschiedene Regionalsprachen in unterschiedlichen Gewichtungen gebraucht werden. Historisch gesehen sind einsprachige (monolinguale) Staaten erst im Zeitalter des Nationalismus entstanden, und häufig ist die Einsprachigkeit mittels staatlicher Repressionen durchgesetzt worden. So gab es z. B. auf dem Staatsgebiet des heutigen Frankreich bis ins 19. Jahrhundert hinein eine Reihe von Sprachen: Katalanisch, Baskisch, Okzitanisch, Provenzalisch, Bretonisch, um nur die wichtigsten zu nennen. Eine Minderheit sprach Französisch. Um sich in diesem mehrsprachigen Land verständigen zu können, mussten die Menschen selbstverständlich verschiedene Sprachen beherrschen. Erst eine repressive Sprachenpolitik, die im 16. Jahrhundert begonnen hatte, sorgte dafür, dass sich Französisch nach und nach als einzige Nationalsprache durchsetzte (vgl. Klünemann & Arnauld-Kreutzer, 2008). Dieser Prozess führte zum Aussterben oder zumindest zur Abwertung von Sprachen, um deren Erhalt man sich heute wieder bemüht. Da die Entstehung von Staaten mit einer Sprache als Nationalsprache eng mit dem Nationalismus verknüpft ist, wird die Ansicht, dass es in einer Nation eine Sprache gäbe, die als *Muttersprache* und als Sprache der Bildung für alle Menschen gleichermaßen in standardisierter Form gelten müsse, als *Linguizismus* (*lingua* = lat. Sprache) bezeichnet (vgl. Gogolin, 1994).

Selbst in sprachlich relativ homogenen Staaten gibt es Sprachminderheiten, deren Mehrsprachigkeit dauerhaft ist, wie zum Beispiel im Grenzgebiet von Deutschland und Dänemark oder im Elsass. Dort sind zwei oder mehr Sprachen über mehrere Generationen hinweg Familiensprachen. Dies kann nur deshalb aufrechterhalten werden, weil sie gefördert und institutionell gleich behandelt werden wie die Mehrheitssprache.

Innerhalb der Nationalstaaten kommt dem Begriff *Muttersprache* erhebliche Bedeutung zu. Mit diesem Terminus wird die Sprache bezeichnet, die das Kind als erste erwirbt, die in der Regel die Sprache der Mutter bzw. der Eltern ist, die es am besten beherrscht und die es darüber hinaus emotional bevorzugt (Skutnabb-Kangas, 1992, S. 43). Der Begriff Muttersprache wird jedoch in vielen Spracherwerbskontexten problematisch: Es kommt z. B. häufig vor, dass Kinder auf Grund von Migration in jungen Jahren weitere Sprachen lernen. Wenn die erste gelernte Sprache nicht weiter gefördert wird, kann es zum Sprachverlust kommen. Bei vielen deutschen Auswanderern in den USA hat dies z. B. dazu geführt, dass sie das Deutsche kaum noch beherrschen. Ein weiteres Beispiel sei genannt: In Marokko wachsen manche Kinder viersprachig auf: Französisch, marokkanisches Arabisch, regionale Berbersprache der Mutter, regionale Berbersprache des Vaters. Vermutlich gibt es dort wenige Menschen, die alle vier Sprachen vollständig beherrschen. Vermutlich werden die Sprachen in verschiedenen Lebensbereichen, je nach Verwendung, unterschiedlich gut beherrscht. Es wird jedoch deutlich, dass es in diesem Fall kaum möglich ist zu bestimmen, welche Muttersprache ein Kind hat. Die Beispiele zeigen, dass die Frage, wie und mit welchen Zielen der Erwerb einer (zweiten) Sprache gefördert werden soll, nicht ohne Berücksichtigung des gesellschaftspolitischen Umfelds beantwortet werden kann.

Der Begriff „Muttersprache" schlägt sich auch in der durchaus üblichen Bezeichnung „Muttersprachlicher Unterricht" nieder, wenn vom Unterricht in der Mehrheitssprache die Rede ist. Dies ist unter anderem deshalb problematisch, weil die Sprache, um die es in der Schule geht, eher eine konzeptionell schriftliche Varietät ist und somit keineswegs mit dem eher mündlichen Sprachgebrauch in den Familien gleichzusetzen ist (vgl. ▶ Kap. 3.1). Da außerdem eine Vielzahl von Schülern keine „Muttersprachler" sind, schlägt Haueis (2007) den Terminus „Unterricht in der Landessprache" vor.

Wer annimmt, Sprachen seien autonome Systeme, deren Beherrschung in einer homogenen Sprachgemeinschaft das Ideal darstelle, übersieht, dass alle Sprachen aus dem Kontakt vieler Sprachen untereinander entstanden sind (vgl. Jeuk, 2006). Dies lässt sich an einem Beispiel zeigen: Wörter wie *Alkohol, Chemie, Gitarre, Jacke, Koffer, Lack, Maske, Matratze, Mütze, Rasse, Spinat, Tasse* sind Entlehnungen aus dem Arabischen, die Mehrzahl der Wörter unseres Wortschatzes sind nicht deutscher Herkunft. Unser Alltag ist geprägt von direkten oder indirekten Bezügen zu anderen Sprachen. Dennoch scheint sich im Bewusstsein vieler Menschen die Vorstellung verfestigt zu haben, dass eine Sprache unabhängig von anderen Sprachen existiere.

Wenn im Folgenden von *Erstsprache* (S1) und *Zweitsprache* (S2) die Rede ist, bezieht sich dies auf die Reihenfolge des Erwerbs. Eine Wertigkeit, insbesondere im Hinblick auf die mehr oder weniger gute Beherrschung einer Sprache, kommt damit nicht zum Ausdruck. Auf den Begriff Muttersprache wird so weit wie möglich verzichtet und dem Begriff *Familiensprache* der Vorzug gegeben. Damit ist die Sprache gemeint, die in der Regel in der Familie gesprochen wird. Mit diesem Begriff bleiben der Grad der Beherrschung und der emotionale Bezug offen, es wird lediglich die Kommunikationssituation gekennzeichnet. In vielen Familien mit Migrationshintergrund gibt es mehrere Familiensprachen, da z. B. die Zweitsprache Deutsch mit der Dauer des Aufenthalts häufig auch in der Familie mehr und mehr gebraucht wird. Deutsch wird dann zu einer zweiten Familiensprache. Erwirbt ein Kind zwei Sprachen von Geburt an, z. B. in zweisprachigen Familien, so ist von *früher Zweisprachigkeit* oder vom *simultanen Erwerb zweier Sprachen* die Rede. *Sukzessiver Bilingualismus* bzw. *sukzessiver Zweitspracherwerb* steht für den Erwerb einer zweiten Sprache nach der ersten, etwa ab drei Jahren. Frühe Zweisprachigkeit ist in Familien zu beobachten, in denen die beiden Elternteile unterschiedliche Sprachen mit dem Kind sprechen. Da dies häufig in Akademikerfamilien dokumentiert ist, wird es als „Elitebilingualismus" (Tracy, 1996, S. 77) bezeichnet.

Forschungsergebnisse
Seit der Untersuchung von Ronjat (1913) gilt, dass ein Kind beide Sprachen erfolgreich erwerben kann, wenn die Eltern das Prinzip „une personne – une langue" (eine Person – eine Sprache) berücksichtigen. Ronjat entwickelte als erster Spracherwerbsforscher eine Fallstudie zum Erwerb mehrerer Sprachen. Er beobachtete die bilinguale Entwicklung seines Sohnes Louis in einer zweisprachigen Familie. Die Familie lebte in Frankreich, die Mutter sprach ausschließlich Deutsch mit dem Kind und der Vater Französisch. Zu den wichtigsten Ergebnissen gehört die Erkenntnis, dass Zweisprachigkeit die kindliche Entwicklung nicht bremst oder negativ beeinflusst. Louis war sich seiner Zweisprachigkeit früh bewusst, die Entwicklung verlief in beiden Sprachen nahezu parallel, allerdings war die eine oder andere Sprache zwischenzeitlich die stärkere.

1 Deutsch als Zweitsprache in Deutschland

In vielen Fällen wird beschrieben, dass mehrsprachig aufwachsende Kinder zwei Sprachen so erwerben, dass ihre Fähigkeiten denen eines *native speaker* (= Muttersprachler) in beiden Sprachen gleichen. Allerdings befinden sich die Sprachen selten im Gleichgewicht. Je nach Gebrauch, Umfeld, familiärer Situation und Umgebungssprache ist die eine oder andere Sprache mehr oder weniger dominant. Tracy (1996, S. 71) illustriert dies anhand eines Beispiels: Ein zweisprachiges Kind spielt mit dem englischsprachigen Elternteil mit der Eisenbahn und spricht dabei Englisch. In Bezug auf Eisenbahnen wird es über einen Wortschatz verfügen, der dem einsprachig englischer Kinder entspricht. Wenn der deutschsprachige Elternteil mit dem Kind nie mit der Eisenbahn spielt, das Kind folglich auf Deutsch auch nie darüber spricht, wird es in diesem Bereich mit deutschsprachigen Gesprächspartnern ein anderes Verhalten an den Tag legen: Es ist wortkarg, bezeichnet unterschiedliche Objekte als *Ding* oder entlehnt englische Wörter.

Beim *sukzessiven* Zweitspracherwerb treffen die Kinder auf eine andere Situation als in bilingualen Familien. Die Erzieherinnen und Lehrkräfte sind in der Regel einsprachig, die Sprachentrennung erfolgt nach dem Prinzip: Familiensprache zu Hause, Umgebungssprache im Kindergarten. Der Gebrauch zweier Sprachen hat für die Kinder eine andere Bedeutung, da zu Hause häufig *nur* die Familiensprache und im Kindergarten *nur* die Umgebungssprache gesprochen wird. So wird z. B. der Wortschatz bestimmter Lebensbereiche, die kennzeichnend für den Kindergarten sind, auch nur in der Umgebungssprache erworben.

Aufgrund der Beobachtung, dass der Erwerb zweier Sprachen in bilingualen Familien häufig erfolgreich bewältigt wird, wird zu Recht geschlossen, dass Mehrsprachigkeit im Prinzip kein Problem ist. Die Lernbedingungen müssen hierfür jedoch optimal sein. Vor allem muss davor gewarnt werden, dass bei Kindern, die mehrere Sprachen lernen und die in der einen oder anderen Sprache Defizite aufweisen, Probleme ausschließlich auf Seiten des Kindes gesehen werden. Kommen mehrsprachige Kinder im Alter von drei Jahren in eine Kindertageseinrichtung, ist dies häufig der Beginn des Zweitspracherwerbs. Werden dann zum Zeitpunkt der Einschulung sprachliche Kompetenzen erwartet, die mit denen einsprachiger Kinder vergleichbar sind, bleiben den Kindern bis dahin nur drei Jahre Zeit. In der Schule kann dies zu Problemen führen, wenn das sprachliche Lernen mit dem Leistungsvergleich mit einsprachigen Kindern und mit der Leistungsbewertung verbunden wird. Ein weiteres Problem entsteht dann, wenn in der Einrichtung viele Kinder sind, die ebenfalls die Umgebungssprache lernen müssen. Es entstehen Situationen, in denen die Erzieherinnen oder die Lehrkräfte nahezu die einzigen Sprachvorbilder sind.

Zugewanderte Menschen in monolingualen Gesellschaften müssen die Mehrheitssprache als wichtigstes Kommunikationsmittel akzeptieren und mit der Abwertung ihrer Herkunftssprachen leben. Die Kinder und Jugendlichen sind jedoch auf die Bewahrung ihrer Mehrsprachigkeit als Basis für die Entfaltung von Handlungsfähigkeit, Selbstbestimmung und gesellschaftlicher Teilhabe angewiesen, denn in ihren Familien und in vielen sozialen Kontexten ist die Herkunftssprache nach wie vor fest verankert (vgl. Kracht, 2000). Die einsprachige Mehrheitsgesellschaft ist geneigt, diesen Umstand zu ignorieren. Häufig wird auf kulturelle Differenzen verwiesen, verbunden mit einem negativ-abwertenden Unterton (vgl. die Rede von der „deutschen Leitkultur"). Dabei ist in der bildungspolitischen Debatte durchaus eine Wertigkeit der Sprachen zu beobachten: Englisch und Französisch werden mit großem institutionellen Aufwand gefördert, in vielen Bundesländern ist eine der beiden Sprachen ab der 1. Klasse zweistündiges Unterrichtsfach. Vor dem Hintergrund, dass in den 1980er und 1990er Jahren Förderstunden für mehrsprachige Kinder radikal gekürzt wurden, wird deutlich, dass es anerkannte und wichtige Sprachen einerseits und eher als unbedeutsam empfundene Sprachen andererseits gibt.

Eine weitere wichtige Unterscheidung ist die zwischen *Fremdspracherwerb* und *Zweitspracherwerb*. Fremdspracherwerb bedeutet, dass die zweite Sprache in einem Land erworben wird, in dem diese Sprache nicht gesprochen wird. Englischunterricht an deutschen Schulen ist Fremdsprachunterricht, ebenso Deutschunterricht in England. Von Zweitspracherwerb wird hingegen gesprochen, wenn die zu lernende Sprache zur gleichen Zeit die Umgebungssprache ist. Er vollzieht sich unter mehr oder weniger pädagogischer Einflussnahme und führt zu mehr oder weniger gutem Beherrschen zweier oder mehrerer Sprachen. Mit dieser Unterscheidung geht eine weitere Differenzierung einher: Eine Fremdsprache muss man *lernen*, eine Zweitsprache wird hingegen eher in ungesteuerten Kontexten *erworben*. Bei der Unterscheidung zwischen Fremd- und Zweitspracherwerb muss zudem beachtet werden, dass die Ziele des Lernprozesses höchst unterschiedlich sein können. Im Rahmen des institutionell organisierten Fremdsprachenunterrichts steht häufig die Beherrschung der schriftlich fixierten Hochsprache im Vordergrund. Die Unterweisung kann einer systematischen Progression folgen, die der Logik des Sprachsystems geschuldet ist. Beim Zweitspracherwerb müssen die Lernenden hingegen von Beginn an in der Zweitsprache kommunizieren. Für erwachsene Arbeitsmigranten ergibt sich z. B. nicht immer die Notwendigkeit, in der Zweitsprache schriftlich zu kommunizieren. Die Kommunikation im Alltag erfordert vielmehr einen bestimmten Wortschatz und die sprachliche Korrektheit wird der kommunikativen Absicht untergeordnet. So kann es geschehen, dass sich bei erwachsenen Arbeitsmigranten die sprachlichen Fähigkeiten in der Zweitsprache nur so weit entwickeln, wie dies zur erfolgreichen Kommunikation im Alltag benötigt wird.

1.2 Bildungsbenachteiligung

In den letzten Jahrzehnten hat sich die Schülerschaft in Deutschland, vor allem in den alten Bundesländern, stark verändert. In Baden-Württemberg hatten z. B. im Schuljahr 2011/2012 ca. 10% der Schülerinnen und Schüler an allgemeinbildenden Schulen einen ausländischen Pass. Der Passbesitz ist jedoch keine Kategorie, mit der sich das Ausmaß der Migration nach Deutschland erfassen lässt. Viele Migranten lassen sich einbürgern, viele zugewanderte Menschen, z. B. aus Osteuropa, haben Anspruch auf die deutsche Staatsbürgerschaft, ohne dass dies automatisch zu hohen Kompetenzen in der deutschen Sprache führt. Durch das Staatsbürgerschaftsrecht aus dem Jahre 2003 wurde die Einbürgerung zudem deutlich erleichtert. Um also zu erfassen, wie viele Kinder und Jugendliche mit Migrationshintergrund deutsche Bildungseinrichtungen besuchen, muss der Migrationshintergrund und nicht der Ausländerstatus erfasst werden (Beauftragte, 2012, S. 23ff). Im Bericht der Integrationsbeauftragten der Bundesregierung (2012) wird davon ausgegangen, dass ca. 30 % der Schülerinnen und Schüler einen Migrationshintergrund haben und somit meist mehrsprachig aufwachsen. Hinzu kommt, dass die Annahme, dass man es mit sich allmählich eingliedernden Bevölkerungsgruppen zu tun habe, „so dass man ab etwa der dritten Generation damit rechnen könne, dass ein Anpassungsprozess weitgehend vollzogen sei" (Gogolin et al., 2003, S. 29), nicht immer zutrifft.

Trotz des seit Mitte der 1980er Jahre zu beobachtenden Trends zu höherer Bildungsbeteiligung gehören Schülerinnen und Schüler ausländischer Herkunft in Deutschland nach wie vor zu den Bildungsbenachteiligten. In den 1990er Jahren wurde in der Berufsausbildung sogar ein Rückgang der Beteiligung von Jugendlichen ausländischer Herkunft beobachtet. Im Bericht der Integrationsbeauftragten der Bundesregierung wird festgestellt, dass in Deutschland lebende junge Erwachsene mit Migrationshintergrund im Vergleich zu deutschen Jugendlichen über ein niedrigeres Bildungsniveau verfügen. Damit verbunden sind eine Reihe sozialer Folgeprobleme: „Die Armutsrisikoquote ist bei der Bevölkerung mit Migrationshintergrund deutlich höher. Dazu tragen niedrige schulische und berufliche Qualifikationen, eine überdurchschnittlich hohe Beschäftigung in prestigearmen und geringer vergüteten Berufsfeldern, niedriges Einkommen sowie Arbeitslosigkeit bei" (Beauftragte, 2012, S. 38).

In Bezug auf den Schulbesuch lässt sich die Bildungsbenachteiligung exemplarisch an den Zahlen in Baden-Württemberg zeigen (▶ Tab. 1.1): Deutlich mehr Kinder mit Migrationshintergrund als einsprachig deutsche Kinder besuchen eine Sonderschule, dafür sind Kinder mit Migrationshintergrund an Gymnasien unterrepräsentiert. Die hier aufgeführten Zahlen stammen aus den oben genannten statistischen Gründen aus dem Jahr 2004, eingebürgerte Migranten sowie Aus- und Übersiedler sind nicht erfasst. So weit dies auf Grundlage der aktuellen Zahlen beurteilt werden kann, hat sich bis zum Jahr 2012 eine etwas höhere Quote mehrsprachiger Jugendlicher an Gymnasien ergeben. Die folgende ▶ Tabelle 1.1 ist aus einer Zusammenstellung verschiedener statistischer Daten entstanden. Es wurde der Schulbesuch der Klassen 5 bis 9 zugrunde gelegt, da nur in dieser Zeit die verschiedenen Schultypen tatsächlich von allen Schülerinnen und Schülern besucht werden (z. B. werden Förderschüler häufig erst im Laufe der Grundschulzeit an eine Förderschule überwiesen).

Etwas andere Zahlen ergeben sich, wenn man die gesamte Schulbesuchsdauer zugrunde legt und auch Gesamtschulen mit einbezieht. Deutschlandweit besuchen ca. 52 % der einsprachig deutschen Schülerinnen und Schüler ein

Gymnasium, aber nur ca. 25 % der ausländischen Jugendlichen. Demgegenüber besuchen nur 12 % der deutschen Schülerinnen und Schüler eine Hauptschule, aber 35 % aller ausländischen Jugendlichen. Ungefähr 7 % der deutschen Jugendlichen verlassen die Schule ohne Abschluss gegenüber ca. 17 % der Jugendlichen mit Migrationshintergrund (Beauftragte, 2012, S. 164).

Tab. 1.1: Schulbesuch in Baden-Württemberg nach Schularten 2004. Statistik Baden-Württemberg.

Schule	Alle Kinder ca.	Kinder mit ausländischem Pass ca.
Gymnasium	155 000 27 %	7 000 9 %
Realschule	180 000 31 %	13 000 17 %
Hauptschule	208 000 36 %	48 500 63 %
Sonderschule (65 % Förderschule)	30 000 5 %	8 000 10 %
Gesamt	573 000	76 330

Die Ursachen für die Bildungsbenachteiligung werden in verschiedenen Faktoren gesehen. In der PISA-Studie wird ein Zusammenhang zwischen der Beherrschung der deutschen Sprache und dem Schulerfolg hergestellt (Deutsches PISA-Konsortium, 2001, S. 374). Eine Ursache für die Bildungsbenachteiligung wird in der sozialen und gesellschaftlichen Benachteiligung der Familien gesehen: Im Durchschnitt haben Migranten in Deutschland einen geringeren Bildungsstand und Lebensstandard als Deutsche, die Arbeitslosenquote liegt mehr als doppelt so hoch wie bei deutschen Familien (Beauftragte, 2012, S. 243). Überdurchschnittlich viele Familien leben in Sozialwohnungen, in vielen Großstädten gibt es Kindertageseinrichtungen, in denen die Mehrzahl der Kinder ausländischer Herkunft ist. Die hohe Dichte von Migrationsfamilien in einzelnen Stadtteilen wird als eine Ursache dafür gesehen, dass sich die Deutschkenntnisse von einzuschulenden Kindern mit Migrationshintergrund im Vergleich zu früheren Jahren eher verschlechtert haben. Eine Annahme ist, dass hier die Anreize fehlen, Deutsch zu lernen, da es wenige Kontakte mit der deutschen Umgebung gibt.

> **Forschungsergebnisse**
> Im nationalen Bildungsbericht werden die wichtigsten soziologischen und bildungspolitischen Daten zusammengetragen: „Ein hoher Migrantenanteil ist in der Regel verbunden mit einem Übergewicht von Schülerinnen und Schülern aus Familien mit niedrigem Sozialstatus. Hier fallen dann verschie-

> dene Problemlagen zusammen, ergänzen oder verstärken sich wechselseitig. Soziale Segregation und ‚ethnische' Segregation sind in Deutschland eng aneinander gekoppelt und stellen eine wichtige Herausforderung für die Bildungspolitik dar" (Konsortium Bildungsberichterstattung, 2006, S. 161). In Schulen mit hohem Migrantenanteil (mehr als 50 %) konzentrieren sich solche Jugendliche, die zu Hause kein Deutsch sprechen. „Jeder Sechste verwendet auch unter Freunden eher seine Herkunftssprache. Jugendliche mit Migrationshintergrund, die eine Schule mit niedrigem Migrantenanteil (unter einem Viertel) besuchen, sprechen hingegen unter Freunden und sogar mit den Eltern überwiegend Deutsch (93 % bzw. 72 %). Schulen mit sehr hohem Migrantenanteil arbeiten offenbar in einem sozialen Umfeld, das insgesamt durch Abschottung sozialer und ethnischer Gruppen geprägt ist" (ebd., S. 163; vgl. Aschenbrenner et al., 2007a).

Mehrsprachige Jugendliche schneiden in der PISA-Studie 2003 nicht schlechter ab als einsprachig deutsche Jugendliche, wenn man sie mit den einsprachigen Jugendlichen vergleicht, die aus derselben sozialen Schicht kommen (Stanat, 2006, S. 98). Das bedeutet, dass Bildungsbenachteiligung vor allem ein Problem der sozialen Herkunft ist. Anders ausgedrückt: Migrantenkinder, die aus sogenannten bildungsnahen Elternhäusern kommen, fallen kaum als Bildungsverlierer auf (vgl. Baumert, 2006). Dass Familien mit Migrationshintergrund in Deutschland besonders häufig der sogenannten sozialen Unterschicht angehören, ist wiederum ein Ergebnis der deutschen Einwanderungspolitik der vergangenen Jahrzehnte.

1.3 Deutsch als Zweitsprache als Bildungsaufgabe in der Schule

Deutsch als Zweitsprache als Bildungsaufgabe

In allen Bundesländern gibt es Bemühungen, sprachliche Kompetenzen mehrsprachiger Kinder und Jugendlicher zu fördern. Dies beginnt lange vor der Einschulung, häufig werden bereits 4-jährige Kinder im Hinblick auf Schwierigkeiten beim (Zweit-)Spracherwerb untersucht. Durch eine Reihe von Maßnahmen soll die sprachliche Kompetenz bereits im Vorschulalter umfangreich gefördert werden. Doch diese Maßnahmen reichen offenbar nicht aus; in der Grundschule haben noch viele Kinder Sprachförderbedarf und auch in der Sekundarstufe sind sprachliche Schwierigkeiten mehrsprachiger Jugendlicher ein drängendes Problem (vgl. Schümer, 2004).

Schwierigkeiten bei der Aneignung in der Zweitsprache im Vorschulalter lassen sich folgendermaßen erklären:

1. Die Aneignung einer zweiten Sprache im Vorschulalter kann dann gelingen, wenn die Lernbedingungen optimal sind (vgl. ▶ **Kap. 2.3**). Insbesondere wenn die Zahl der mehrsprachigen Kinder in der Einrichtung sehr hoch ist, sind schon die Gelegenheiten begrenzt, die deutsche Sprache zu gebrauchen. Wie neuere Studien zeigen, ist ein wesentlicher Faktor für einen erfolgreichen Spracherwerb die Kommunikation unter Kindern (vgl. Andresen, 2002). Die Kommunikation unter Kindern in der Zweitsprache Deutsch fällt jedoch weg, wenn es kaum einsprachig deutsche Kinder in der Einrichtung gibt.
2. In diesen Kontexten wird die Erzieherin nahezu zum alleinigen Sprachvorbild. Verschiedene Untersuchungen zeigen, dass die Zeit, in der es einer Erzieherin in Gruppen mit 20 bis 25 Kindern tatsächlich möglich ist, so zu kommunizieren, dass die Sprachaneignung des Kindes optimal unterstützt wird, sehr begrenzt ist (vgl. Röhner et al., 2007).
3. Viele mehrsprachige Kinder leben in sozialen Kontexten, die zumindest zum Teil von prekären Verhältnissen und teilweise von Isolation geprägt sind (vgl. Schümer, 2004, vgl. auch Beauftragte, 2012, S. 108). So gibt es bei einigen Kindern auch in der Lebenswelt außerhalb der Kindertageseinrichtung wenige Gelegenheiten, die Zweitsprache Deutsch zu hören, zu verarbeiten und zu erproben. Hinzu kommt, dass viele Kinder mit Migrationshintergrund aus Familien kommen, in denen Schriftlichkeit und Leseförderung eine untergeordnete Rolle spielen.

Setzt man diese Sachverhalte in Beziehung zu den Bedingungen, von denen wir wissen, dass sie für einen erfolgreichen (Zweit-)Spracherwerb notwendig sind (vgl. ▶ **Kap. 2.3**), dann müssen wir feststellen, dass viele mehrsprachige Kinder zum Zeitpunkt der Einschulung einen Sprachstand in der Zweitsprache Deutsch erreicht haben, der, gemessen an den Rahmenbedingungen, gut ist. Er reicht aber nicht bei allen Kindern aus, um am Unterricht sinnvoll partizipieren zu können. Dies verweist darauf, dass auch in der Schule die Aneignung in der Zweitsprache Deutsch weiterhin unterstützt werden muss. Ein weiterer Aspekt kommt hinzu: Es gibt nach wie vor sogenannte „Seiteneinsteiger", die im Laufe der Schulzeit nach Deutschland einwandern. Auch sie benötigen umfassende Unterstützung beim Erwerb der Zweitsprache Deutsch.

Bei vielen Kindern fallen Schwierigkeiten in der mündlichen Kommunikation nicht immer auf und Probleme werden erst evident, wenn in der Schule im Zusammenhang mit dem schriftlichen Ausdruck weitergehende Fähigkeiten verlangt werden. Knapp (1999) spricht von „verdeckten Sprachschwierigkeiten". Die Kinder haben gelernt, im Alltag in der Zweitsprache zu kommunizieren. In der Schule sind jedoch darüber hinausgehende sprachliche Kompetenzen gefordert (vgl. ▶ **Kap. 3.1**). Da der gesamte Unterricht mit der Zeit schriftlich wird, wirken sich bereits geringfügige Sprachschwierigkeiten aus, die im Alltag nicht oder nur wenig ins Gewicht fallen (vgl. ▶ **Kap. 3.2**). Ein Schwerpunkt sprachlicher Schwierigkeiten liegt, wie wir noch sehen werden, darin, dass die Kinder über einen eingeschränkten Wortschatz verfügen bzw. nicht immer die Bedeutungen der Wörter in allen Verwendungskontexten kennen. In der Alltagskommunikation kann dieses Problem durch Mimik,

Gestik und Kontextinformationen gut kompensiert werden, in der schriftlichen Kommunikation ist dies bedeutend schwieriger. Da der Kindergarten und die Schule die wichtigsten Orte des Erwerbs eines umfangreichen und elaborierten Wortschatzes sind, folgt daraus, dass nicht nur im Deutschunterricht, sondern in allen Fächern die spezifischen Lernbedingungen mehrsprachiger Kinder berücksichtigt werden müssen. Wenn es stimmt, dass die sprachlichen Schwierigkeiten vor allem auf mangelnder Spracherfahrung beruhen, ist jede Situation, in der in der deutschen Sprache kommuniziert wird, eine potentielle Spracherwerbssituation. Insbesondere die Sachfächer sind somit zentrale Orte der Sprachaneignung. Im Laufe der Schulzeit verschiebt sich natürlich die Gewichtung erheblich (vgl. ▶ **Kap. 5**). Darüber hinaus besteht in der nationalen und internationalen Forschung Einigkeit darüber, dass mehrsprachige Jugendliche eine zusätzliche Unterstützung über die gesamte Schulzeit hinweg benötigen (Reich et al., 2002, S. 41f). Dass Förderunterricht in der Sekundarstufe zu nachhaltigen Erfolgen führen kann, zeigt beispielsweise der Erfolg des Projekts der Stiftung Mercator (vgl. Barzl & Salek, 2007; siehe ▶ **Kap. 5.2**).

Ehlich (2001) stellt fest, dass die Existenz großer Bevölkerungsteile, für die Mehrsprachigkeit zum Alltag gehört, bildungspolitisch weitgehend ignoriert wird. Allein die Tatsache, dass mitgebrachte Mehrsprachigkeit in den Lehrplänen keine Rolle spielt, verweist darauf, dass sprachliche Defizite von Migrantenkindern als individuelles Problem gesehen werden und es nur wenige Überlegungen gibt, konzeptionell oder curricular darauf einzugehen. Dies hat sich mit den neuen Bildungsplänen zwar zum Teil geändert, indem häufig davon die Rede ist, dass Deutschunterricht auch Unterricht für Kinder und Jugendliche mit Deutsch als Zweitsprache sein müsse. In der Formulierung der Bildungsstandards wird jedoch auf spezifische Bedürfnisse mehrsprachiger Kinder kaum eingegangen. So ist z. B. eines der größten Lernfelder für mehrsprachige Kinder in der Zweitsprache Deutsch die Genus- und Kasusmarkierung der Nomen. Diese Bereiche werden in den Lehrplänen nicht genannt und in den Lehrbüchern werden sie nicht thematisiert. Denn es wird davon ausgegangen, dass einsprachig deutsche Kinder dies ja können, und einsprachig deutsche Kinder sind das Maß und der Standard, an dem sich mehrsprachige Kinder unhinterfragt zu orientieren haben. Genus und Kasus sind zwar Begriffe, die im Rahmen des Grammatikunterrichts ab Klasse 5 erwähnt werden, hier geht es jedoch nicht um die Vermittlung der Gebrauchsbedingungen, sondern um das Lernen grammatischer Termini im Rahmen eines muttersprachlichen Deutschunterrichts. So gibt es auch in der didaktischen Fachliteratur so gut wie keine Veröffentlichungen darüber, wie man Kinder bei der Aneignung der Genera unterstützen kann (vgl. Jeuk & Schäfer, 2008). Die Mängel der Bildungsstandards im Hinblick auf (Zweit-)Spracherwerbsprozesse zeigen sich im Allgemeinen darin, dass die Vermittlung von Kompetenzen in der gesprochenen Sprache, unter anderem als eine wesentliche Grundlage zum Erwerb konzeptioneller Schriftlichkeit, insgesamt kaum erwähnt wird. Implizit wird davon ausgegangen, dass die Kinder zum Zeitpunkt der Einschulung die wesentlichen Grundlagen der deutschen Sprache erworben haben. Es gibt aller-

dings in nahezu allen Bundesländern Bildungspläne oder Handreichungen für den DaZ-Unterricht. Hier werden Lernziele in den Bereichen Wortschatz, Sprachhandlungen, Kommunikation, Grammatik usw. genannt, die auch für alle Fächer gelten (vgl. Aschenbrenner et al., 2009b). Diese Handreichungen werden jedoch bisher nur in Teilen umgesetzt.
Die Vermittlung sprachlicher Kompetenzen steht allein in der Schule für Sprachbehinderte explizit im Zentrum des Unterrichts und der Förderung. Allerdings orientiert man sich hier an Sprachschwierigkeiten einsprachig deutscher Kinder. Dabei ist es bisher differentialdiagnostisch nicht immer möglich, zwischen Kindern, die aufgrund einer spezifischen Sprachentwicklungsstörung (SSES) der besonderen Förderung bedürfen, und Kindern, die aufgrund ungünstiger Lernbedingungen Schwierigkeiten beim Spracherwerb haben, zu unterscheiden. Somit ergibt sich eine weitere Benachteiligung mehrsprachiger Kinder: Einsprachig deutsche Kinder, die wegen schlechter Lernbedingungen Schwierigkeiten in der gesprochenen Sprache haben, erhalten häufig eine differenzierte Förderung an Schulen für Sprachbehinderte oder in Sprachförderklassen. Mehrsprachige Kinder, die wegen schlechter Lernbedingungen Schwierigkeiten beim Zweitspracherwerb haben, werden eher in Grundschulen oder in Förderschulen unterrichtet, in beiden Fällen wird nicht immer explizit auf Sprachschwierigkeiten eingegangen. Darüber hinaus ist bisher ungeklärt, ob und inwieweit Konzeptionen der Sprachtherapie und -förderung für einsprachige Kinder auf Kinder mit Schwierigkeiten beim Erwerb der Zweitsprache übertragen werden können (vgl. Rothweiler, 2007).

Das Ziel dürfte unstrittig sein, dass am Ende der Schulzeit auch mehrsprachige Jugendliche über Kompetenzen verfügen, die mit denen der einsprachig deutschen Jugendlichen vergleichbar sind. Genauso klar muss aber sein, dass der Weg zu diesem Ziel nur dann beschritten werden kann, wenn auf die spezifischen Lernbedürfnisse und Möglichkeiten der mehrsprachigen Kinder eingegangen wird. Dass es möglich ist, bildungspolitisch umzustellen und z. B. bei der Leistungsbeurteilung auf individuelle Bedingungen mit einer individuumsorientierten Beurteilung zu reagieren, zeigt die Tatsache, dass es in allen Bundesländern Erlasse gibt, wie mit Kindern, die Schwierigkeiten beim Erwerb der Schrift und der Schriftsprache haben, umzugehen sei. Ein Element dieser „LRS-Erlasse" ist z. B. die Möglichkeit, über einen bestimmten Zeitraum Notenschutz zu gewähren. Auch die Umgangsweise mit Heterogenität und Nachteilsausgleich an finnischen Schulen verweist darauf, dass eine einseitige Orientierung an einer Altersnorm nicht der einzig mögliche Weg der schulischen Beurteilung sein muss.

Wertschätzung von Mehrsprachigkeit

Viele Jugendliche mit Migrationshintergrund machen von Beginn ihres schulischen Lernens an die Erfahrung, dass ihre Leistungen im Vergleich zu den einsprachig deutschen Jugendlichen schlechter sind. Dass sie in einer Sprache Kompetenzen haben, welche die einsprachig deutschen Kinder in der Regel nicht beherrschen, findet wenig Anerkennung; häufig wird der Gebrauch der Erstsprache sogar verboten. Dies hat möglicherweise Auswirkungen auf das (sprachliche) Selbstkonzept, also die Sichtweise des Schülers von seinen eigenen Stärken und Schwächen. Neben den intellektuellen Fähigkeiten ist das Selbstkonzept eines der Merkmale, dem zur Erklärung von Unterschieden in Schulleistungen große Bedeutung zukommt. Ein negatives Selbstkonzept bezüglich der Leistungs- und Lernfähigkeit geht in der Regel mit schlechteren Schulleistungen einher. Zudem neigen Schüler mit negativem Selbstkonzept dazu, Erfolge als Zufall zu interpretieren und nicht der eigenen Leistungsfähigkeit zuzuschreiben.

Forschungsergebnisse
In einer sozialpsychologischen Untersuchung in der Schweiz untersuchte Müller (1997) 347 Jugendliche der Klassen 6–10. Die Datenerhebung erfolgte mittels ausführlicher Interviews. Müller kommt zu folgendem Ergebnis: „Wenn die zweisprachigen SchülerInnen im Verlaufe ihrer schulischen Karriere fast täglich zur Kenntnis nehmen müssen, dass ihre schulische S2-Kompetenz im Vergleich zu den einsprachigen SchülerInnen in der negativen Richtung abweicht, wenn sie aufgrund ihrer ethnolinguistischen Herkunft wenig konkrete sprachliche Hilfe von zu Hause erwarten können, wenn schliesslich die Schule – ungeachtet dieser typischen Situation – den S2-sprachlichen Lernprozess der SchülerInnen der Bewertung und Selektion unterzieht und wenn zugleich die S1 des Kindes als irrelevant und oft als Problem und nicht als Fähigkeit betrachtet wird, so ist schulisches S2-sprachliches Versagen wahrscheinlich" (Müller, 1997, S. 289). Viele der zweisprachigen SchülerInnen nehmen sich dann so wahr, wie sie es zurückgemeldet bekommen: Deine schulsprachlichen Leistungen sind unterdurchschnittlich oder gar mangelhaft.

Eine Möglichkeit, das Selbstkonzept mehrsprachiger Schülerinnen und Schüler zu stärken, ist, ihre Kompetenzen in der Erstsprache anzusprechen und ihnen die Chance zu geben, ihr Wissen in den Unterricht einzubringen. Dies kann z. B. im Grammatikunterricht im Rahmen von Sprachvergleichen geschehen (vgl. ▶ Kap. 6.3) oder auch im Fachunterricht, wenn Wörter und Begriffe, welche die Schüler im Deutschen nicht kennen, in Begriffsnetze eingebunden werden, die von Wörtern aus der Erstsprache unterstützt werden. Die Lehrkraft muss hierzu die Erstsprache der Kinder nicht beherrschen, sie muss aber deren Übersetzungsfähigkeit unterstützen und fördern, indem sie beispielsweise entsprechende Wörterbücher zur Verfügung stellt. Von einem solchen Unterricht können auch die einsprachig deutschen Jugendlichen profitieren (vgl. ▶ Kap. 6.3).

Es dürfte klar sein, dass die Förderung eines positiven (sprachlichen) Selbstkonzepts mehrsprachiger Kinder und Jugendlicher nicht nur eine Aufgabe des Deutschunterrichts, sondern aller Lehrerinnen und Lehrer ist. Umstritten ist allerdings, welche Ziele die Schule bei mehrsprachigen Kindern und Jugendlichen verfolgen soll. In einer Reihe internationaler Studien konnte gezeigt werden, dass eine *zweisprachige* schulische Bildung am besten geeignet ist, migrationsbedingte Bildungsbenachteiligung zu kompensieren (vgl. Siebert-Ott, 1999; vgl. ▶ Kap. 5.2). Das Ziel der schulischen Bildung wäre dann, dass die Kinder beide Sprachen, ihre Herkunftssprache sowie die Umgebungssprache, weiterentwickeln können. Von solchen Vorstellungen ist die Bildungspolitik in Deutschland weit entfernt. Solche Modelle sind auch nur dann möglich, wenn es zweisprachige Lerngruppen gibt, wie z. B. in der deutsch-italienischen Schule Wolfsburg (vgl. Roddau-Senkpiel, 2002). In Lerngruppen, in denen viele Sprachen präsent sind, müssen andere Modelle erwogen werden.

Von Seiten einer interkulturellen Sprachdidaktik wird die Ansicht vertreten, dass interkulturelle und multilinguale Aspekte berücksichtigt werden sollten. Das Erziehungsziel der Schule solle so weit wie möglich in Richtung „Mehrsprachigkeit" gehen (vgl. ▶ Kap. 5.2). Eine andere Position gibt zu bedenken, dass die Förderung des Deutschen als Zweitsprache im Zentrum zu stehen habe, denn die Jugendlichen müssten vor allem auf ein Leben in der deutschen Gesellschaft vorbereitet werden (vgl. Rösch, 2003). In der vorliegenden Publikation wird der Ansatz vertreten, dass die Förderung des Deutschen als Zweitsprache ein zentraler Aufgabenbereich für alle Lehrkräfte sein muss. Darüber hinaus sollen sich Schulen auf den Weg machen, sich so weit wie möglich interkulturell zu öffnen. Diese Öffnung kann nur ein langer Prozess sein, an dem sich nicht nur die Lehrkräfte und Schüler, sondern auch die Eltern und die umliegende Gemeinde beteiligen. Letztlich ist es ein Weg, den eine Schule kaum alleine gehen kann, denn auf diesen Weg muss sich die ganze Gesellschaft machen.

Zusammenfassung

Zu Beginn dieses Kapitels wurden die wichtigsten Kontexte, in denen eine zweite Sprache erworben werden kann, vorgestellt. Ein wichtiger Unterschied in den Erwerbskontexten besteht darin, ob die Sprache in der Schule, also institutionell gefördert, gelernt wird, oder ob sie innerhalb der alltäglichen Kommunikation erworben wird. Wie wir gesehen haben, sind die Sprachlernbedingungen entscheidend für den Lernerfolg; die Bildungsbenachteiligung von Kindern und Jugendlichen mit Migrationshintergrund in Deutschland hat ganz entscheidend damit zu tun. Daraus folgt unter anderem, dass die Schule den Kindern und Jugendlichen, wann immer dies möglich ist, Lernchancen in der Zweitsprache Deutsch eröffnen muss.

2 Zweitspracherwerb

Spracherwerb und Sprachentwicklung werden seit ungefähr 100 Jahren systematisch erforscht. Sowohl in der Erst- als auch in der Zweitspracherwerbsforschung sind die wichtigsten Datengrundlagen Langzeiterhebungen, die nur wenige Einzelfälle zum Gegenstand haben. Denn um die Aneignung von Sprachen auf den verschiedenen Ebenen analysieren und interpretieren zu können, sind umfangreiche qualitative Daten notwendig, die über einen langen Zeitraum erhoben werden müssen. Auf der Grundlage dieser Studien entstanden eine Reihe von Hypothesen oder Theorien, mit denen versucht wird, Erwerbsprozesse so umfassend wie möglich zu erklären. Keine Theorie kann bisher alleinige Gültigkeit beanspruchen.

Auch die lange Zeit geltende Annahme, dass Kinder eine Zweitsprache schneller und besser lernen als Erwachsene, ist in dieser Pauschalität nicht mehr aufrechtzuerhalten. Sie verstellt den Blick darauf, dass Kinder anders lernen als Erwachsene und, um ihre Fähigkeiten entfalten zu können, besondere Bedingungen benötigen. Um eine zweite Sprache erfolgreich zu lernen, müssen verschiedene Faktoren in optimaler Weise zusammenwirken. Ein wichtiger Einflussfaktor beim Zweitspracherwerb wird in der Erstsprache gesehen. Dieser Einfluss ist jedoch nicht auf allen Ebenen gleich, z. B. scheint die Erstsprache auf den Erwerb der Grammatik der Zweitsprache eher einen punktuellen Einfluss zu haben. Der Wortschatz- und Bedeutungserwerb ist jedoch aufgrund seiner Verbindung mit dem Weltwissen in höchstem Maße abhängig von jeder Art von Vorerfahrung.

2.1 Kindliche Sprachaneignung

Wie andere Bereiche der kindlichen Entwicklung ist auch die Erforschung kindlicher Sprachaneignung von kontroversen Diskussionen geprägt. Dies hängt unter anderem damit zusammen, dass die wichtigsten Disziplinen, die sich mit diesem Thema befassen, die Linguistik und die Psychologie, auf unterschiedlichen Traditionen beruhen; zudem gibt es innerhalb dieser Disziplinen konkurrierende Paradigmen. So ist es bis heute nicht gelungen, einen Konsens in der Frage zu erzielen, was die wichtigsten Triebkräfte der so faszinierenden Tatsache sind, dass sich Kinder innerhalb kürzester Zeit unglaublich komplexe Strukturen und umfangreiche Inhalte aneignen können.

2.1 Kindliche Sprachaneignung

Bereits die Frage ist umstritten, welcher Begriff zugrunde gelegt werden soll: In der Psychologie wird tendenziell von *Sprachentwicklung* gesprochen und diese den allgemeinen Prinzipien kindlicher Entwicklung zugeordnet. In der Sprachwissenschaft ist eher von *Spracherwerb* die Rede. Damit wird der Fokus darauf gelegt, dass das Kind die Sprache, die ihm die Umwelt zur Verfügung stellt, *erwirbt*. Allerdings werden die Begriffe im Alltag häufig synonym gebraucht. In jüngerer Zeit hat sich in Anlehnung an Vygotskij (2002) der Begriff *Sprachaneignung* durchgesetzt; mit ihm rückt das aktiv tätige Kind ins Zentrum der Betrachtung.

Die Frage, welche Faktoren die kindliche Entwicklung bestimmen, hat die Philosophie bereits seit der Antike beschäftigt. Heute wie damals wird die Diskussion von Grundannahmen geprägt, die Dittmann (2006) mit den Begriffen „Von-außen-nach-innen" und „Von-innen-nach-außen" umschreibt. Wird bei den „Von-außen-nach-innen"-Theorien in der sozialen Umwelt des Kindes die wichtigste Triebfeder gesehen, so sehen Vertreter der „Von-innen-nach-außen"-Theorien biologische bzw. genetische Faktoren als wichtiger an. Hervorzuheben ist allerdings, dass sich die Diskussion im letzten Jahrhundert vor allem um die Frage drehte, wie es einem Kind gelingt, sich die komplexen Strukturen der Grammatik seiner Muttersprache innerhalb von nur etwa zwei Jahren anzueignen, ohne dass ihm dabei jemand direkt geholfen hätte. Andere Bereiche, wie z. B. der Erwerb des Wortschatzes, sind zum einen weniger gut untersucht, zum anderen viel seltener Gegenstand von Grundsatzdiskussionen. Die folgende Darstellung ist der Versuch, die wichtigsten Theorien und deren Protagonisten zueinander in Beziehung zu setzen (vgl. ▶ Tab. 2.1). Die Darstellung ist stark vereinfacht, zur Diskussion vgl. Klann-Delius (2008) und Dittmann (2006).

Tab. 2.1: Zuordnung von Entwicklungstheorien, in Anlehnung an Weiß (1989, S. 22)

Person		Umwelt	
		eher passiv	eher aktiv
	eher passiv	**Reifungstheorien (Chomsky)** Fähigkeiten entwickeln sich durch anlagebedingte Reifung (Phasenmodelle).	**Behaviorismus (Skinner)** Entwicklungsschritte werden direkt auf Umwelteinflüsse zurückgeführt (Reiz-Reaktions-Modelle).
	eher aktiv	**Kognitive Theorien (Piaget)** Das Kind entwickelt sich in aktivem Austausch mit der Umwelt (Selbstkonstruktion).	**Interaktionistische Theorien (Bruner)** Kind und Umwelt sind Teilsysteme, die wechselseitig aufeinander einwirken.

Eine der ersten Theorien zum Spracherwerb wurde von Skinner (1957) formuliert. Er sieht die Sprachentwicklung als Ergebnis eines Reiz-Reaktions-Prozesses (Behaviorismus). Wörter und Strukturen, die das Kind hört, werden von ihm aufgegriffen und nachgeahmt. Entspricht das sprachliche Verhalten den Erwartungen der Umwelt, so erfährt das Kind eine positive Reaktion, es wird in seinem Verhalten bestärkt und wird dieses wieder zeigen. Entspricht das Verhalten nicht den Erwartungen, so wird es nicht verstärkt und das Kind wird das Verhalten nicht mehr zeigen. Die Annahmen Skinners wurden von Chomsky (1957) widerlegt.

> **Forschungsergebnisse**
> Chomsky wurde 1957 berühmt, als er in seinem Buch „Syntactic Structures" so grundlegende Argumente gegen den bis dahin allgemein anerkannten Behaviorismus anführte, dass dieser heute nicht mehr als ernstzunehmende Spracherwerbstheorie diskutiert wird. Chomsky führte drei wesentliche Argumente gegen Skinner ins Feld: Erstens produzieren Kinder bereits von Beginn des Spracherwerbs an sprachliche Strukturen, die sie nie zuvor gehört haben. Dies zeigt sich z. B. beim Grammatikerwerb in der Bildung einfacher Zweiwortsätze („Mama spielen"), die zwar aus Sicht der Umwelt grammatikalisch falsch sind, die aber ihr kommunikatives Ziel erreichen. Zweitens drohen Kindern keine negativen Konsequenzen, auch dann, wenn die Strukturen falsch sind. Im Gegenteil wird die Mutter der Aufforderung des Kindes folgen und es damit sogar belohnen. Ein anderthalbjähriges Kind wird von der Mutter vermutlich nicht einmal korrigiert. Drittens enthält der Input, den das Kind hört, auch viele Fehler und ist keineswegs perfekt, dennoch beherrscht ein Kind ab etwa 3;6 bis 4 Jahren die wesentlichen Strukturen seiner Erstsprache und es kann Sätze bilden, die es noch nie zuvor gehört hat.

Chomsky geht davon aus, dass die wesentliche Triebfeder des Spracherwerbs in angeborenen Strukturen liegt und dass sich im Laufe der Entwicklung der Spracherwerbsmechanismus (engl. *Language Acquisition Device*, LAD) entfalte. Dem Input kommt in dieser Theorie eine marginale Rolle zu, indem das Kind ihm entnehmen kann, welche Sprache bzw. welche konkreten Strukturen es erwerben soll. Chomskys Leistung besteht in erster Linie darin, eine komplexe Syntaxtheorie entwickelt zu haben, der in der Linguistik große Bedeutung zukommt. Die Grundlage seiner Spracherwerbstheorie waren keine empirische Daten, sondern rationalistische Überlegungen. Auf der Grundlage dieser Annahmen entstanden Entwicklungs- bzw. Phasenmodelle, die aus der heutigen Spracherwerbsforschung nicht mehr wegzudenken sind. Sie beziehen sich jedoch schwerpunktmäßig auf den Erwerb der Grammatik.

Einen anderen Zugang wählt Piaget. Ebenso wie Chomsky publizierte er über einen Zeitraum von mehr als 50 Jahren. Piaget befasste sich nur in seinen frühen Arbeiten explizit mit der Sprachentwicklung. Darin sieht er den Spracherwerb als Ableitung der kognitiven Entwicklung, was bedeutet, dass Sprache das Denken zwar beeinflusst, aber nicht bedingt. Sprachliche Entwicklung ist so gesehen immer eine Folge der kognitiven Entwicklung. Das Kind kann nur das sprachlich ausdrücken, was es versteht; die Komplexität seiner Äußerungen entspricht seinem kognitiven Entwicklungsstand. Ein wichtiger Baustein von Piagets Theorie sind Phasenmodelle der kognitiven Entwicklung, in denen, wie bei Chomsky, die Reifung eine zentrale Rolle spielt (vgl. Piaget & Inhelder, 1972). Dabei ist für Piaget aber zentral, dass das Kind sich als aktiv handelndes Individuum auf der Grundlage seiner Wahrnehmung und in Auseinandersetzung mit anderen Menschen die Wirklichkeit gewissermaßen selbst konstruiert.

Ausgangspunkt der *interaktionistischen* Spracherwerbstheorie sind die Überlegungen von Vygotskij (2002, Original 1934). In Abgrenzung zu Piaget geht er davon aus, dass für die sprachliche und geistige Entwicklung des Kindes nicht primär entwicklungspsychologische Universalien grundlegend sind, sondern das soziale Umfeld, in dem das Kind aufwächst. Folglich kommt der Sprache als wichtigstem Interaktionsmittel in diesem sozialen Umfeld, eine besondere Rolle zu. Nach Bruner (1987) beginnt der Spracherwerb direkt nach der Geburt im ersten interaktiven Austausch zwischen Bezugsperson und Kind. Er stellt die These auf, dass das Kind sich kommunikativ verständigen kann, bevor es spricht. Während der vorsprachlichen Interaktion entstehen gemeinsame Handlungsmuster auf der Grundlage, dass Eltern bewusst oder unbewusst annehmen, dass Säuglinge kommunikative Absichten verfolgen. Erste Bedeutungen entstehen beim Kind dadurch, dass die Eltern den sprachlichen Äußerungen des Kindes diese Bedeutungen zuweisen. Bei dieser pragmatischen Sicht des Spracherwerbs wird davon ausgegangen, dass die Sprachentwicklung nicht allein die Leistung eines Individuums, sondern ein dialogisches Geschehen ist, an dem der Partner ebenso wichtigen Anteil hat wie das Kind selbst.

Für die interaktionistische Sicht des Sprechenlernens postuliert Bruner (1987), dass die Eltern mit einem LASS (*Language Acquisition Support System*) ausgestattet sind, in dem er die notwendige Ergänzung zum LAD Chomskys sieht. Ein Aspekt des LASS ist die Sprache, die Eltern an ihre Kinder richten. Sie ist geprägt von der Absicht, Kommunikation mit dem Kind herzustellen bzw. aufrechtzuerhalten. Die Äußerungen sind langsamer, in einer höheren Tonlage, Segmentierungen sind besser wahrnehmbar und die Sätze sind kürzer und weniger komplex. Es werden viele Fragen formuliert, dafür werden weniger Funktionswörter verwendet. Die Nomen zeichnen sich durch einen relativ geringen Abstraktheitsgrad aus.

Eltern passen sich mit ihrem sprachlichen Verhalten den Möglichkeiten des Kindes an. Entsprechend verändern sie ihre Sprache mit den wachsenden Fortschritten des Kindes. Sie verfolgen das unbewusste Ziel, das Kind die Sprache zu lehren. Sie lassen sich dabei vom Kind leiten und dosieren ihre sprachlichen Mittel entsprechend. Die Hilfen, die Eltern geben, dienen den Kindern zum einen zur Entschlüsselung der Form, zum anderen zur Entschlüsselung der Botschaft und damit der Kommunikation.

> **Im Unterricht: Die Lehrerin als Sprachvorbild**
> Aus der interaktionistischen Spracherwerbstheorie ergibt sich, dass die Anpassung des sprachlichen Verhaltens der Bezugsperson an die Möglichkeiten des Schülers eine wichtige Voraussetzung ist, damit Sprachaneignung gelingen kann. Hier lassen sich einige Verhaltensweisen beschreiben, die allerdings in Abhängigkeit vom Alter und den Kompetenzen des Kindes oder Jugendlichen in ihrer Ausprägung variieren (Wendlandt, 2003, S. 66ff). Entscheidend ist die Grundhaltung der Lehrkraft, dass in jeder Kommunikation ein sprachfördernder Anteil enthalten ist.
> 1. *Zugang zum Schüler:*
>   Zeit für ein Gespräch nehmen; Blickkontakt herstellen; körperliche Zuwendung; ...
> 2. *Sprachliche Basis:*
>   Anpassung an die sprachlichen Fähigkeiten des Schülers; aufmerksam zuhören; Gesprächsbeginn und Gesprächsende beachten; ehrliche Fragen stellen; Äußerungen des Kindes aufgreifen; nicht über, sondern mit dem Schüler sprechen; ausreden lassen; ...
> 3. *Sprachgebrauch:*
>   Nicht zu schnell sprechen; auf eine deutliche Aussprache achten; grammatische Endungen nicht verschlucken; Wörter wählen, die der Schüler verstehen kann; keine komplizierten Sätze verwenden; ...
> 4. *Sprachfördernde Aspekte:*
>   Handlungsbegleitendes Sprechen; ausdrücken, was verstanden wurde; nachfragen; nicht verbessern; nicht nachsprechen lassen; Äußerungen des Kindes aufgreifen und in der richtigen Form wiederholen; ...
>
> (vgl. ▶ Kap. 6.1)

Festzuhalten bleibt, dass die verschiedenen Ansätze sich bereits in grundlegenden Begriffen unterscheiden. So wird z. B. nach Chomsky unter *Sprach*erwerb tendenziell *Grammatik*erwerb verstanden, Bruner wendet sich demgegenüber eher kommunikativen Aspekten zu. In jüngerer Zeit ist eine gewisse Annäherung der Positionen zu beobachten, eine Reihe von Forschungen bemüht sich darum, die Vorteile der einzelnen Zugänge zu betonen und ein übergreifendes Modell zu entwickeln. Beispielsweise ist es zwar Konsens, dass das behavioristische Modell als grundlegender Erklärungsansatz untauglich ist, andererseits muss durchaus anerkannt werden, dass Nachahmung und Verstärkung wichtige Faktoren sind. Ein aktuelles interaktionistisches Modell, das so genannte Competition-Modell, sieht Spracherwerb als einen Prozess, der auf verschiedenen, konkurrierenden kognitiven Prozessen beruht. So sind Phasenmodelle in der Spracherwerbsforschung nicht mehr wegzudenken und eine wichtige Grundlage diagnostischer Zugänge (vgl. Thoma & Tracy, 2006; zur Diskussion der Ansätze vgl. Klann-Delius, 2008).

2.2 Zweitspracherwerbstheorien

Eine Theorie, die den Erwerb einer *zweiten* Sprache in seiner Ganzheit erklären kann, müsste in der Lage sein, verschiedene Faktoren zueinander in Beziehung zu setzen. Dazu gehören nicht zuletzt das Alter oder die Sozialisationsbedingungen des Lernenden (vgl. ▸ Kap. 2.3). Keine der Theorien kann diesen Anspruch erfüllen. Zu unterschiedlich sind die Grundannahmen und die empirische Basis. So verwundert es nicht, dass, abhängig von der spezifischen Ausrichtung des Forschungskontextes, höchst unterschiedliche Hypothesen formuliert wurden. Diese lassen sich, wiederum vereinfachend, den Spracherwerbstheorien (▸ Tab. 2.1) zuordnen (vgl. ▸ Tab. 2.2).

Tab. 2.2: Versuch einer Zuordnung der Zweitspracherwerbstheorien zu den Grundannahmen des Spracherwerbs

Reifungstheorien **Identitätshypothese** **Teachability-Hypothese**	Lerntheorien **Kontrastivhypothese**
Kognitive Theorien **Interlanguage-Hypothese** (Interdependenzhypothese, s. ▸ Kap. 3.1)	Interaktionistische Theorien **Annahme der getrennten Entwicklung**

Kontrastivhypothese und Identitätshypothese

Eine der ersten Theorien zum Erwerb einer zweiten Sprache entstand in den 1940er Jahren und geht auf Fries und Lado zurück (Huneke & Steinig, 1997, S. 20). Der Zweitspracherwerbsprozess wird auf der Grundlage des beobachtbaren, äußeren Sprachverhaltens beschrieben; es handelt sich also um einen behavioristischen Zugang. Bei der *Kontrastivhypothese* wird davon ausgegangen, dass beim Lernen einer zweiten Sprache Eigenschaften und Strukturen der Erstsprache (S1) auf die Zweitsprache (S2) übertragen werden. Besteht zwischen S1 und S2 in einem bestimmten Bereich Gleichheit, beispielsweise bei der Wortstellung im Aussagesatz, ist eine positive Übertragung zu erwarten. Bei großen Unterschieden sind negative Ergebnisse zu erwarten. Für den Spracherwerbsprozess würde das bedeuten, dass sich ähnliche Sprachen leichter erlernen lassen als verschiedene; Fehler bei der Aneignung wären aufgrund des Kontrasts der Sprachen zu erklären.

Diese Hypothese ist auf Grundlage der Erforschung schulischen Fremdsprachenlernens entstanden. In der Tat lassen sich immer wieder Fehlbildungen beobachten, die auf Strukturen der Erstsprache zurückzuführen sind (*I have to school gone*). Jedoch wird auch beim schulischen Fremdspracherwerb häufig beobachtet, dass große Unterschiede von Sprachen problemlos gelernt werden und ähnliche Strukturen manchmal schwer zu lernen sind. Insofern ist eine starke Version der Kontrastivhypothese, nach der Fehlbildungen von Lernenden *allein* aufgrund von sprachlichem Transfer erklärt werden können, unwahrscheinlich. Nach Wode (1992, S. 116) ist die kontrastive Analyse als linguistische Methode nach wie vor relevant, und es ist im Einzelfall sinnvoll zu prüfen, ob bei einem sprachlichen Verhalten Wissenstransfer aus der Erstsprache mitbeteiligt ist oder nicht. Mit der kontrastiven Analyse werden Unterschiede und Gemeinsamkeiten der jeweiligen Sprachen aufgezeigt. Wie Lernende diese Konflikte lösen, kann nur unter Einbezug weiterer Annahmen geklärt werden (vgl. ▶ Kap. 2.4).

In Abgrenzung zur Kontrastivhypothese wurde die *Identitätshypothese* formuliert. Nach einer starken Version folgt der Erwerb verschiedener Sprachen den gleichen Gesetzmäßigkeiten: Da alle Sprachen auf der Basis angeborener Strukturen und Prozesse gelernt werden (im Sinne Chomskys), spielt es kaum eine Rolle, ob bereits eine Sprache gelernt wurde oder nicht. In jedem Fall wird die zu erlernende Sprache nachkonstruiert, indem die lernende Person Hypothesen bildet, überprüft und revidiert. Dabei sind Fehlleistungen produktive Zwischenschritte und nicht mit der Struktur bereits gelernter Sprachen erklärbar. In einer schwachen Version wird davon ausgegangen, dass sich der Erwerb verschiedener Sprachen in wesentlichen Zügen ähnelt.

Für Klein (1992, S. 36) ist die Identitätshypothese auch in ihrer schwachen Version zu stark. In Bezug auf den *sukzessiven* Erwerb einer zweiten Sprache vollziehen sich beispielsweise die Erwerbsschritte in einem völlig anderen zeitlichen Rahmen als beim Erstspracherwerb. Die Einwortphase spielt so gut wie keine Rolle und auch die Zweiwortphase wird in der Regel schnell durchlaufen. Die Beobachtung, dass es Gemeinsamkeiten gibt, lässt sich aus dem menschlichen Sprachvermögen oder aus der Logik kommunikativer Bedingungen erklären. Z. B. ist es mehr als wahrscheinlich, dass einfache, regelmäßige und häufig auftretende Strukturen vor schwierigen, unregelmäßigen und selten auftretenden Strukturen gelernt werden. Klein (1992, S. 36) kommt zu dem Schluss, dass sich die Identitätshypothese nur aufrechterhalten lasse, „wenn man Unterschiede in der kognitiven und sozialen Entwicklung sowie alles, was daraus für die Sprache folgt, für marginal hält".

Die Annahme der getrennten Entwicklung

Auf der Basis einer linguistischen Analyse der Sprachentwicklung von bilingual aufwachsenden Kindern entwickelt De Houwer (1994) die *Separate Development Hypothesis*: Sie besagt, dass die beiden Sprachen im Wesentlichen getrennten Entwicklungslinien folgen und sich die grammatischen Systeme kaum wechselseitig beeinflussen. Es wird nicht davon ausgegangen, dass die beiden Sprachsysteme völlig unabhängig voneinander erworben werden, es wird lediglich angenommen, dass die jeweiligen *grammatischen* Systeme ihren spezifischen Entwicklungslinien folgen. Der Sprachwechsel wird interaktionistisch begründet, sprachliche Strukturen entwickeln sich in Abhängigkeit von den Kommunikationsbedingungen.

> **Forschungsergebnisse**
> De Houwer (1994) beobachtete über einen Zeitraum von ca. zwei Jahren das zweisprachig aufwachsende Kind Kate (Flämisch und Englisch), deren Eltern der Devise „eine Person – eine Sprache" folgten. Bis zu einem Alter von ca. zwei Jahren mischte Kate Wörter der beiden Sprachen so, dass nicht immer zu erkennen war, in welcher Sprache sie sich äußerte. Ab diesem Alter war sie jedoch in der Lage, die grammatischen Systeme beider Sprachen getrennt voneinander zu gebrauchen. Es gab keine Anzeichen dafür, dass Strukturen und Regeln der einen in die andere Sprache übertragen wurden. In den seltenen Fällen von Sprachmischungen (insgesamt 7 %) kann eine „Gastgebersprache" und eine „Gastsprache" ausgemacht werden: Wenn über die Hälfte einer Äußerung in einer Sprache ist, folgt die grammatische Struktur der Äußerung den Regeln dieser Sprache (Gastgebersprache). Werden Elemente der zweiten Sprache (Gastsprache) eingefügt, passen sie sich der Struktur der Gastgebersprache an. In der Regel handelt es sich um einzelne Nomen (de Houwer, 1994, S. 42). Mit drei Jahren konnte Kate beide Sprachen so gebrauchen, wie dies bei einsprachigen Kindern der Fall ist. Kate hatte offenbar ein Gespür dafür, was sie ihren Gesprächspartnern „zumuten" konnte, denn in der Regel antwortete sie in der Sprache, in der sie angesprochen wurde. Wenn das Gegenüber beide Sprachen verstand, fügte sie mehr Gastwörter in ihre Äußerungen, als wenn dies nicht der Fall war.

Unter den Theorien zum Zweitspracherwerb nimmt die Annahme der getrennten Entwicklung eine Sonderstellung ein, da sie sich nur auf einen Spracherwerbskontext, den frühen Bilingualismus, bezieht und nicht davon ausgeht, dass Zweit- oder Fremdspracherwerb in seiner Gesamtheit erklärt werden können. Die interaktive Natur des Sprachenlernens wird in den Mittelpunkt gestellt. Getrennte Entwicklungslinien sind grundsätzlich wahrscheinlich, wenn der Input getrennt erfolgt. Einige Autoren gehen davon aus, dass die Trennung der grammatischen Systeme beim bilingualen Erwerb zweier Sprachen auch dann erfolgt, wenn die Bezugspersonen die Sprachen nicht trennen (Jampert, 2002, S. 74f). Demnach wäre die Sprachentrennung nicht primär inputorientiert, sondern eher ein Resultat sprachlicher Merkmale.

Für den Unterricht mit mehrsprachigen Kindern folgt aus dieser Annahme, dass es für Kinder prinzipiell gut möglich ist, die grammatischen Systeme verschiedener Sprachen getrennt voneinander zu erwerben. Es scheint wenig Gefahr zu bestehen, dass sich die Systeme gegenseitig beeinflussen. Insofern wird, zumindest für den frühen Zweitspracherwerb und in Bezug auf den Erwerb der Grammatik, die Kontrastivhypothese widerlegt. Vermutlich gilt diese Annahme jedoch weniger für ältere Menschen, denn mit zunehmendem Alter und zunehmender Sprachbewusstheit ist damit zu rechnen, dass die Lernenden eher auf grammatische Systeme bereits gelernter Sprachen zurückgreifen (vgl. ▶ Kap. 2.4).

Die Interlanguage-Hypothese (Lernersprachen-Hypothese)

Auch die *Interlanguage-Hypothese* ist, wie die Kontrastivhypothese, im Kontext schulischen Sprachunterrichts entstanden. Ihr liegt die Annahme zugrunde, dass eine lernende Person beim Fremd- oder Zweitspracherwerb zunächst ein Sprachsystem ausbildet, das Züge von Erst- und Zweitsprache sowie Merkmale aufweist, die nicht aus der Erst- oder Zweitsprache abzuleiten sind (Huneke & Steinig, 1997, S. 26f). Dieses Sprachsystem entwickelt sich in verschiedenen Stufen, den sogenannten Lernersprachen, ihr Aufbau erfolgt nach verschiedenen Prinzipien:

- *Übertragung aus der Erstsprache*: In Anlehnung an die Kontrastivhypothese wird angenommen, dass Strukturähnlichkeiten von Sprachen eine Rolle spielen.
- *Übungstransfer*: Hier werden Muster, die mit Hilfe von Übungsmaterial erworben wurden, erprobt, z. B. wenn ein Lerner eine Regel in verschiedenen Übungssätzen anwenden muss.
- *Strategien des Sprachenlernens*: Bei diesen vom Lerner entwickelten Strategien werden Regeln zur Hypothesenbildung und -überprüfung angewendet. Z. B. findet ein Lerner möglicherweise unbewusst die Regel, dass im deutschen Hauptsatz das Prädikat nach dem Subjekt steht. Mit dieser Strategie ist er in sehr vielen Fällen erfolgreich (*ich gehe nach Hause*), scheitert aber, wenn z. B. ein Adverbial an der ersten Satzposition steht (*Dann ich gehe nach Hause*).
- *Kommunikationsstrategien*: Hierbei handelt es sich um Verhaltensweisen, die in konkreten Kommunikationssituationen Hilfestellung bieten. Dazu gehören funktionelle Reduktionsstrategien wie Themenvermeidung, Codewechsel, Entlehnung, Wortneubildung, Umstrukturierung, Gestik, Mimik und diskursbezogene Strategien.
- *Übergeneralisierung*: Hierbei werden Regeln, die korrekt erworben wurden, auf Bereiche übertragen, in denen sie keine Gültigkeit besitzen, z. B. wenn die Konjugation der regelmäßigen Verben auf unregelmäßige Verben übertragen wird (*ich bin gegeht*).

Sofern die Lernersprache Merkmale aufweist, die weder der Erstsprache noch der Zielsprache entlehnt sind, wird sie als drittes System aufgefasst, dessen Entwicklung über Zwischenschritte erfolgt. Diese werden als Interlanguages (= Lernersprachen) bezeichnet. Anhand von Verhaltensweisen des Lerners, die häufig als Fehler wahrgenommen werden, kann beurteilt werden, was dieser bereits weiß. Daraus können Rückschlüsse auf den Stand der Interlanguage gezogen werden. Beispielsweise zeigt sich in Übergeneralisierungen, dass ein Lerner in einem bestimmten Bereich in der Lage ist, Regeln anzuwenden.

Bleibt ein Lerner auf einer Entwicklungsstufe stehen, so spricht man von *Fossilierung*. Damit ist gemeint, dass bei vielen Lernern die Motivation, sprachliche Perfektion zu erreichen, dann nachlässt, wenn die Sprachbeherrschung auf einem für sie akzeptablen Niveau angelangt ist. Fossilierung wird häufig so erklärt, dass der Lerner durch die Begegnung mit einer dominanten Sprache verunsichert ist. Er muss sich ihr anpassen, um sich verständigen zu können, vermeidet jedoch alles, was seine soziale und sprachliche Identität bedrohen könnte. Bei Kindern könnten ungünstige Inputbedingungen ein Faktor sein, um einen Stillstand in der Zweitsprachentwicklung zu erklären. Die Interlanguage-Hypothese ist eine wichtige Grundlage für die Teachability-Hypothese.

> **Im Unterricht**
> Im Unterricht mit Schülerinnen und Schülern, die Deutsch als Zweitsprache erwerben, ist es von großer Bedeutung, die „Fehler", die sie in ihren mündlichen und schriftlichen Äußerungen machen, als notwendigen Bestandteil ihrer Erwerbsprozesse zu sehen. Entscheidend ist dabei die Frage, welche Entwicklungen und Veränderungen sich in ihren Lernersprachen beobachten lassen. Diese Haltung ist jedoch nicht selbstverständlich, denn von mehrsprachigen Schülerinnen und Schülern wird, wenn sie nicht eine Vorbereitungsklasse besuchen, erwartet, dass sich ihre schulischen Leistungen mit denen der einsprachigen Schülerinnen und Schüler vergleichen lassen. Möglicherweise ist eine Ursache für den mangelnden Schulerfolg mehrsprachiger Jugendlicher, dass auf ihre Lernersprachen zu wenig eingegangen wird und zu früh sehr hohe sprachliche Kompetenzen erwartet werden (vgl. ▶ Kap. 4).

Die Teachability-Hypothese (Lehrbarkeits-Hypothese)

Mit der *Teachability-Hypothese* versuchen Pienemann et al. (2006) die Spracherwerbsforschung und die Sprachlehrforschung miteinander zu verbinden. Die Annahme, die im Kontext des Fremdsprachenunterrichts entstanden ist, hat wegen des starken Bezugs auf die Spracherwerbsforschung für den Deutsch-als-Zweitsprache-Unterricht hohe Relevanz. Die Spracherwerbsforschung geht traditionell vom Lernenden aus; es wird versucht, Gesetzmäßigkeiten und individuelle Faktoren beim (Zweit-)Spracherwerb zu beschreiben. In der Sprachlehrforschung interessiert hingegen, wie der Sprachlernprozess durch Faktoren wie Curriculum, Lehrmethoden und Lehrmaterialien beeinflusst werden kann (Pienemann et al., 2006, S. 33f). Werden die Perspektiven verbunden, müssen zunächst Spracherwerbsprozesse möglichst genau beschrieben werden, um in einem zweiten Schritt untersuchen zu können, wo und wie es möglich ist, effektiv auf die Prozesse einzuwirken. Wie bei der Interlanguage-Hypothese wird angenommen, dass „Fehler" von den Lernenden notwendige Zwischenschritte beim Erwerbsprozess sind. Die Kenntnis von Erwerbsverläufen ist somit eine zentrale Grundlage für die Anregung von Lernprozessen. Denn wenn die Auswahl der Gegenstände und Methoden nicht auf die Lernenden abgestimmt ist, können diese nichts lernen (vgl. ▶ Kap. 4).

Die zentrale Annahme ist nun, dass die Lernersprachen bei verschiedenen Lernenden eine gewisse Ähnlichkeit aufweisen und die Lernenden die sprachlichen Aufgaben in Stadien lösen, die vergleichbar sind. Das würde bedeuten, dass beim Fremdsprachenunterricht ähnliche Abläufe zu beobachten sind wie beim frühen Spracherwerb oder beim sukzessiven Zweitspracherwerb. Solche Stadien- oder Phasenmodelle sind für das Deutsche beschrieben. Sie werden in ▶ **Kapitel 3.2** erläutert. Wie es zu diesen Phasen kommt, kann, je nach zugrunde gelegter Theorie, unterschiedlich erklärt werden (vgl. ▶ **Kap. 2.1**). Es ist auffallend und durchaus einer Logik folgend, dass regelmäßige Strukturen meist vor Ausnahmen gelernt werden. Im Englischen wie im Deutschen gilt in allen Erwerbskontexten, dass die regelmäßige Verbkonjugation vor der unregelmäßigen gelernt wird. Eine Folge sind z. B. Übergeneralisierungsfehler (ich habe *gesingt*). Da Lernende nur das reproduzieren können, was sie verarbeiten können, muss sich der Unterricht an den natürlichen Erwerbsphasen orientieren. Sprachunterricht, der zu weit vorausgreift, kann die Entwicklung sogar verzögern (Pienemann et al., 2006, S. 47).

Forschungsergebnisse
Diehl et al. (2000) untersuchten schriftliche Texte bei französischsprachigen Jugendlichen der 6. bis 8. Klasse in der Schweiz, die Deutsch als Fremdsprache lernen. Die Fortschritte der einzelnen Schüler konnten so über drei Jahre hinweg analysiert werden. Die Aneignungsschritte in der Grammatik weisen dabei eine sehr große Übereinstimmung mit den Phasen des Erstspracherwerbs auf. Demgegenüber weichen sie teilweise erheblich von der im Curriculum vorgegebenen grammatischen Progression ab. Das bedeutet, dass sich die Kompetenzen der Schülerinnen und Schüler tendenziell so entwickelten, wie dies im ungesteuerten Spracherwerb beobachtet wird (vgl. ▶ **Kap. 3.2**). So beherrschen die Schülerinnen und Schüler einzelne Formen, die ausführlich im Unterricht behandelt wurden, auch nach mehreren Lernjahren nicht. Diehl et al. (2000) kommen zu dem Schluss, dass der traditionelle Grammatikunterricht „für die Katz" sei, sofern er nicht den natürlichen Aneignungsschritten folgt.

Ein Problem bei der Teachability-Hypothese ist, dass sie sehr stark auf den Erwerb der *Grammatik* der Zielsprache ausgerichtet ist. Dies hängt auch damit zusammen, dass Erwerbsverläufe in der Grammatik besonders gut zu beschreiben sind. Für den Unterricht und die Sprachförderung bei Kindern und Jugendlichen mit Migrationshintergrund ist die Orientierung an Erwerbsphasen eine wichtige Grundlage. Allerdings ergibt sich das Problem, dass die kommunikativen Anforderungen des Alltags und des Unterrichts häufig den sprachlichen Fähigkeiten vorausgreifen. Auch wenn die Lernenden zusätzliche Unterstützung erhalten, indem sie auf der Grundlage ihrer sprachlichen Fähigkeiten gefördert werden, müssen sie außerhalb des Unterrichts häufig damit klarkommen, dass sprachliche Anforderungen an sie gestellt werden, die sie eigentlich noch nicht bewältigen können.

Die Vorstellung verschiedener Theorien zeigt, dass kein Ansatz allein in der Lage ist, den Zweitspracherwerbsprozess zu erklären. Die empirische Basis der vorgestellten Theorien ist höchst unterschiedlich. Kein Erklärungsansatz bezieht sich auf den Zweitspracherwerb von Kindern und Jugendlichen mit Migrationshintergrund. Einige Einsichten können jedoch aus der Betrachtung der Hypothesen geschlossen werden: Werden Normabweichungen im Zweitspracherwerb als legitime Zwischenstufen betrachtet, wie in der Interlanguage-Hypothese vorgeschlagen, hat dies didaktische Konsequenzen: In schulischen Kontexten ist die Lehrkraft aufgefordert, mögliche Fehlbildungen der Kinder als Merkmal ihrer Lernersprache zu akzeptieren. Darüber hinaus wird nicht nur das psycholinguistische System, sondern das gesamte Lernerverhalten betrachtet. Dazu gehört die Fähigkeit, in der Zweitsprache zu kommunizieren. Lernende setzen Kommunikationsstrategien ein, um das begrenzte zur Verfügung stehende Wissen der Zielsprache möglichst effektiv zu nutzen. Hierzu gehören, je nach Alter und Lernkontext, auch Bezüge zu den bereits gelernten Sprachen (siehe ▸ **Kap. 2.4**). Ein weiterer Aspekt ist die Frage, inwieweit Erwerbsverläufe so beschrieben werden können, dass Phasenmodelle entstehen, an denen sich die Lehrkraft orientieren kann (siehe ▸ **Kap. 4**).

Eine Theorie, die sich auf Lernschwierigkeiten mehrsprachiger Jugendlicher mit Migrationshintergrund bezieht, ist die *Interdependenzhypothese* (Cummins, 2000). Diese Annahme ist keine psycholinguistische Hypothese, da aus dem Erfolg oder Misserfolg bestimmter Schulmodelle auf Aneignungsprozesse geschlossen wird. Es handelt sich eher um eine erziehungswissenschaftliche Hypothese, zu deren Verständnis eine Reihe weiterer Faktoren beachtet werden müssen. Diese Annahme wird in ▸ **Kapitel 3.1** gesondert behandelt.

2.3 Einflussfaktoren auf den Zweitspracherwerb

Die Frage, welche Faktoren den Zweitspracherwerb beeinflussen, beschäftigt die Forschung schon lange. Ein Problem ist, dass eine Reihe dieser Faktoren nicht direkt beobachtbar und somit nur schwer zu fassen ist (Kniffka & Siebert-Ott, 2007, S. 59). Schumann (1986) nennt z. B. soziale Faktoren wie die Umstände der Migration, den Grad der Assimilation (Anpassung) oder der Subordination (Unterordnung unter gesellschaftliche Anforderungen), emotionale Faktoren wie die Lernmotivation, kognitive und begabungsbedingte Faktoren sowie Inputfaktoren und die Lernbedingungen. Klein (1992) fasst die Faktoren in drei Bündel zusammen: Antrieb, Sprachvermögen und Zugang. Diese drei Kategorien finden sich mit unterschiedlichen Termini in der psychologischen und linguistischen Forschung. In Anlehnung an die Kognitionspsychologie wird an dieser Stelle die folgende Einteilung gewählt:
- **Motivation** oder Antrieb (*motivation*): Dazu gehören die Interessen und die Leistungsbereitschaft, die persönlichen Wünsche, die unmittelbare Lernmotivation, emotionale Beziehungen zu Sprechern der Zielsprache, individuelle positive oder negative Lernerfahrungen usw.

- **Fähigkeit** oder individuelle Merkmale und Sprachvermögen (*ability*): Hierzu gehören die Intelligenz, das vorhandene Sprachwissen, Lernerfahrungen, vorhandene Lernstrategien, Reflexivität und Impulsivität sowie das Alter.
- **Gelegenheit** oder Zugang (*opportunity*): Hierzu gehören die zur Verfügung stehende Zeit und Energie, die Kommunikations- und Kontaktmöglichkeiten, die Qualität der Kommunikationsbedingungen, die Konzeption und Qualität des Unterrichts usw.

Das Zusammenwirken dieser drei Faktorenbündel wird in der folgenden ▶ Abbildung 2.1 veranschaulicht. Ein erfolgreicher Zweitspracherwerb ist in der Schnittmenge der drei Kreise gegeben. Im Folgenden werden einige wichtige Aspekte aufgegriffen.

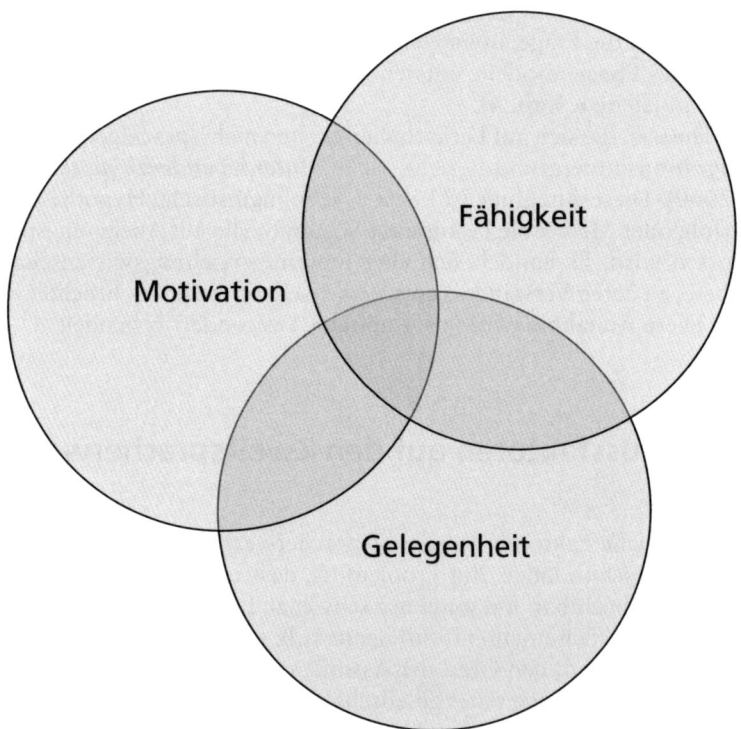

Abb. 2.1: Faktoren des Zweitspracherwerbs

Motivation

Die Bedeutung affektiver Faktoren für den Zweitspracherwerb ist unbestritten. Fthenakis (1987) geht davon aus, dass, zumal bei kleineren Kindern, der Widerstand gegen den Erwerb einer Zweitsprache geringer sei als bei älteren Lernenden, weil bei Letzteren der Lernprozess durch frühere Erfahrungen und aktuelle Einstellungen behindert werden könne. So kann z. B. begründet werden, wieso bei älteren Arbeitsmigranten der Lernprozess häufig stagniert, insbesondere dann, wenn die Person im alltäglichen Leben mit ihrer Erstsprache ausreichend kommunizieren kann und wenig Notwendigkeit besteht, die Zweitsprache weiterzuentwickeln. Im Gegensatz dazu sind bei Kindern gesellschaftliche Bindungen nicht so stark ausgeprägt, weshalb von ihnen eine größere Offenheit und Lernbereitschaft zu erwarten ist. Kinder, die eine deutsche Schule besuchen müssen, beugen sich leichter einem Anpassungsdruck als Erwachsene, unter anderem weil der Wille dazuzugehören ein starker Antrieb sein kann.

Auf Gardner & Lambert (1972) geht das Konzept der *integrativen* und der *instrumentellen* Motivation beim Sprachenlernen zurück: Instrumentell ist die Motivation dann, wenn sie sich auf Nützlichkeitserwägungen des Lernenden bezieht (Verbesserung der Berufschancen, Lesen bestimmter Literatur, Interesse an der Sprache), integrative Motivation hingegen bezieht sich auf den Wunsch, am Leben einer bestimmten Gruppe teilhaben zu wollen. Mit der integrativen Motivation geht eine größere Identifikation mit der zu lernenden Sprache einher, weshalb Gardner & Lampert annahmen, dass eine integrative Orientierung für einen erfolgreichen Fremdsprachenerwerb wichtig sei. Bei Kindern im Vor- und Grundschulalter steht zu vermuten, dass die Motivation, eine zweite Sprache zu lernen, nahezu ausschließlich integrativer Natur ist. Kinder lernen eine zweite Sprache, um Mitglied einer Gruppe oder einer Klasse zu werden; sie wollen dazugehören und mitreden können.

Dörnyei (2003) legt ein Motivationsmodell zum Zweitspracherwerb vor. Die Motivation, eine zweite Sprache zu lernen, setzt sich demzufolge aus mehreren Komponenten zusammen. Neben der Einstellung der Lernenden hinsichtlich der Zielsprache (im Sinne von instrumenteller und integrativer Motivation) spielen kognitive und affektive Aspekte eine bedeutende Rolle. An erster Stelle ist hier das sprachliche Selbstkonzept zu nennen (vgl. ▶ **Kap. 1.3**). Außerdem gehören hierzu die Erwartung von Schwierigkeiten und Erfolg, die Abschätzung des Lernaufwands, vorangegangene Lernerfahrungen und allgemeine Sprachlernfähigkeiten. Auch die Lernsituation (Unterricht oder Alltagssituation), das Curriculum, die Lehrperson, die Lehrmethoden, Aspekte der Lerngruppe usw. beeinflussen die Motivation, eine Sprache zu lernen. Problematisch scheint an diesem differenzierten Motivationsmodell, dass die meisten Faktoren auch einen direkten Einfluss auf den Lernerfolg ausüben (s. u.). Des Weiteren ist zu beachten, dass die genannten Aspekte keinesfalls statisch und unverändert sind, sondern stetigem Wandel unterliegen und in einer komplexen Wechselbeziehung zueinander stehen.

Forschungsergebnisse
Pagonis (2009) untersucht die Frage, wieso es Kindern in der Regel besser gelingt, eine Zweitsprache zu lernen, als Jugendliche oder Erwachsenen. Aufgrund der Analyse der vielfältigen widersprüchlichen Forschungsergeb-

> nisse zu dieser Frage und zweier Fallbeispiele kommt er zu dem Schluss, dass die altersspezifische *Bereitschaft* zur sprachlichen Anpassung der wichtigste Faktor des Lernerfolgs von Kindern beim Zweitspracherwerb ist. Die Vermutung, dass das kindliche Gehirn prinzipiell besser in der Lage sei, Sprachen zu lernen als das erwachsene, lässt sich nicht bestätigen.

Überträgt man diese Forschungsergebnisse auf die spezifische Lernsituation mehrsprachig aufwachsender Kinder und Jugendlicher in Deutschland, so wird deutlich, dass positive Kontakte zur aufnehmenden Gesellschaft und die subjektiv empfundene Notwendigkeit, eine Sprache zu lernen, wichtige Faktoren sind. Hierzu gehört aber auch, dass die Kinder und Jugendlichen sich mit ihrer Mehrsprachigkeit und Multikulturalität akzeptiert fühlen. Dabei scheint die Einstellung der Eltern und der (pädagogischen) Umwelt ein wichtiger Aspekt zu sein. Der Prozess der Sprachaneignung und der damit verbundenen Identitätsbildung folgt besonderen Gesetzmäßigkeiten. Die lebensweltliche Zweisprachigkeit ist ein wesentliches Kennzeichen der sozialen und emotionalen Situation der Migrantenkinder (vgl. Gogolin, 1999). So scheint ein wichtiger Faktor zu sein, wie sich die Eltern bzw. die Familie zu der Zweitsprache verhalten. Dabei ist es keinesfalls notwendig, dass die Zweitsprache Deutsch zu Hause gesprochen wird, denn die Eltern sollen die Sprache mit ihren Kindern sprechen, die sie selbst am besten beherrschen. Vielmehr ist es hilfreich, wenn die Kinder wahrnehmen, dass sich auch die Eltern in positivem Sinne mit der deutschen Sprache und Kultur auseinandersetzen (vgl. Röhr-Sendlmaier, 1985). Das macht deutlich, wie wichtig in schulischen Kontexten die Zusammenarbeit mit Eltern ist. Diese kann nur gelingen, wenn die Eltern sich ihrerseits in ihrer Kultur und Sprache angenommen und wertgeschätzt fühlen.

Individuelle Fähigkeiten

Die neurophysiologische Annahme Lennebergs (*critical period hypothesis*, 1967), nach der es nur in einer bestimmten Phase der frühen Kindheit möglich sei, Sprachen ohne großen Aufwand zu lernen, ist in dieser Einfachheit sicher nicht korrekt. Richtig ist, dass das menschliche Gehirn weit über die Pubertät hinaus lernfähig ist. Allerdings werden mit dem Älterwerden andere Lernmechanismen wirksam. So sind in Bezug auf systematisch-analytische Lernstrategien, vor allem in gesteuerten Situationen, ältere Lernende gegenüber jüngeren im Vorteil. In einer Reihe von Studien konnte gezeigt werden, dass Jugendliche und Erwachsene beim Wortschatzlernen Kindern überlegen sind. Andererseits sind Kinder für intuitiv ganzheitliche Vorgehensweisen offener, wie sie für natürliche Erwerbssituationen kennzeichnend sind. Unbestritten ist, dass Kindern der Erwerb der Aussprache leichter fällt; Erwachsene sind in ihren motorischen Prozessen festgelegter (Wode, 1992, S. 214). Diese Fähigkeit sagt jedoch relativ wenig über semantische oder grammatische Entwicklungspotentiale aus. Vielmehr besteht im Gegenzug die Gefahr, dass Kinder aufgrund ihrer akzentfreien Aussprache überschätzt werden, was zu einer Überbewertung ihrer sprachlichen Fähigkeiten führen kann (vgl. Apeltauer, 1992).

Es besteht weitgehend Einigkeit darüber, dass weitere individuelle Faktoren, wie die Intelligenz, die Sprachbegabung, das Wissen in anderen Sprachen, vorhandene Lernerfahrungen und Lernstrategien den Erfolg beim Zweitspracherwerb nachhaltig beeinflussen. Da wir uns dem Neuen immer auf der Grundlage von etwas Bekanntem nähern, ist es eine wichtige Lernstrategie, Wissen aus einer bereits gelernten Sprache zum Erwerb einer zweiten Sprache einzusetzen. Dieses Wissen zeigt sich u. a. in Sprachmischungen (vgl. ▶ **Kap. 2.4**). Weitere individuelle Faktoren sind z. B. persönliche Lernstile und Erfahrungen. So macht es einen Unterschied, ob ein Mensch eher impulsiv und spontan oder zurückhaltend und reflexiv auf neue Anforderungen reagiert. Auch die Frage, inwieweit ein Kind oder Jugendlicher bereit ist, sich auf widersprüchliche oder schwierige Anforderungen einzulassen (Ambiguitätstoleranz), ist entscheidend (Kniffka & Siebert-Ott, 2007, S. 62).

Lerngelegenheiten

Ein wichtiger Faktor, der die Qualität des Zweitspracherwerbs beeinflusst, ist die zur Verfügung stehende Zeit. Graf (1989, S. 127) gibt zu bedenken, dass für Migrantenkinder in Minderheitsituationen die Zeit des Deutschlernens im Vergleich zu einsprachig deutschen Kindern sehr kurz ist. Da viele von ihnen erst im Alter von drei oder sechs Jahren der Zweitsprache begegnen, bleibt ihnen weniger als die halbe Lernzeit, denn sie sind häufig in der Kindertageseinrichtung und der Schule nur wenige Stunden täglich in Kontakt mit der Zweitsprache. Die Lernzeit kann zusätzlich verkürzt sein, wenn in der Einrichtung vergleichsweise wenige einsprachig deutsche Kinder und Jugendliche sind. Die für den (Zweit-)Spracherwerb so wichtige Peer-Kommunikation ist dann ebenfalls begrenzt. Somit kommt der erwachsenen Bezugsperson die Rolle als wichtigster Sprachvermittler zu. Ein häufiger Kontakt zu einsprachig deutschen Kindern korreliert hoch signifikant mit guten Leistungen in der deutschen Sprache.

Die Lernzeit ist natürlich nur ein Aspekt der Frage, über welche Kommunikationsmöglichkeiten der Lernende verfügt und wie sich die Kommunikationspartner seinem sprachlichen Können anpassen. Insgesamt sind die Quantität und die Qualität des Sprachkontakts entscheidend.

Forschungsergebnisse
Röhr-Sendlmeier (1985) erforscht den Zusammenhang zwischen Spracherwerb und Migrationsbedingungen. Bei der Untersuchung des Sprachstandes von 47 7- bis 8-jährigen türkischen Migrantenkindern, die Vorbereitungsklassen besucht haben, stellt sich heraus, dass ein häufiger Kontakt zu Deutschen hoch signifikant mit guten Leistungen in der deutschen Spra-

> che korreliert. Dazu gehören ebenso Kontakte zu Kindern auf dem Pausenhof und dem Spielplatz als auch Kontakte zu Erwachsenen beim täglichen Einkaufen. Sie bezieht in die Untersuchung Einflussgrößen wie Dauer des Aufenthalts, Kontakt zu deutschen Personen, Bildungsstand der Eltern, Einstellung zum Leben in der Bundesrepublik Deutschland usw. mit ein. Kein Zusammenhang lässt sich hingegen zwischen der Bindung der Familie an die Türkei und den Deutschkenntnissen der Eltern und Kinder ableiten.

In Anlehnung an eine interaktionistische Spracherwerbstheorie wird davon ausgegangen, dass es sehr wichtig ist, dass die Bezugsperson ihr Verhalten an die sprachlichen Fähigkeiten der Lernenden anpasst (vgl. ▶ **Kap. 2.1**). Dies kann auch mit der Teachability-Hypothese begründet werden. Dabei ist das kommunikative Verhalten der Lehrkraft eingebettet in einen Unterricht, in dem alle Anforderungen optimal auf die Fähigkeiten der Lernenden abgestimmt sind. Dies bedeutet eine Orientierung des Lehrverhaltens an Regelmäßigkeiten des ungesteuerten Spracherwerbs. Die Kunst der Lehrkraft besteht darin, sich den sprachlichen Fähigkeiten anzupassen und dennoch das Kind kognitiv nicht zu unterfordern. Gibbons (2002) bezeichnet diesen Prozess als s*caffolding* (vgl. ▶ **Kap. 6.2**). Eine Anpassung an sprachliche Fähigkeiten von Kindern und Jugendlichen ist in der Kommunikation mit einem einzelnen Kind sicherlich gut möglich. Schwieriger ist die Aufgabe für Lehrkräfte und Erzieherinnen in heterogenen Lerngruppen, da sie in der Unterrichtskommunikation Kindern und Jugendlichen gerecht werden müssen, die höchst unterschiedliche sprachliche Kompetenzen haben.

2.4 Der Einfluss der Erstsprache

Der Einfluss der Erstsprache auf den Erwerb der Zweitsprache ist unter anderem bei Sprachmischungen zu beobachten. Hierbei handelt es sich um Übertragungen sprachlichen Wissens aus der einen Sprache in eine andere. Der Vorgang selbst wird als *Transfer* bezeichnet, führt der Transfer zu einem negativen Ergebnis, handelt es sich um eine *Interferenz*. Dabei ist es im Einzelfall nicht einfach zu klären, auf welcher Ebene sich die Interferenz zeigt. Eine wichtige Frage ist z. B., ob es sich um vorübergehende Bildungen handelt, die aus der jeweiligen kommunikativen Situation entstanden sind, oder ob es sich um verfestigte Fehlannahmen über sprachliche Strukturen handelt. Transfer ist im Rahmen der Interlanguage-Hypothese als Teil des Bemühens des lernenden Menschen zu sehen, sich verständlich zu machen. In schulischen Kontexten kommt hinzu, dass sprachliche Äußerungen, insbesondere schriftliche, der Beurteilung und Bewertung unterliegen. So werden Fehler im Bereich der Grammatik in schriftlichen Texten von Lehrkräften sehr viel stärker gewichtet, auch wenn die Äußerung verständlich ist. In mündlichen Texten ist die Fehlertoleranz wesentlich höher. Wode (1992) weist darauf hin, dass sich die beiden Sprachen in ihren Strukturen ähnlich sein müssen, damit sich Transfer überhaupt ereignen kann.

Grundsätzlich sind verschiedene Arten des Transfers zu unterscheiden (vgl. Müller et al., 2007):

1. Bei der Interferenz i. e. S. werden die Regeln eines bekannten Sprachsystems auf ein weniger bekanntes Sprachsystem angewendet. Ein 16-jähriger junger Mann, dessen Erstsprache Italienisch ist, äußert z. B.: *Ich habe gehabt Fieber*. Der infinite Prädikatsteil wird vor dem direkten Objekt gebraucht. Dieses Satzmuster lässt sich als Interferenz interpretieren, da im Italienischen der infinite Prädikatsteil im Hauptsatz stets vor dem direkten Objekt steht.
2. Beim *code-mixing* werden Wörter, die in der einen Sprache nicht verfügbar sind, aus der anderen Sprache übernommen. Die lernende Person greift auf ein Wort aus einer ihr bekannten Sprache zurück, wenn es ihr in der Zielsprache im Moment nicht zur Verfügung steht. Z. B. zeigt ein 4-jähriger Junge mit Türkisch als Erstsprache auf ein Bild und sagt: *Sie hat eine diş fırçası* (= Zahnbürste; Jeuk, 2003, S. 247). Obwohl es im Türkischen keine Artikel gibt, gebrauchte der Junge das korrekte Genus für ein Wort, das ihm nur im Türkischen bekannt ist. Das türkische Wort passt sich der Struktur des Deutschen an. Durch eine parallele lexikalische Aktivierung wird das Einflechten einzelner Wörter aus der einen in eine andere Sprache zu einer produktiven Strategie. Kinder nutzen dieses Verhalten als „strukturellen Steigbügel" (Tracy, 1996, S. 87), indem sie die ihnen zur Verfügung stehenden Mittel systematisch einsetzen.
3. Beim *code-switching* wird in Abhängigkeit von der Situation, dem Interaktionspartner und dem Thema bewusst zwischen den beiden Sprachen gewählt. Dies kann von Äußerung zu Äußerung wechseln. So wird z. B. in Zuwandererfamilien beobachtet, dass je nach Kontext auch innerhalb der Familie zwischen den Sprachen gewechselt wird. Dies bedeutet nicht, dass die Personen nicht in der Lage wären, die Sprachen zu trennen. Sie nutzen vielmehr den Vorteil, in Situationen, in denen die beteiligten Kommunikationspartner beide Sprachen verstehen, jeweils in den Code zu wechseln, der im jeweiligen Kontext angemessener ist oder in dem sie sich besser ausdrücken können.

Einfluss der Erstsprache auf die Grammatikentwicklung

Interferenzen auf der grammatischen Ebene beschäftigen die Spracherwerbsforschung seit langem. Die Annahme, dass sich grammatische Systeme relativ unabhängig voneinander entfalten und Fehler eher mit Strukturen der zu lernenden Sprache zu begründen sind, bedeutet ja nicht, dass sich Grammatik völlig unbeeinflusst von der Erstsprache entwickelt. Im schulischen Fremdsprachenerwerb in der Sekundarstufe sind grammatische Interferenzen durchaus zu beobachten, machen jedoch nur einen kleinen Teil der Fehler aus. Bei Kindern mit Türkisch als Erstsprache, die im Kindergarten Deutsch lernen, können grammatische Interferenzen nur selten beobachtet werden (vgl. Jeuk, 2003). Es liegt also nahe anzunehmen, dass mit zunehmendem Alter Interferenzen auf der grammatischen Ebene zunehmen. Vermutlich gehört eine gewisse Sprachbewusstheit dazu, um grammatische Strukturen übertragen zu können. Allerdings darf der Lernkontext nicht unberücksichtigt bleiben, Interferenzen werden eher im Fremdsprachenunterricht beobachtet als beim Zweitspracherwerb. Insbesondere wenn Deutsch zur dominanten Sprache wird, in der auch Lesen und Schreiben gelernt wurde, sind Interferezen aus der Erstsprache eher selten zu beobachten.

> **Forschungsergebnisse**
> Pienemann et al. (2006, S. 97ff) untersuchten, ob die Verbzweitstellung im Englischen von Lernenden mit Türkisch als Erstsprache genau so gut gelernt wird wie von Lernenden mit Deutsch oder Schwedisch als Erstsprache. Im Türkischen ist die grundlegende Wortstellung Subjekt – Objekt – Prädikat. Folglich müsste man davon ausgehen, dass deutsche und schwedische Kinder sich mit der englischen Struktur leichter tun, weil sie die für das Englische typische Subjekt – Prädikat – Objekt-Stellung aus ihren Erstsprachen kennen. Es zeigt sich jedoch, dass Kinder mit Türkisch als Erstsprache die englische Verbzweitstellung genau so schnell lernen wie die deutschen oder die schwedischen Kinder.
>
> Haberzettl (2005) zeigt hingegen anhand der Analyse von Äußerungen russischer und türkischer Grundschulkinder, dass die Erwerbsgeschwindigkeit bestimmter Eigenschaften des Deutschen durchaus von der Erstsprache der Lernenden abhängt. So haben Kinder mit Türkisch als Erstsprache die Verbendstellung in deutschen Nebensätzen schneller erworben als Kinder mit Russisch als Erstsprache, da im Türkischen die Verbendstellung die Regel ist. Das Beispiel zeigt, dass beim Grammatikerwerb die Erstsprache eine Basis darstellen kann, von der aus die Lernenden sich der Zweitsprache nähern. An den prinzipiellen Erwerbsschritten in der Zweitsprache Deutsch scheint dies jedoch wenig zu ändern (vgl. Ahrenholz, 2006).

Bei Kindern, die von Geburt an zwei Sprachen lernen, hat sich das Prinzip „eine Person – eine Sprache" bewährt. Vermutlich ist dies notwendig, um eine getrennte Aneignung der grammatischen Systeme zu gewährleisten. Allerdings deutet vieles darauf hin, dass diese Trennung nicht aus sprachsystematischen Gründen erforderlich ist. Denn offenbar sind Kinder schon ab einem Alter von zwei Jahren in der Lage, die sprachlichen Systeme zu trennen und somit auch getrennt voneinander zu erwerben (vgl. ▶ Kap. 2.2). Die relativ konsequente Sprachentrennung durch die Bezugspersonen ist damit zu begründen, dass den Kindern die Notwendigkeit, sich zwei Sprachen anzueignen, am besten über verschiedensprachige Kommunikationspartner vermittelt werden kann: Die Kinder müssen erkennen, dass es für sie sinnvoll und richtig ist, zwei statt einer Sprache zu lernen; der Sinn der Sprachentrennung liegt im *motivationalen* Bereich (vgl.

Jampert, 2002). In den seltenen Fällen, in denen bei bilingualen Kindern Sprachmischungen beobachtet werden, handelt es sich um Einfügungen von Wörtern der einen Sprache in Strukturen der anderen Sprache (vgl. ▶ **Kap. 2.2**).

Zur Interpretation von Sprachmischungen

Wie schwierig Transferleistungen zu deuten sind, zeigt Tracy (1996, S. 80): Die Äußerung eines Kindes *I eat sometimes candy* könnte als Transfer aus dem Deutschen interpretiert werden (*Ich esse manchmal Süßigkeiten*). Die Äußerung stammt jedoch von einem einsprachigen Kind. Ebenso könnte die Äußerung eines bilingualen Kindes *When comes my mother?* als Transfer aus der deutschen Struktur des Satzes *Wann kommt meine Mutter?* interpretiert werden. Ebenfalls denkbar wäre jedoch eine Übergeneralisierung englischer Fragestrukturen in Analogie zu *Where is the train?* Die beobachtbaren Fehler geben nur vage Hinweise auf zugrunde liegende Transferprozesse. „Dies heißt freilich nicht, dass solche Äußerungen, wären sie denn von bilingualen Kindern produziert worden, *nicht* auf eine Interaktion der beiden Sprachen zurückgeführt werden könnten. Es bedeutet lediglich, dass ein solcher Schluss keineswegs zwingend ist" (Tracy, 1996, S. 81). Aufgrund der Strukturunterschiede zwischen Deutsch und Türkisch sollte man z. B. annehmen, dass Transferphänomene beim Zweitspracherwerb relativ einfach zu interpretieren sind. Dass dies nicht der Fall ist, kann an einem Beispiel gezeigt werden: Meixner (2000) geht davon aus, dass Kinder mit Türkisch als Erstsprache beim Deutschlernen den Infinitiv ans Ende des Satzes setzen, weil dies der Struktur im Türkischen entspreche. Als Beispiele dienen folgende Äußerungen von türkischen Schulanfängern:

Er was essen.
Er eine Flasche Limonade haben.
Er kommen und die Flasche Limonade trinken.

Bei dieser Interpretation wird übersehen, dass es keine türkischen Sätze mit Infinitiven am Satzende gibt (vgl. Böttle & Jeuk, 2008), sehr wohl aber deutsche Satzmuster, etwa Modalsätze. Näher liegend wäre beispielsweise die Annahme, dass es sich um Verkürzungen der folgenden zielsprachlichen Äußerungen handelt:

Er will etwas essen.
Er will eine Flasche Limonade trinken.
Er will (wird/tut) kommen und die Flasche Limonade trinken.

Diese Interpretation liegt auch deshalb nahe, weil bei einsprachigen Kindern die Auslassung des Modalverbs ein häufig zu beobachtendes Muster ist. Ein Einfluss der Erstsprache auf die Fehlbildung könnte darin bestehen, dass es im Türkischen keine Zweiteilung des Prädikats gibt und der linke Teil der Prädikatsklammer im Deutschen ausgelassen wird. Es werden die Elemente ausgelassen, die nicht Träger wichtiger Informationen sind, in diesem Falle die Modalverben. Die Beispiele zeigen, wie schwierig die Interpretation von Äußerungen aufgrund kontrastiver Analysen ist. Dies hängt damit zusammen, dass Transfer stets mit anderen Faktoren verknüpft ist (vgl. Wode, 1992). Sicherheit in Bezug auf die Interpretation kann nur gewonnen werden, wenn die vom Kind gebildete Struktur, die von uns als falsch wahrgenommen wird, eine eindeutige Entsprechung in der Herkunftssprache hat, und zwar auf allen Strukturebenen.

Für den Sprachunterricht und die Sprachförderung mit mehrsprachigen Kindern bedeutet dies, dass die Gefahr, die vom Mischen der Sprachen ausgehen könnte, als gering einzuschätzen ist. Im Gegenteil zeigt sich in Interferenzen das systematische Bemühen der Lernenden, sich verständlich zu machen und ihre kommunikativen Ziele zu erreichen. Bei älteren Lernern, insbesondere wenn sie während der Schulzeit nach Deutschland einwanderten, ist es durchaus sinnvoll, im Einzelfall zu untersuchen, wie eventuell auftretende Fehlbildungen zustande kommen und ob die Erstsprache daran beteiligt ist.

Im Unterricht
Wenn es zutrifft, dass das Mischen von Sprachen keine Gefahr für den Zweitspracherwerb darstellt, sondern eine wichtige Strategie ist, kann dies didaktisch genutzt werden. Im Rahmen eines sprachbewussten Unterrichts kann der kontrastive Vergleich von Sprachen gezielt zur Sprachförderung und zur Aneignung von Kompetenzen im Bereich „Sprachbewusstsein entwickeln" genutzt werden. Schader (2003) macht eine Reihe von Vorschlägen, z. B.:
Sprachvergleich Wort für Wort: Spannende Einsichten im Detail (Schader, 2003, S. 279) (Klasse 5 bis 10, je nach Komplexität der Äußerung).

An der Tafel stehen drei Zeilen:
Zeile 1: Satz auf Deutsch (Bsp. „Wir geben den Freunden das neue Buch.")
Zeile 2: Satz in der Erstsprache (Albanisch: „Ua japim shokëve librin e ri.")
Zeile 3: wörtliche Übersetzung („Ihnen es geben Freunden(den) Buch(das) das neue.")

Die entsprechenden Wörter auf den Zeilen werden nun mit Strichen verbunden. Zwischen Zeile 2 und 3 sollte das ziemlich linear geschehen können. Interessanter ist der Vergleich zwischen Zeile 1 und 2. Hier kommt es zu Überkreuzungen und Fehlstellungen, z. B. hat das Personalpronomen „wir" im Albanischen keine Entsprechung; auch die Artikel fehlen, sind aber in Form von Genusmarkierungen an die Nomen angehängt.

Viele dieser Befunde geben Anlass zu weiteren Fragen und Sprachbetrachtungen. Wo steht das Adjektiv? Wo steht das Verb? usw. Die grammatische Reflexion, die sich hier anschließt, ist ergiebig und es muss darauf geachtet werden, dass die Schüler nicht überfordert werden. Eine solche Reflexion eröffnet jedoch auch für deutsche Schülerinnen und Schüler einen neuen Zugang zur Grammatik ihrer Erstsprache (vgl. ▶ Kap. 6.2).

Sprachmischungen auf anderen Ebenen

Wie oben angedeutet, sind die Einflüsse der Erstsprache auf den semantisch-lexikalischen Bereich bedeutend. Hier ist es wichtig, den Kindern und Jugendlichen im Unterricht die Möglichkeit zu geben, auf ihr konzeptionelles Wissen in der Erstsprache zurückzugreifen. Eine Möglichkeit wäre z. B., dass sich Kinder derselben Erstsprache gegenseitig helfen, wenn sie ein Wort oder einen Begriff im Deutschen nicht verstehen. Auch das Benutzen von Wörterbüchern kann bei älteren Lernenden eine sinnvolle Hilfe sein (s. ▶ **Kap. 6.2**).

Die Einflüsse auf pragmatische und diskursive Fähigkeiten sind vermutlich ganz enorm, auch wenn es hier kaum eine Möglichkeit gibt, über kontrastive Analysen ursächliche Zusammenhänge festzustellen. Je älter die Lernenden zum Zeitpunkt der Einwanderung sind, desto eher sind kulturelle Orientierungen in diesem Bereich anzunehmen. Diese können sich auf vielerlei Weise auf die Kommunikation und den Spracherwerb in der Zweitsprache auswirken. Mit solchen Fragen befasst sich die Interkulturelle Pädagogik (vgl. ▶ **Kap. 5.1**). Auf den Einfluss der Erstsprache im konzeptionell-schriftlichen Bereich wird in ▶ **Kapitel 3.1** eingegangen.

Zusammenfassung

In diesem Kapitel wurden verschiedene theoretische Zugänge zum Erst- und zum Zweitspracherwerb vorgestellt. Es zeigt sich einerseits, dass keine Theorie den Anspruch erheben kann, kindliche Sprachaneignung umfassend zu erklären. Zu vieles ist ungeklärt und damit umstritten. Außerdem gibt es eine Reihe von Faktoren, welche die Sprachaneignung beeinflussen, die nicht im engeren Sinne sprachbezogen sind. Ein entscheidender Punkt ist die Frage, ob und in wieweit die Lernenden motiviert sind, die Zweitsprache umfassend zu erwerben. Wichtig ist, wie in der sprachlichen Umwelt mit den Kompetenzen in der Erstsprache umgegangen wird.

3 Verlauf des Zweitspracherwerbs und Lernschwierigkeiten

Die in Kapitel 2 genannten Hypothesen können die Frage, wieso viele Kinder mit Migrationshintergrund Schwierigkeiten in der deutschen Sprache haben, kaum beantworten. Dies liegt vermutlich daran, dass es bei diesen Theorien um die einzelnen Lernenden geht, weniger um die sozialen und schulischen Bedingungen, in denen das Lernen stattfindet. Ein zentraler Punkt scheint die Frage zu sein, wie es Schülerinnen und Schülern gelingen kann, an die Bildungssprache des Aufnahmelandes anzuknüpfen. Bevor also betrachtet werden kann, wie die Aneignung des Deutschen als Zweitsprache verläuft, muss das Verhältnis von Mündlichkeit und Schriftlichkeit, von Alltagssprache und Bildungssprache betrachtet werden, um klären zu können, was das Ziel der schulischen Unterweisung ist.

Verschiedene Studien deuten darauf hin, dass es bei der Aneignung des Deutschen als Zweitsprache und des Deutschen als Erstsprache gewisse strukturelle Ähnlichkeiten in der Abfolge gibt. Abfolgen und Stufen in der Entwicklung können als grobe Orientierung bei der Erhebung des Stands der Sprachaneignung sowie bei der Planung des Unterrichts und der Förderung dienen. Es zeigt sich, dass es eine Reihe von sprachlichen Qualifikationen gibt, bei denen mehrsprachige Schülerinnen und Schüler im Wesentlichen vor denselben Problemen stehen und ähnliche Fehler machen wie einsprachige Kinder. Es gibt aber auch eine Reihe von Aspekten, die für Lernende des Deutschen als Zweitsprache besonders schwer zu erwerben sind. Dazu gehört vor allem der Aufbau eines differenzierten und altersgemäßen Wortschatzes.

3.1 Alltagskommunikation und Bildungssprache

Die Schwellenniveauhypothese

Forschungsergebnisse
Skutnabb-Kangas & Toukomaa (1976) untersuchten für die UNESCO die Sprachentwicklung bei finnischen Migrantenkindern, die in Schweden zur

> Schule gingen. Bei etwa 600 Kindern im Alter von sieben bis zehn Jahren überprüften sie in einer Querschnittsstudie den Sprachstand in der Erstsprache Finnisch (S1) und in der Zweitsprache Schwedisch (S2). Sie kamen zu dem Ergebnis, dass Kinder, die im Alter von zehn Jahren nach Schweden gekommen waren, nach einigen Jahren besser Schwedisch konnten als die Kinder finnischer Migranten, die in Schweden geboren und dort eingeschult worden waren. Die Sozialdaten der beiden Gruppen waren vergleichbar. Ähnliche Beobachtungen wurden in einer Reihe von Ländern mit Arbeitsmigration gemacht. Insbesondere die Leistungen in sprachlich intensiven Fächern lagen bei den im Aufnahmeland geborenen Kindern auf einem sehr niedrigen Niveau. Je höher der Stand der Beherrschung der Erstsprache bei der Einreise war, desto besser beherrschten die Kinder später die Zweitsprache. Das bedeutet, dass es für im Aufnahmeland geborene Kinder mit Migrationshintergrund sehr schwer ist, an die Bildungsstandards des Aufnahmelandes anzuknüpfen. Im Schulalter eingereisten Jugendlichen gelingt dies überraschenderweise besser.

Aufgrund des international viel beachteten Forschungsergebnisses, dass mehrsprachige Kinder in der Bildungssprache erfolgreicher sind, wenn sie während der Schulzeit einwandern, formulieren Skutnabb-Kangas & Toukomaa (1976) die Schwellenniveauhypothese. Sie besagt, dass zunächst bestimmte Kompetenzen in der Erstsprache erreicht sein müssen, bevor die Zweitsprache eine positive Wirkung entfalten kann. Hat das Kind eine erste Schwelle überwunden und in einer Sprache die Kompetenzen eines *native speaker* erreicht, kann die zweite Sprache hinzukommen. Wenn das Kind auch in einer zweiten Sprache sehr hohe Kompetenzen erreicht, wird eine zweite Schwelle überschritten. Dann sind sogar positive Auswirkungen auf die gesamte kognitive Entwicklung zu erwarten. Die Entwicklung der Migrantenkinder, die in Schweden geboren und eingeschult worden waren, verlief nach Skutnabb-Kangas (1992) deshalb in beiden Sprachen unzureichend, weil die Bildung der Kinder in ihrer Erstsprache im schwedischen Bildungssystem nicht vorgesehen ist. Die finnischen Kinder kamen mit ungefähr drei Jahren in Schweden in den Kindergarten, dort erfolgte die sprachliche Bildung in Schwedisch, einer Sprache, welche die Kinder ja erst noch lernen mussten. Da die Familiensprache Finnisch nicht weiterentwickelt wurde, fehlte der Zweitsprache Schwedisch das Fundament. Die Kinder wurden in einer Sprache gebildet, die sie nicht beherrschten; in ihrer Herkunftssprache erhielten sie keine Bildung. Die finnischen Kinder, die ab einem Alter von etwa zehn Jahren nach Schweden eingereist waren, hatten hingegen die Möglichkeit, zunächst in Finnland ihre Erstsprache auch im schulischen Kontext so zu entwickeln, dass die schulische Bildung in der Zweitsprache Schwedisch auf deren Grundlage erworben werden konnte.

Die Interdependenzhypothese (Abhängigkeitsannahme)

Cummins (2000) greift die Befunde auf und entwickelt die Interdependenzhypothese oder Abhängigkeitsannahme. Sie besagt, dass sich die Zweitsprache auf der Grundlage der Erstsprache entwickelt, von der die Zweitsprache profitiert. Das bedeutet, dass Kinder, die keine intakte Erstsprache erworben haben, auch beim Erwerb der Zweitsprache auf Schwierigkeiten stoßen. Darüber hinaus geht Cummins davon aus, dass die Kompetenz, die ein zweisprachiges Kind in der Zweitsprache erreicht, zum Teil vom Stand der Kompetenzentwicklung der Erstsprache beim ersten Kontakt mit der Zweitsprache abhängt.

> **Forschungsergebnisse**
> Bei den kanadischen *Immersionsprogrammen* werden französisch sprechende Kinder in der Zweitsprache Englisch unterrichtet, auch wenn sie keine Vorkenntnisse in der Zweitsprache haben. Gleichzeitig erhalten die Kinder Unterricht in der Erstsprache. Die Lehrkräfte beherrschen beide Sprachen und können auf Französisch mit den Kindern kommunizieren. In diesen Modellen ist zu beobachten, dass die Kinder in beiden Sprachen hohe Kompetenzen erwerben. Das Modell, nach dem Minderheitenkinder im Unterricht mit Schülerinnen und Schülern der Mehrheit zusammengebracht werden, ohne dass auf die sprachlichen Bedürfnisse der mehrsprachigen Kinder eingegangen wird, nennt Cummins *Submersion* („schwimm oder ertrink"). Submersion von Migrantenkindern ist die gängige Praxis in deutschen Schulen und Kindergärten.

Auch in Deutschland wird beobachtet, dass Kinder, die im Aufnahmeland eingeschult wurden, relativ mehr Schwierigkeiten im Gebrauch der Sprache des Aufnahmelandes haben als Kinder, die während der Schulzeit immigrierten (vgl. zusammenfassend Knapp, 1997). Außerdem konnte in einer Reihe von Studien weltweit gezeigt werden, dass Migrantenkinder erfolgreicher in der Schule des Aufnahmelandes sind, wenn ihre Erstsprache ebenfalls weiterentwickelt wird (vgl. Siebert-Ott, 2004). Als Beispiel können in Deutschland griechische Kinder gelten, die nachmittags den griechischen Unterricht besuchen. Sie sind damit die einzige Schülergruppe, die zusätzlich zur deutschen Schulbildung eine umfangreiche Bildung in der Erstsprache erhalten, sie sind die einzige Migrantengruppe, die der Schulstatistik zufolge kaum bildungsbenachteiligt ist.

Mit der Interdependenzhypothese kann gezeigt werden, dass der Erwerb einer zweiten Sprache auf der Erstsprache aufbaut und dass es sinnvoll ist, diese Kompetenzen zu nutzen. Die Annahme öffnet den Blick dafür, dass der Gebrauch der Erstsprache keine negativen, sondern positive Auswirkungen auf den Zweitspracherwerb und damit die schulische Bildung hat. Allerdings wurde die Theorie auch kritisiert, denn es handelt sich nicht um eine empirisch überprüfbare Annahme, sondern vielmehr um eine Interpretation des Erfolgs bzw. Misserfolgs verschiedener Schulmodelle. Graf (1989) betont, dass soziale und emotionale Bedingungen zur Erklärung defizitärer Zweitsprachentwicklung hinzugezogen werden müssen. Der Umkehrschluss, dass eine mangelnde Beherrschung der Zweitsprache in jedem Falle aus Defiziten in der Erstsprache resultiere, sei nicht zwingend. Eine Vielzahl von Kindern erlernt im Kindergarten ohne weitere Berücksichtigung ihrer Erstsprache eine zweite Sprache und findet Anschluss an die einsprachigen Kinder. Insofern kann vermutet werden, dass die Erstsprache eine wichtige Basis für die Bildung in der Zweitsprache ist, aber eben nicht die einzige. Offenbar gibt es Kinder, die den Nachteil der mangelnden Förderung ihrer Erstsprache kompensieren können. Außerdem gibt es Kinder, die im Lauf der schulischen Bildung ihre Erstsprache verlernen und dennoch erfolgreich in der Zweitsprache sind.

Cummins selbst (2000) warnt vor einer Überinterpretation der Befunde. Insbesondere gebe es keine Hinweise dafür, ob Lesen und Schreiben zuerst in der Erstsprache oder in der Zweitsprache gelernt werden sollten oder ob es ein Niveau gibt, das ein Kind in der Erstsprache beherrschen muss, bevor es in der Zweitsprache gefördert werden kann. Insofern lasse sich die Schwellenniveauhypothese im Sinne von Skutnabb-Kangas nicht bestätigen, da zu viele Variablen wirksam werden: Das Kontaktalter kann nicht als wichtigster Einflussfaktor isoliert werden. Die empirische Bestätigung des Zusammenhangs zwischen einer Förderung in der Erstsprache und den Kompetenzen in der Zweitsprache ist für Cummins jedoch eindeutig.

BICS und CALP

Mehrsprachige Kinder, die in Deutschland geboren wurden und eine Kindertageseinrichtung besuchten, kommen häufig mit mündlich-kommunikativen Kompetenzen in die Schule, die von den Lehrkräften als altersgemäß angesehen werden. Diese kommunikative Kompetenz scheint sich aber nicht immer positiv auf die Sprachleistungen in der Schule auszuwirken. Sollten diese Kinder Schwierigkeiten in der mündlichen Kommunikation haben, so fallen diese oft nicht auf, unter anderem weil in der gesprochenen Sprache über Mimik und Gestik Verständigung hergestellt werden kann und die Kinder so z. B. einen nicht voll ausgebauten Wortschatz kompensieren können. Die Probleme werden dann auffällig, wenn in der Schule im Zusammenhang mit dem schriftlichen Ausdruck weitergehende Fähigkeiten verlangt werden. Knapp (1999) spricht in diesem Zusammenhang von „verdeckten Sprachschwierigkeiten". Die Diskrepanz zwischen kommunikativen Fähigkeiten im Alltag und schulsprachlichen Anforderungen versucht Cummins (2000) mit der Annahme zweier Dimensionen der Sprachbeherrschung zu begründen:

Die BICS (*basic interpersonal communicative skills* = grundlegende kommunikative Fähigkeiten) umfassen die grundlegenden Fähigkeiten der mündlichen Kommunikation. Sie spielen vorwiegend in Alltagssituationen eine Rolle, sind kontextgebunden und bestehen jenseits der schulischen Förderung. Mit CALP (*cognitive academic language proficiency* = kognitiv-akademische

Sprachkompetenz) meint Cummins die Aspekte der sprachlichen Fähigkeiten, die sich als intellektuelle Aktivitäten in der Schule manifestieren. Sie sind durch Schriftlichkeit gekennzeichnet und bis zu einem gewissen Grad unabhängig von der jeweiligen Sprache. Sie befähigen das Individuum, Sprache als kognitives Werkzeug zu gebrauchen.

Wendet man dieses Begriffspaar auf die Interdependenzhypothese an, ergibt sich der folgende Zusammenhang: Die später eingewanderten Kinder haben in ihrer Erstsprache kognitiv-akademische Sprachkompetenzen erworben, die sie auf die Zweitsprache übertragen können. Die in Deutschland geborenen Kinder haben zwar die grundlegenden kommunikativen Fähigkeiten in der Erstsprache und in der Zweitsprache erworben, die Förderung kognitiv-akademischer Sprachfähigkeiten setzt jedoch in der Zweitsprache zu einem Zeitpunkt ein, an dem sich grundlegende Kompetenzen noch in ihrer Entwicklung befinden. Bei den später eingewanderten Kindern unterstützt das Beherrschen von in CALP enthaltenen Anteilen der ersten Sprache den Erwerb dieser Funktionen in der zweiten Sprache. Cummins geht also davon aus, dass die Interdependenz vor allem im Hinblick auf CALP zu sehen sei.

Wie die Dimensionen BICS und CALP zu konkretisieren sind, ist umstritten. Cummins selbst (2000, S. 60) verweist auf vergleichbare Differenzierungen: Alltagsbegriffe vs. wissenschaftliche Begriffe nach Vygotskij (2002), kommunikative vs. analytische Konzepte nach Bruner (1987) usw. Siebert-Ott (2002) sieht einen Schwerpunkt auf den Dimensionen konzeptionelle Mündlichkeit und konzeptionelle Schriftlichkeit (s. u.). Gogolin et al. (2003, S. 46f) führen für CALP den Begriff der *Bildungssprache* ein. Bildungssprache zeichnet sich durch einen expliziten, systematischen und von der konkreten Einbettung weitgehend unabhängigen Sprachgebrauch aus (vgl. auch Feilke, 2012). Demgegenüber unterstützen kommunikative Fähigkeiten in der *Alltagssprache* (BICS) die bildungssprachlichen Leistungen nur wenig.

Mit der Beschreibung von BICS und CALP stellt Cummins Bezüge zur kognitiven Entwicklung her. Ein wichtiger Punkt scheint zu sein, dass sich kognitiv-akademische Sprachfähigkeiten im schulischen Kontext, also im Zusammenhang mit systematischer Unterweisung entwickeln. Nimmt man die Daten zur Bildungsbenachteiligung mehrsprachiger Jugendlicher hinzu (▶ Kap. 1.2), fällt auf, dass viele Jugendliche in ihrem häuslichen Umfeld nicht viel Kontakt zur Bildungssprache haben, weder in der Erst- noch in der Zweitsprache. Offenbar wird die Bildungssprache nicht nur in der Schule vermittelt, sondern, zumindest in sogenannten Mittelschichtsfamilien, auch in der vorschulischen Erziehung, z. B durch Vorlesen (vgl. die Diskussion um *early literacy*; vgl. Whitehead, 2007). Dies verweist darauf, dass die Dimensionen BICS und CALP nicht trennscharf sind. Zentral ist allerdings die Feststellung, dass in der Schule weitergehende und wesentlich komplexere sprachliche Kompetenzen gefordert sind als im Alltag. Je weniger Zugang ein Kind zu Bildung im Alltag hat, desto schwerer wird ihm der Zugang zur Bildungssprache in der Schule fallen.

Mündlichkeit – Schriftlichkeit

Ein wesentlicher Aspekt der kognitiv-akademischen Sprache ist die *konzeptionelle Schriftlichkeit*. Damit ist gemeint, dass sich mit dem Erwerb der Schrift nicht nur das Medium der Sprache verändert, sondern auch das dahinter liegende Konzept von Sprache. Mündliche Sprache findet idealtypisch in *face-to-face*-Situationen statt; das Gegenüber wird mit seiner Mimik und Gestik, mit seinem ganzen Körper zu einem Teil der Sprache – die Kommunikation bezieht sich auf das Hier und Jetzt. In solchen Kontexten werden z. B. viele Wörter mittels Zeigegesten ersetzt. Besonders deutlich wird dies, wenn man von Kindern ein Bild beschreiben lässt. Die Beschreibung kann vollständig sein, obwohl das Kind die Bilder nicht benennt und mit deiktischen Wörtern (Zeigewörter wie *da, dort, der, die, das, so*) die Situation beschreibt.

Im Schriftlichen sind im Gegensatz dazu Produktion und Rezeption zeitlich verschoben. Geschriebenes kann nach Jahren noch gelesen werden. Der Sprachgebrauch ist von Ausführlichkeit und grammatikalischer Korrektheit geprägt. Der Begriff *konzeptionelle Schriftlichkeit* bezieht sich jedoch nicht auf den Gebrauch des Mediums, sondern auf die Art des Denkens (Koch & Oesterreicher, 1994). Beispielsweise ist ein wissenschaftlicher Vortrag, auch wenn er medial mündlich ist, inhaltlich und formal ein schriftlicher Text. Wortwahl, Satzverknüpfungen und Aussprache sind so, dass der Vortrag sich „wie gedruckt" anhört. Konzeptionelle Schriftlichkeit ist die Sprache der Distanz und der Bewusstheit im Raum der öffentlichen Kommunikation (Jeuk & Schäfer, 2009, S. 12ff). Demgegenüber nutzt beim Verfassen einer E-Mail der Schreiber zwar das Medium der Schrift, der Text kann jedoch durchaus den Regeln der mündlichen Kommunikation folgen: Die Sätze sind verkürzt, es werden Begriffe der Umgangs- oder Jugendsprache gebraucht, Höflichkeitsformen, wie sie in einem traditionellen Brief üblich sind, werden nicht eingehalten, einzelne Formulierungen sind nur dem vertrauten Adressaten verständlich usw. Wird die Mail im Rahmen eines Chats geschrieben, kann es sich sogar um eine unmittelbare, unverschobene Kommunikation handeln. Konzeptionelle Mündlichkeit ist somit auch beim Gebrauch schriftlicher Medien möglich.

Konzeptionelle Schriftlichkeit ist die Grundlage der schulischen Bildung. Da der gesamte Unterricht mit der Zeit konzeptionell schriftlich wird, wirken sich bereits geringfügige Sprachschwierigkeiten aus, die im Alltag nur wenig ins Gewicht fallen. Dies bedeutet, dass Sprachunterricht und sprachliche Förderung weit über die Förderung von Kompetenzen in der gesprochenen Sprache hinausgehen müssen. Dennoch bilden gut ausgebildete mündliche Sprachfähigkeiten eine wichtige Basis für die Ausbildung der konzeptionellen Schriftlichkeit. Es wird deutlich, dass dem Sprachunterricht, je nach dem Alter der Schülerinnen und Schüler, unterschiedliche Aufgaben zukommen: Im Kindergarten und zu Beginn der Grundschule haben Sprachunterricht und Sprachförderung die Aufgabe, Prozesse, die auch ungesteuert ablaufen können, zu optimieren. In diesem Kontext ist die formale Korrektheit zuweilen zweitrangig, denn es steht die Fähigkeit im Vordergrund, sich zu verständigen und kommunikative Aufgaben erfolgreich zu lösen. Mit zunehmendem Alter ist der Sprachunterricht mit dem Erwerb der konzeptionellen Schriftlichkeit verbunden. Wie oben gezeigt, können bei Jugendlichen, die im Lauf der Schulzeit einwandern, schriftsprachliche Kompetenzen in der Erstsprache positiv für den Zweitspracherwerb genutzt werden. Bei Kindern jedoch, die von Beginn an eine deutsche Schule besuchen, ist das sprachliche Lernen in der Schule auch mit dem Erwerb der konzeptionellen Schriftlichkeit verbunden. Das bedeutet unter anderem, dass der formalen Korrektheit ein größerer Stellenwert eingeräumt werden muss, denn formale Fehler in schriftlichen Texten werden traditionell hoch sanktioniert. Dies ist für viele Kinder ein Problem. So ist etwa die mangelhafte Beherrschung der Genuszuweisungen in mündlichen Texten meist kein Problem; in der Alltagskommunikation werden die Kinder nur selten darauf hingewiesen, wenn sie z. B. einen falschen Artikel gebrauchen. Hier steht in der Tat die kommunikative Absicht im Mittelpunkt. *Schreibt* das Kind jedoch einen falschen Artikel, wird dies sofort als Fehler gewertet. Hier müssen Lehrkräfte sensibel sein und sich dessen bewusst werden, dass die Kinder zunächst ein Fehlerbewusstsein entwickeln müssen. Außerdem müssen Lehrkräfte auch in geschriebenen Texten zwischen formalen Fehlern einerseits und der Bewältigung der Schreibaufgabe andererseits unterscheiden.

Lernende mit Deutsch als Erstsprache müssen in der Regel im Bereich der Aussprache, der Grammatik und des Wortschatzes keine grundlegenden Fertigkeiten mehr erwerben, wenn sie in die Schule kommen. Bei ihnen kann sich das Lernen auf den Erwerb der Schrift und die Bildungsinhalte der Fächer konzentrieren. Lernende mit Deutsch als Zweitsprache müssen zusätzlich in den grundlegenden Bereichen unterstützt werden, die sie zum Aufbau der Bildungssprache benötigen.

3.2 Zweitspracherwerb im Vorschul- und Schulalter

Der Qualifikationenfächer

Die Befähigung zur sprachlichen Teilnahme an gesellschaftlichen Prozessen verlangt die Aneignung und Entfaltung einer Reihe von Einzelqualifikationen. In einem vom Bundesministerium für Bildung und Forschung in Auftrag gegebenen Gutachten zu „Anforderungen an Verfahren der regelmäßigen Sprachstandsfeststellung als Grundlage für die frühe und individuelle Förderung von Kindern mit und ohne Migrationshintergrund" vertritt Ehlich die Auffassung: „Die Aneignung von Sprache bedeutet, dass ein Kind Sprache als Handlungsmittel umfassend erwirbt und Sprechen so zu einer eigenen, gesellschaftlich hinreichenden Handlungsressource für sich entwickelt" (Ehlich, 2005, S. 19). Entsprechend identifiziert Ehlich (ebd.) fünf sprachliche Qualifikationen:
(a) die rezeptive und produktive phonische (darunter versteht Ehlich die phonetisch-phonologische) Qualifikation (Aussprache, Lautdifferenzierung);

(b) die pragmatischen und diskursiven Qualifikationen (kommunikative Einflussnahme auf die Wirklichkeit, sprachliche Kooperation, Erzählfähigkeit, kommunikativer Aufbau von Phantasiewelten);
(c) die semantische Qualifikation (Wortschatz- und Bedeutungserwerb);
(d) die morphosyntaktische Qualifikation (Strukturen der Wörter und Sätze);
(e) die literale Qualifikation (Lesen und Schreiben).

Für jede Qualifikation gibt es eine produktive und eine rezeptive Ebene; in der Regel gehen die rezeptiven Fähigkeiten den produktiven voraus. Häufig können Kinder sprachliche Strukturen korrekt entschlüsseln, bevor sie diese selbst gebrauchen können. Diese Qualifikationen werden nicht getrennt voneinander erworben, sondern in Wechselbeziehungen zueinander angeeignet. Die Spracherwerbsforschung konzipiert auf der Basis der empirischen Beobachtung von Spracherwerbsverläufen spezifische Entwicklungszeitfenster, in denen einzelnen Qualifikationen jeweils besondere Bedeutung zukommt. So sind nach derzeitigem Stand der Forschung Aspekte der phonischen Qualifikation die Grundlage für semantische Qualifikationen und müssen zu einem frühen Zeitpunkt der Sprachaneignung bearbeitet werden. Da beim Spracherwerb der Gebrauch von Formen von Beginn an in sprachliches Handeln eingebunden ist, bleibt die Einteilung in verschiedene Qualifikationen ein Hilfskonstrukt, das jedoch als Grundlage zur Einschätzung und Beobachtung der Sprachaneignung sinnvoll ist.

Das Wissen über Sprachaneignungsprozesse ist, wie das Gutachten von Ehlich et al. (2005) zeigt, keineswegs umfassend. Aus den vorhandenen qualitativen Studien lässt sich ablesen, dass es eine enorme Heterogenität an Entwicklungsschritten und zeitlichen Abläufen bei der Sprachaneignung gibt, so dass verallgemeinernde Schlussfolgerungen nur mit großer Vorsicht zulässig sind (vgl. Klann-Delius, 2008). Am besten sind Erwerbsverläufe in der Grammatik beschrieben; dies hat mit der guten Beobachtbarkeit und der Regelhaftigkeit grammatischer Strukturen zu tun. Die Beobachtung des Wortschatz- und Bedeutungserwerbs ist z. B. wesentlich schwieriger, denn allein der Umfang des Wortschatzes setzt der Untersuchbarkeit Grenzen.

In Bezug auf die einzelnen Qualifikationen soll im Folgenden versucht werden, Aspekte der Aneignung des Deutschen als Zweitsprache zu identifizieren. So weit möglich sollen Indikatoren beschrieben werden, die für die jeweilige Qualifikation Hinweise auf die Kompetenzentwicklung geben können. Häufig spielt dabei die Ähnlichkeit mit dem Verlauf der Aneignung des Deutschen als Erstsprache eine Rolle. Die Einschätzung mehrsprachiger Entwicklung kann bis zu einem gewissen Grad als Vergleich des Lernalters der mehrsprachigen Person mit dem Lebensalter einsprachiger Lerner gesehen werden, nach dem Muster: Der Stand der Sprachaneignung der Person X in der Qualifikation Y entspricht ungefähr dem Stand der Erstsprache eines Kindes mit Z Jahren (Reich, 2008, S. 167). Dabei sind auch im Erstspracherwerb Altersangaben nur als grobe Orientierung möglich, denn die Altersunterschiede beim Erreichen bestimmter Stufen sind teilweise enorm.

Die phonische (lautliche) Qualifikation

Die phonische Qualifikation ist die Grundlage, um Wörter und ihre Bedeutungen differenzieren zu können. Bereits in einem Alter von fünf bis sechs Monaten sind Kinder in der Lage, erste Beziehungen zwischen Lautkombinationen und Bedeutungen herzustellen (Hacker, 1999, S. 14). In einem ersten Stadium produziert das Kind eine Vielfalt von Lauten und Lautfolgen, die nicht in den von ihm gehörten Sprachen vorkommen müssen. Im Alter von einem halben Jahr können Kinder Silbenketten produzieren, in der Regel Konsonant-Vokal-Folgen (*dadada*). Mit ungefähr acht Monaten legt sich das Kind auf die Artikulation seiner Erstsprache(n) fest, bei bilingualen Kindern kann man zuweilen schon unterscheiden, in welcher „Sprache" die Lautproduktionen erfolgen. Ab diesem Alter können auch die ersten Lautmuster beobachtet werden, denen eine Bedeutung zugeordnet werden kann. Im Alter von zehn bis dreizehn Monaten werden die ersten Wörter aus der sprachlichen Umgebung gebildet, die Produktion ist aber noch unvollständig und häufig nur Bezugspersonen verständlich. Der Gebrauch dieser ersten „Wörter" ist dadurch gekennzeichnet, dass der Inhalt und die Reichweite der dahinterstehenden Begriffe stark von der Zielsprache abweichen. So kann *wauwau* für alle Tiere stehen, *baba* für alle Männer oder *oma* für alle Frauen außer der Mutter.

Ungefähr ab einem Alter von achtzehn Monaten, häufig aber mit etwa zwei Jahren, hat das Kind ungefähr 50 verschiedene Wörter erworben. Dann ist eine rapide Zunahme des Wortschatzes zu beobachten. Damit verbunden ist die Fähigkeit, zwei Wörter zu kombinieren (sog. Zwei- Komponentenäußerungen). Ein großer Teil der Abweichungen der kindlichen Wortbildungen von der Zielsprache lässt sich mit *phonologischen Prozessen* erklären: Silben werden ausgelassen (*Nane* für *Banane*), Laute im Wort angeglichen (*pipel* für *Spiegel*) und Laute systematisch durch andere ersetzt (*Tonne* für *Sonne*, *Tand* für *Sand*). Hinter der vermeintlich fehlerhaften Aussprache stehen Prozesse, mit deren Hilfe sich das Kind systematisch der Zielsprache annähert (vgl. Hacker, 1999). Ab einem Alter von ca. vier Jahren verfeinert sich die Aussprache und wird zunehmend präziser und konstanter. Ab diesem Alter lassen sich auch Verzögerungen in der Entwicklung beobachten und einordnen.

In Bezug auf den Zweitspracherwerb scheint es bei der phonischen Qualifikation einen deutlichen Vorteil bei jüngeren Kindern zu geben. Häufig wird beim sukzessiven Zweitspracherwerb zwischen zwei und sechs Jahren beobachtet, dass sich die Kinder die Aussprache der Zweitsprache Deutsch ohne größere Schwierigkeiten aneignen (Landua et al., 2008, S. 173). Dabei ist natürlich nicht auszuschließen, dass es, in Abhängigkeit z. B. von der Intensität des Kontakts, Entwicklungsverzögerungen gibt. Diese sind zum einen teilweise in Anlehnung an die oben beschriebenen phonologischen Prozesse zu beobachten, teilweise sind sie auf einen Einfluss der Erstsprache zurückzuführen.

Je älter Kinder oder Jugendliche beim ersten Kontakt mit der Zweitsprache sind, desto eher sind Aussprachesschwierigkeiten zu erwarten. Diese sind zum Teil in Form eines Akzents ohne große Bedeutung für das schulische Lernen, zum Teil können sie jedoch Auswirkungen auf den Schriftspracherwerb haben.

So wird z. B. bei Lernenden mit Russisch als Erstsprache zuweilen die kehlige Aussprache des/h/beobachtet (*chaben* für *haben*), was dann auch zu entsprechenden Schreibungen führen kann (Landua et al., 2008, S. 174). Auch eine fehlerhafte Aussprache der Umlaute wird bei russischsprachigen Lernenden beobachtet (*Bretchen* für *Brötchen*). Jugendlichen mit Türkisch oder Russisch als Erstsprache bereitet die Unterscheidung von Kurz- und Langvokalen Schwierigkeiten. Dies ist jedoch auch bei deutschen Kindern zu beobachten, insbesondere wenn sie starke Dialektsprecher sind. Für Jugendliche mit Türkisch als Erstsprache wird auf der mündlichen und der schriftlichen Ebene das Einfügen eines zusätzlichen Vokals zwischen zwei Konsonanten (*schipielen* für *spielen*, *fabirik* für *Fabrik*, sogenannte Sprossvokale) beobachtet, was damit begründet wird, dass es im Türkischen kaum entsprechende Konsonantenhäufungen gibt (vgl. Jeuk, 2009a).

Pragmatische und diskursive Qualifikationen

Pragmatische Qualifikationen, bei denen es um grundlegende Fähigkeiten zur Kommunikation geht, sind in der Spracherwerbsforschung wenig untersucht (Trautmann, 2008). Pragmatische Qualifikationen sind besonders eng mit den anderen Bereichen verzahnt; Einschränkungen auf anderen Ebenen, z. B. der Aussprache, der Grammatik oder des Wortschatzes, wirken sich sehr häufig auf die kommunikativen Möglichkeiten des Individuums aus. Bei der pragmatischen Qualifikation geht es zunächst um die grundlegende Aneignung sprachlicher Handlungsfähigkeit, sie reicht von einfachen Fähigkeiten wie die Unterstützung der Sprache mit Mimik und Gestik bis hin zum Begründen bestimmter Handlungen gegenüber anderen. Für den beginnenden Erwerb einer ersten oder zweiten Sprache ist der Einsatz von gestischer Deixis (Zeigen) sehr wichtig. Dadurch kann das Kind die Aufmerksamkeit seines Kommunikationspartners auf etwas lenken, ohne dies benennen zu müssen. Mit zunehmenden sprachlichen Fähigkeiten nimmt auch der Einsatz der Zeigegesten ab. Bei Kindern mit Deutsch als Zweitsprache, die ab einem Alter von etwa drei Jahren die Zweitsprache Deutsch in einer Kindertageseinrichtung erwerben, stellen die gestische und die sprachliche Deixis (*da, dort, guck*) wichtige kommunikative Handlungen dar (vgl. Jeuk, 2003). Sie geben der Bezugsperson die Möglichkeit, die jeweiligen Referenten zu benennen.

Ein wichtiger Aspekt der pragmatischen Qualifikation ist das Einhalten der Regeln des Redewechsels. Hier gibt es durchaus kulturspezifische Besonderheiten, die sich eher bei älteren Lernenden auswirken. Unabhängig von ihrer Erstsprache müssen jedoch alle Kinder lernen, den Blickkontakt angemessen einzusetzen, den Einsatz eines Redebeitrags zu bestimmen und die Länge eines eigenen Redebeitrags angemessen zu begrenzen. Hierzu gehört auch das „vielfältige Spektrum gesellschaftlich entwickelter sprachlicher Handlungserfordernisse in Institutionen – z. B. in Bildungseinrichtungen" (Trautmann, 2008, S. 31). Die Aneignung dieser Qualifikationen ist für die gesellschaftliche Teilhabe notwendig und ein lebenslanger Prozess. Landua et al. (2008) verweisen darauf, dass Neuntklässler nicht-deutscher Erstsprache besonders beim Erklären und Begründen deutliche Defizite aufweisen. Aktuelle Untersuchungen legen die Vermutung nahe, dass diese Schwierigkeiten eher auf der Ebene des Wortschatzes anzusiedeln sind (vgl. Grundler, 2009). Dies verweist auf die enge Verzahnung der pragmatischen mit der semantischen Qualifikation.

Eine zentrale Form pragmatischer Qualifikationen sind diskursive Kompetenzen. Hier geht es darum, das sprachliche Handeln auf den Kommunikationspartner auszurichten. In Bezug auf die Interaktion zwischen Kindern ist z. B. das Rollenspiel von großer Bedeutung (vgl. Andresen, 2002). Es handelt sich um eine hoch komplexe Qualifikation, die nur schwer von nicht-sprachlichen Faktoren wie der kognitiven und sozial-emotionalen Entwicklung abzugrenzen ist. Erst in jüngerer Zeit setzt sich die Erkenntnis durch, dass kindliche Sprachaneignung in solchen Kontexten zu einem großen Teil von gleichaltrigen Peers beeinflusst wird. Bei mehrsprachigen Kindern ist ein bedeutenden Faktor, dass sie diskursive Qualifikationen parallel oder verschoben in zwei oder sogar mehreren Sprachen erwerben. So kommt es häufig vor, dass die Kinder in der Erstsprache bereits elaborierte diskursive Kompetenzen erworben haben, die sie in der Zweitsprache mangels formalsprachlicher Mittel nicht unbedingt umsetzen können. Dies gilt insbesondere für Seiteneinsteiger.

Eine der wichtigsten Diskursarten ist das Erzählen (vgl. Guckelsberger, 2008). Im Vorschulalter wird das mündliche Erzählen vorrangig in ungesteuerten Kontexten erworben, in der Schule ist es eher normierenden Prozessen unterworfen, zumal im Hinblick auf schriftliches Erzählen. Ein wesentliches Element ist die Herstellung von Bezügen zur außersprachlichen Welt (Referenz). In vielen Fällen erfolgt eine indefinite Einführung des Referenten, die dann mit einer finiten Markierung fortgeführt wird (*es war einmal ein Mann, der* ...). Für die Herstellung von Verknüpfungen stellt Grießhaber (2005) eine Stufung auf: Zunächst erfolgt eine Verkettung von Äußerungen durch die Wiederholung von Ausdrücken, die Konjunktion „und" ist vorherrschend. In einem nächsten Schritt werden die wiederholten Referenten mit bestimmten Artikeln versehen. Als nächstes erfolgt die Verknüpfung mit „und dann" bzw. mit „dann". Vermutlich verfügen mehrsprachige Kinder zum Zeitpunkt der Einschulung über altersangemessene Kompetenzen. Schwierigkeiten in anderen Bereichen fallen der Lehrkraft jedoch eher auf und sind auch leichter zu beobachten (vgl. Jeuk, 2010).

Semantische Qualifikation

Lange Zeit stand der Erwerb der Grammatik im Zentrum des Interesses der Spracherwerbsforschung. Der Wortschatzerwerb stellt jedoch eine nicht minder große und interessante Erwerbsaufgabe dar (Klann-Delius, 2008, S. 4). Untersuchungen zum Wortschatz einsprachig deutscher Kinder zeigen, dass sie um die Zeit der Einschulung zwischen 5000 und 9000 Lexeme aktiv nutzen können und nahezu das Doppelte verstehen (Apeltauer, 2008, S. 240). Dabei sind große individuelle Unterschiede zu beachten, auch ein halb so großer Wortschatz wird als altersangemessen angesehen. Im Alter von 15 Jahren ist der aktive Wortschatz fast so groß wie bei Erwachsenen. Nach Klann-Delius (2008) umfasst der aktive Wortschatz eines Erwachsenen zwischen 50.000 und 100.000 Wörter.

Ein wichtiger Meilenstein des (Zweit-)Spracherwerbs ist die Produktion erster Wörter. Wird dies bei Kindern beobachtet, haben sie wahrscheinlich schon eine Menge gelernt, denn die Wahrnehmung geht der Produktion voraus. Deshalb ist immer wieder zu beobachten, dass zweisprachige Kinder, die ohne Deutschkenntnisse in eine Kindertageseinrichtung oder Schule kommen, zunächst eine gewisse Zeit des Zuhörens benötigen. Wenn sie erste Wörter gebrauchen, verwenden sie damit nicht nur die sprachliche Form, sondern auch eine damit verknüpfte geistige Vorstellung. Semantisches Lernen bezieht sich auf den Gebrauch und das Verständnis der Wörter und ihrer Bedeutungen, auf die Wortformen und die Wortbildungsmöglichkeiten, die Bildung von Oberbegriffen und Kategorien und den Erwerb von Metaphern und Phrasen (vgl. Aitchison, 1997).

Ein Wort zu verstehen oder anwenden zu können bedeutet noch nicht zwingend, alle seine vielfältigen Bedeutungen und Verwendungskontexte zu kennen. Als Beispiel sei auf die vielfältigen Bedeutungen des Verbs „gehen" verwiesen (*er geht schnell, wie geht es dir, das geht nicht, die Maschine geht immer noch nicht, das Licht geht aus ...*). Die Gebrauchsbedingungen eines Wortes können nur im jeweiligen Verwendungskontext gelernt werden. Wenn ein Kind im Alter von ca. zwei Jahren ein Wort gebraucht, ist nicht davon auszugehen, dass es exakt dieselbe Bedeutung meint, wie dies in der Zielsprache gegeben wäre, denn auch die Bedeutungen differenzieren sich im Laufe der Entwicklung. Je mehr Bedeutungen ein Kind kennt, desto differenzierter kann die Bedeutung eines einzelnen Wortes erfasst werden.

> **Forschungsergebnisse**
> Barrett (1995) untersucht den Verlauf der Wortschatzentwicklung: Im Erstspracherwerb werden die ersten „Wörter" zwischen dem zehnten und fünfzehnten Lebensmonat beobachtet. Um das zweite Lebensjahr nimmt der Wortschatz rapide zu (s. o.). Dieser Vokabelspurt ist in seiner ausgeprägten Form nicht bei allen Kindern in gleichem Maße festzustellen. Dennoch können Kinder verschiedener Herkunft bis zum Ende des zweiten Lebensjahres bis zu 500 verschiedene Wörter erwerben.

Häufig wird beobachtet, dass konkrete Nomen besonders einfach zu erwerben sind. Die Annahme ist, dass es Kindern besonders leicht fällt, Wörter auf wahrnehmbare Objekte zu beziehen, und dass diese Option ein Einstieg in den Erwerb des Lexikons ist. Wichtige erste Wörter sind auch sozial-personale Wörter (*ja, nein, hallo, danke, guck, aua ...*), die zu einer basalen Kommunikation notwendig sind (vgl. Kauschke, 1999). Auch für mehrsprachige Kinder im Kindergarten sind die Bezeichnungen konkret wahrnehmbarer Nomen ein wichtiger erster Zugang zur Aneignung des Wortschatzes. Dies verwundert nicht, denn ca. 60 % des deutschen Wortschatzes sind Nomen. Die Verben und Adjektive folgen etwas später, wobei Verben auf Grund ihrer syntaktischen

Bedeutung eine zentrale Stellung zukommt (s. u.). Funktionswörter (Präpositionen, Konjunktionen, Pronomen, Adverbien) sind als besondere Klasse zu betrachten, denn ihnen kommt ausschließlich grammatische Funktion zu.

Die Entwicklung des Wortschatzumfangs verläuft bei Kindern mit Deutsch als Zweitsprache zumindest im Vorschulalter im Wesentlichen analog zum Erstspracherwerb, allerdings steht den Kindern bis zur Einschulung nur eine vergleichsweise kurze Lernzeit zur Verfügung. Auch gegen Ende der Grundschulzeit sind noch große lexikalische Lücken festzustellen (vgl. Landua et al., 2009). In der DESI-Studie (= Deutsch Englisch Schülerleistungen International; Studie zur Erfassung der sprachlichen Leistungen in Deutsch und Englisch von Schülern an Schulen in Deutschland) fanden Klieme et al. (2006) bei Neuntklässlern mit Deutsch als Zweitsprache im Wortschatz die größten Defizite. Da der Erwerb des Wortschatzes und der Bedeutungen eng mit dem Sprachkontakt und der Spracherfahrung korrespondiert, ist davon auszugehen, dass es bei vielen Jugendlichen mit Migrationshintergrund gerade daran mangelt. Die Anforderung, die Bildungssprache zu beherrschen, führt zu einer Zunahme von Fachwortschätzen mit vielen abstrakten und wissenschaftlichen Begriffen.

> **Forschungsergebnisse**
> Zollinger (1996) analysiert auf der Grundlage verschiedener Einzelfallstudien Strategien von Kindern, denen in der aktuellen Kommunikation ein Wort nicht einfällt. Wenn Kinder zu Beginn des Spracherwerbs ein Wort nicht wissen, ist neben dem Schweigen die nonverbale und die verbale Deixis (Zeigen) die häufigste Option, auf die sie zurückgreifen, um die Lücke zu füllen. Umformulierungen, Pausenfüller (*äh, uh*) und Abrufhilfen wie Gesten und Starter (*also ...*) verweisen auf semantische Abruf- und Lernprozesse. Außerdem gebrauchen Kinder Globalwörter wie „Ding" oder „Sache", „machen" oder „tun". Diese Globalwörter können je nach Situation für viele Nomen oder Verben stehen. Ihr Gebrauch geht mit der Ausdifferenzierung des Wortschatzes zurück. *Machen* ist z. B. ein Universalverb, das mit sehr vielen Präfixen und anderen Wörtern Verbindungen eingehen kann (*aufmachen, zumachen, mitmachen, wegmachen, weiter machen, Unfug machen, etwas richtig oder falsch machen ...*). Damit eignet es sich hervorragend als Platzhalter für semantische Lücken.
> Mehrsprachige Kinder gehen im Prinzip nicht anders vor. Eine wichtige Verhaltensweise ist, bei Wortschatzlücken Fragen zu stellen. Kinder, die gezielt Fragen stellen (*Was ist das? Wie heißt das?*), Wissenslücken thematisieren (*Das weiß ich nicht*) oder bewusst über Inhalt oder Form der Sprache nachdenken (*Wieso heißt das so? Das klingt aber komisch.*) scheinen sich schneller den Wortschatz der Zielsprache anzueignen als Kinder, die solche Verhaltensweisen nicht zeigen. In diesen Strategien zeigt sich ein Neugier- und Lernverhalten, das für den Zweitspracherwerb offenbar sehr wichtig ist. Eine weitere wichtige Strategie ist das Einfügen eines Wortes aus der Erstsprache (vgl. Jeuk, 2003; siehe auch ▶ Kap. 2.4).

Untersuchungen zum Wortschatz in beiden Sprachen bei bilingualen Kindern (Deutsch und Türkisch) zum Zeitpunkt der Einschulung deuten darauf hin, dass der Wortschatz zu diesem Zeitpunkt in beiden Sprachen altersangemessen ist. Da die Kinder meist in der deutschen Sprache eine Schulbildung erhalten, stagniert jedoch die Entwicklung des Wortschatzes in der Erstsprache, zumal in Bezug auf die schulischen Bildungsbereiche (vgl. Karasu, 1995).

Vieles deutet darauf hin, dass der Wortschatz- und Bedeutungserwerb vor allem durch ein umfassendes quantitativ und qualitativ besseres Sprachangebot unterstützt werden kann. Komor (2008) weist auf die Bedeutung von Begriffserklärungen im Unterricht hin. Indem die Lehrkraft die Kinder auffordert, einen Begriff zu erklären, verschafft sie sich einen Überblick über das Begriffswissen der einzelnen Schülerinnen und Schüler. Zudem können diese eine Erklärung einzufordern, um selbst ein Konzept auszubilden und somit dem Unterricht weiter folgen zu können.

Im Unterricht
Grundsätzlich gibt es zwei Möglichkeiten, Wörter zu lernen: „beiläufig-intuitiv" oder „systematisch-gesteuert" (Apeltauer, 2009). Einiges deutet darauf hin, dass Kinder im Vorschulalter und in den ersten Klassen der Grundschule noch nicht systematisch lernen können. Jugendliche und Erwachsene können dies jedoch, insbesondere mit Hilfe der Schrift. Im Fremdsprachenunterricht geschieht dies unter anderem mit Hilfe von Vokabellisten. Beim systematischen Lernen kann man zwar in kurzer Zeit viele Wörter lernen, sie sind jedoch auf Grund des eingeschränkten Kontextbezugs weniger gut verankert.

Beim beiläufigen, situativen Lernen sind viele Kontakte notwendig. Schätzungen gehen davon aus, dass ein Kind bis zu 50 Mal ein Wort und seine Bedeutung hören, verarbeiten und erproben muss, bevor es dieses sicher eigenständig gebrauchen kann (Apeltauer, 2009, S. 248). Das bedeutet, dass der Wortschatz im Kindergartenalter kaum systematisch trainiert werden kann, sondern in vielfältigen, relevanten und kommunikativ hochwertigen Situationen angeboten werden muss. Wichtige Begriffe des Alltags wie Geschirr, Besteck, Lebensmittel usw. müssen in dem jeweiligen Verwendungskontext gelernt werden. Solche Wörter losgelöst von der realen Erfahrung in isolierten Förderstunden zu üben, ist allenfalls als zusätzliche Maßnahme sinnvoll (vgl. ▶ **Kap. 6.1**).

Morphosyntaktische Qualifikation

Die morphosyntaktische Entwicklung bezieht sich auf die Syntax, also die Stellung der Wörter im Satz und die Morphologie, also den Bau der Wörter. Im Allgemeinen wird davon ausgegangen, dass in diesem Bereich die Entwicklung bei mehrsprachigen Kindern im Wesentlichen analog zu der von einsprachigen Kindern verläuft. Diese Annahme bezieht sich auf die Abfolge und nicht auf die zeitliche Gliederung (Landua et al., 2009). Besonders beim sukzessiven Erwerb der Zweitsprache gehen mehrsprachige Kinder schneller von der Einwort- in die Zwei- oder Mehrwortphase über, da sie das Prinzip syntaktischer Ordnungen aus der Erstsprache kennen (vgl. Jeuk, 2003). Je nach Intensität, Dauer und Qualität des Sprachkontakts kann der Erwerb komplexerer Formen länger dauern.

Sowohl beim Erst- als auch beim Zweitspracherwerb gehen Kinder unterschiedlich mit der Aufgabe um, sich die Regeln der Grammatik aneignen zu müssen. Manche Kinder ahmen schnell Ganzheiten nach (*wasistdas*), ohne diese entschlüsselt zu haben, andere Kinder beginnen erst spät mit der aktiven Sprachproduktion. Zudem werden bereits beherrschte Formen in der aktuellen Kommunikation nicht immer angewendet. Von dem Moment an, ab dem ein Kind eine Form beherrscht, kann es, je nach Spracherwerbsbedingungen, recht lange dauern, bis es sie verwendet (vgl. Tracy et al., 2000). Diese und andere Beobachtungen verweisen darauf, dass Phasen- und Stufenmodelle der Grammatikentwicklung mit großer Vorsicht interpretiert werden müssen. Dennoch können solche Modelle eine wichtige Orientierung bieten.

> **Forschungsergebnisse**
> Kinder gehen beim Erwerb der Morphosyntax erstaunlich treffsicher und systematisch vor, dennoch verläuft die Sprachaneignung keineswegs linear. Ein Beispiel ist der U-förmige Verlauf beim Erwerb der Konjugationsformen unregelmäßiger Verben (vgl. Bredel, 2005, S. 86f): Kinder verwenden zunächst sowohl das schwache Konjugationsmuster (d. h. regelmäßig: z. B. *lieben – liebte – geliebt*) und das starke Konjugationsmuster (d. h. unregelmäßig: z. B. *singen – sang – gesungen, gehen – ging – gegangen*) zielsprachlich richtig. Im weiteren Verlauf gehen die Kinder dann dazu über, starke Verben schwach zu flektieren (*gehen – gehte – gegeht, singen – singte – gesingt*). Diese Fehlbildungen können erst dann als Fortschritt gedeutet werden, wenn man davon ausgeht, dass die Kinder in der ersten Phase die Verbformen unanalysiert und als Ganzheiten übernommen haben und in der zweiten Phase die Regeln der Verbbildung erkannt haben und diese übergeneralisieren. Erst in einer dritten Phase lernen die Kinder, Ausnahmen (starke Verben) von regelhaften Bildungen zu unterscheiden.

Aufgrund von Untersuchungen zum Erstspracherwerb und zum Zweitspracherwerb entwickelt Grießhaber (2005) ein Stufenmodell, das davon ausgeht, dass Kinder sich die Syntax in einer bestimmten Reihenfolge aneignen (vgl. ▶ Tab. 3.1). Mit diesem Modell versucht Grießhaber, ein idealtypisches Modell des Spracherwerbs zu entwickeln, in dem sich die einzelnen Schritte überlappen und miteinander interagieren. Es handelt sich um eine vom einzelnen Lernenden weitgehend unabhängige Reihenfolge, bei der die Stellung des Verbs die zentrale Größe darstellt. Zeitgleich mit dem Erwerb der Verbstellungsregeln werden andere sprachliche Mittel erworben, wobei funktionale Zusammenhänge zwischen verschiedenen Bereichen sprachlicher Fähigkeiten bestehen.

Tab. 3.1: Erwerbsstufen im vereinfachten Profilbogen (Grießhaber, 2005, S. 14)

4. Nebensätze mit finitem Verb in Endstellung:	*..., dass er so schwarz ist.*
3. Vorziehen des finiten Verbs vor das Subjekt nach vorangestellten Adverbialen:	*Dann brennt die.*
2. Einfache Sätze mit Separierung finiter und infiniter Verbteile:	*Der Nikolaus hat gesagt.*
1. Einfache Sätze mit linearer Abfolge der Einheiten Aktor – Aktion – Objekt:	*Ich versteh das.*
0. Unanalysierbare Äußerungen:	*anziehn/*

Zunächst äußert das Kind sogenannte Einwortsätze, diese Phase 0 ist vom Wortschatzerwerb geprägt. In der ersten Phase hat das Kind die einfache Wortstellung Subjekt – Verb – Objekt erworben, die mit der grundlegenden Wortstellung der mitteleuropäischen Sprachen übereinstimmt. Die Äußerungen werden länger und das Kind kann die Verbzweitstellung in einfachen Sätzen realisieren (*ich spiel Lego*). Der Wortschatz ist noch eingeschränkt und zeigt viele Lücken, Funktionswörter werden kaum verwendet.

In der zweiten Phase wird die für das Deutsche charakteristische Trennung von finitem (konjugiertem) Verb und infiniten Verbteilen (Infinitive oder Partizipien) erworben. Diese sogenannte Verbklammer wird in Modalsätzen (*du sollst jetzt die Legos aufräumen; ich möchte Memory spielen; ich will nicht aufräumen*), bei trennbaren Verben (*ich esse das Brot auf*) oder bei der Zeitenbildung gebraucht (*ich habe das Brot gegessen, ich habe aufgeräumt*). Außerdem werden erste Versuche zur Verkettung von Äußerungen beobachtet.

In der dritten Phase lernt das Kind, dass das Verb im Deutschen meistens an der zweiten Stelle steht, auch dann, wenn ein Adverbial an erster Stelle steht. In diesem Falle rückt das Verb vor das Subjekt, Prädikat und Subjekt tauschen gewissermaßen den Platz (sog. Inversion: *dann geh ich nach Hause*). Der Gebrauch des Genus (grammatisches Geschlecht der Nomen: der, die, das) ist noch unsicher, die ersten Nebensatzstrukturen entstehen.

In der vierten Phase eignen sich die Kinder komplexe Satzstrukturen an; vor allem die Verbendstellung im Nebensatz ist ein wichtiger Fortschritt (*weil ich nach Hause gehen will*). In einem Alter von vier bis fünf Jahren hat ein einsprachig deutsches Kind die grammatischen Grundlagen seiner Muttersprache erworben. Dennoch ist auch hier die Entwicklung noch lange nicht abgeschlossen, bestimmte Sprachformen spielen vorrangig im Kontext konzeptioneller Schriftlichkeit eine Rolle und werden im Mündlichen bzw. in verschiedenen Mundarten nur teilweise standardsprachlich gebraucht. Hierzu gehören z. B. Passiv- und Konjunktivstrukturen. Kinder, denen vor der Einschulung nicht oder nur wenig vorgelesen wurde, verfügen auch häufig nicht über die Fähigkeit, die korrekten unregelmäßigen Präteritumsformen zu bilden, da in vielen Umgangssprachen die Perfektform für die Vergangenheit verwendet wird. Auch komplexe Satzstrukturen wie Schachtelsätze spielen erst in schriftlichen Texten eine Rolle.

Siebert-Ott (2001) stellt ein vergleichbares Stufenmodell vor und geht davon aus, dass für verschiedene Erwerbskontexte des Deutschen im Wesentlichen dieselben Abfolgen gelten. Diehl et al. (2000) finden eine ähnliche Reihenfolge für jugendliche Fremdsprachenlernende (Deutsch) in der französischen Schweiz (vgl. ▶ Kap. 2.2). Allerdings wird hier offenbar die Verbendstellung im Nebensatz vor der Inversion erworben. Wenn man von solchen Stufen ausgeht, bedeutet das, dass alle Kinder, die Deutsch als Zweitsprache erwerben, beim Erwerb der Morphosyntax im Wesentlichen vor denselben Problemen stehen. Sie machen ähnliche Entwicklungsschritte, relativ unabhängig vom grammatischen System ihrer Erstsprache. Das heißt jedoch nicht, dass der Zweitspracherwerb unabhängig von sprachlichem Wissen in der Erstsprache erfolgt: Z. B. produzieren mehrsprachige Kinder schon nach kurzer Zeit relativ lange Äußerungen. Abweichungen von der zielsprachlichen Norm, die bei einsprachigen Kindern auf der Ebene von Zweiwortäußerungen beobachtet werden, zeigen sich in wesentlich längeren Äußerungen (vgl. ▶ Kap. 2.4).

Literale Qualifikation

Der Schriftspracherwerb ist eng mit der Entwicklung phonischer Qualifikationen verbunden. Außerdem spielen alle anderen Qualifikationen eine bedeutsame Rolle, im Grunde genommen müsste die literale Qualifikation auf alle oben beschriebenen Qualifikationen bezogen werden. Allerdings kommt der bedeutende Unterschied hinzu, dass literale Qualifikationen in gesteuerten, schulischen Prozessen gelernt werden. Mit der Einschulung müssen Kinder die Schriftsprache zu ihrer gesprochenen Sprache hinzu lernen. Da nicht alle mehrsprachigen Kinder in Kindertageseinrichtungen ausreichend Deutsch gelernt haben, müssen diese in einer Sprache Lesen und Schreiben lernen, die sie womöglich nicht vollständig beherrschen. Besondere Schwierigkeiten bringt das für Kinder mit sich, in deren vorschulischer Kindheit die Schrift (in der Erstsprache) keine wichtige Rolle gespielt hat und denen somit Leseerfahrungen fehlen. Einiges deutet darauf hin, dass Kinder, die in ihrer Erstsprache Lesen und Schreiben gelernt haben oder parallel lernen, weniger Schwierigkeiten beim Erwerb der deutschen Schriftsprache haben (Jeuk & Schäfer, 2009, S. 94f).

Mehrsprachige Kinder machen bei ihren ersten Schreibversuchen gelegentlich Fehler, die als Interferenzen zu interpretieren sind. Eine Möglichkeit ist z. B., die Regeln der Buchstaben-Laut-Zuordnung der einen auf die andere Sprache zu übertragen. So kann es vorkommen, dass Kinder mit Türkisch als Erstsprache für das Graphem <sch> das Graphem <ş> setzen, da dies im Türkischen für das Phonem /ʃ/ steht (*şiff* für *Schiff*). Eine weitere Möglichkeit, die Kinder mit Türkisch als Erstsprache betrifft, ist die Einfügung eines sogenannten Sprossvokals in Wörter mit Mehrfachkonsonanz (*fabirik* für *Fabrik*, s. o., vgl. Bredel, 2012). Solche Fehler sind insgesamt jedoch nicht allzu häufig und betreffen tendenziell eher den Beginn der Schriftaneignung (vgl. Jeuk, 2012). Bei später zugewanderten Kindern, die bereits in der Erstsprache alphabetisiert sind, sind solche Interferenzen häufiger in höheren Klassen zu beobachten. Bei Lernenden mit Russisch oder Arabisch als Erstsprache kommt hinzu, dass sie das lateinische Alphabet lernen müssen. Auf allen Ebenen der Orthographie ist die Mehrzahl der Fehler, die mehrsprachige Kinder machen, prinzipiell nicht von denen einsprachiger Kinder zu unterscheiden. Zunächst sind elementare Fehler der Laut-Buchstaben-Zuordnung vorherrschend, dann kommen Dehnung und Schärfung, Morphemkonstanz, Groß- und Kleinschreibung und weitere grammatisch bedingte Bereiche hinzu (vgl. Jeuk & Schäfer, 2009). Dabei muss beachtet werden, dass jedes Kind seinen eigenen Entwicklungsweg geht und in unterschiedlichen Phasen der Schriftaneignung ein eigenes Profil entwickelt. Auch bei der Analyse von Schreibproben von älteren mehrsprachigen Jugendlichen kann festgestellt werden, dass sie überwiegend solche Fehler machen, die auch einsprachige Personen machen können, allerdings gibt es andere Schwerpunktsetzungen. So scheinen mehrsprachige Achtklässler etwas weniger Schwierigkeiten auf der Lautebene als einsprachige Schülerinnen und Schüler zu haben. Auf der Ebene der grammatisch bedingten Rechtschreibfehler (Groß- und Kleinschreibung, Getrennt- und Zusammenschreibung, Kommasetzung, das/dass-Schreibung) machen die mehrsprachigen Jugendlichen jedoch mehr Fehler als einsprachige Jugendliche (vgl. Fix, 2002). Dies verweist auf mangelnde Kompetenzen der mehrsprachigen Jugendlichen im Bereich der Grammatik.

Schriftliche Texte von Kindern im 1. Schuljahr sind in Bezug auf die Grammatik zunächst weniger komplex als ihre mündlichen Äußerungen. Dies ist ein altersgemäßer Vorgang, der bei allen Schreibanfängern zu beobachten ist: Durch die Konzentration auf die Verschriftung und den ungewohnten Analyse- und Syntheseprozess reduzieren sie die grammatische Komplexität. Bei mehrsprachigen Kindern zeigen sich beim Erwerb der Grammatik Schwierigkeiten, die sich auch im Mündlichen beobachten lassen. Die Bereiche, die den Kindern besonders schwerfallen, sind jene, deren Falschgebrauch in der mündlichen Sprache nicht immer auffällt oder nicht als so gewichtig gesehen wird (Genus, Kasus, Präpositionen usw., s. u., ▶ **Kap. 3.4**).

> **Forschungsergebnisse**
> Knapp (1997) untersuchte Textproduktionen von Fünft- und Sechstklässlern mit Türkisch als Erstsprache. Die Schülerinnen sollten auf Basis eines Bildimpulses eine Phantasieerzählung schreiben. Bei vielen Erzählungen war die Ereignisfolge unausgewogen. Auch die Komplexität der Texte war bei türkischen Kindern geringer als bei deutschen. Da die untersuchten Kinder in der Lautsprache meist unauffällig waren, spricht Knapp von „verdeckten Sprachschwierigkeiten". Diese zeigen sich beispielsweise in der semantischen Qualifikation, insofern viele Migrantenkinder insbesondere mit abstrakten Begriffen Schwierigkeiten haben. Unterschiede zeigen sich

> in Bezug auf die Aufenthaltsdauer: Kinder, die in Deutschland aufgewachsen und zur Schule gegangen sind, schneiden nicht besser ab als Kinder, die bis zu zwei Jahren in Deutschland sind. Kinder, die erst kurze Zeit in Deutschland leben, bringen aus der Erstsprache Text- und Erzählkompetenz mit. Ihre Texte sind häufig besser in Bezug auf die Erzählstruktur, ihnen mangelt es jedoch an Formulierfähigkeit in Bezug auf den Wortschatz und syntaktisch-morphologische Aspekte. Die Ergebnisse lassen sich im Rahmen der Interdependenzhypothese interpretieren: Die Kinder, die erst kurze Zeit in Deutschland sind, haben in Form einer ausreichend gefestigten Erstsprache die für den Schulerfolg notwendigen Erzählkompetenzen in der kognitiv-akademischen Sprachfähigkeit erworben.

Die Ergebnisse der PISA- Studien weisen darauf hin, dass viele Jugendliche mit Migrationshintergrund im Bereich der Lesekompetenz deutliche Defizite aufweisen. Allerdings unterscheiden sie sich nicht wesentlich von schwachen Leserinnen und Lesern mit Deutsch als Erstsprache. Hier scheint ein wichtiger Faktor zu sein, in welcher Weise die Jugendlichen eine umfassende Lesesozialisation erfahren haben. Die Art und Weise, wie in der Familie mit Büchern und Vorlesesituationen umgegangen wird, ist entscheidend für den Bildungserfolg eines Kindes. Das Zusammenspiel von sozial-interaktiven, sprachlich-kognitiven, dialogischen und narrativen Komponenten in der primären Lesesozialisation in der Familie ist grundlegend für den Zugang, den ein Kind zur konzeptionellen Schriftlichkeit und damit zur schulischen Bildung erhält. Es liegt auf der Hand, dass Kinder, die aus Familien kommen, in denen Bücher und andere Printmedien kaum eine Rolle spielen, in Bezug auf den Schulerfolg tendenziell benachteiligt sind. Dies gilt zunächst unabhängig davon, ob es sich um eine einsprachige oder um eine mehrsprachige Familie handelt und ob die Lesesozialisation in der Erst- oder in der Zweitsprache erfolgt (vgl. Cummins, 2000). Offenbar wirken sich Schwierigkeiten bei der Aneignung semantischer, morphosyntaktischer und anderer sprachlicher Qualifikationen nachhaltig auf die Lesekompetenz aus.

3.3 Schwierigkeiten beim mündlichen Sprachgebrauch

Schwierigkeiten beim Erwerb morphologischer Formen

Im Phasenmodell nach Grießhaber wird der Erwerb morphologischer Markierungen, also der Bau und die Formen der Wörter, analog zu den Phasen des Syntaxerwerbs beschrieben (vgl. ▶ Tab. 3.1). So zeigen sich auf der zweiten Stufe Nominativformen, auf der dritten und vierten Stufe kommen Akkusative und Dative hinzu. In Bezug auf Konjugationsformen des Verbs wird zunächst der Infinitiv erworben, dann nach und nach die Personalformen (*machen, mache, macht, gemacht, machst*). Wenn ein Kind mit Deutsch als Erstsprache mit ungefähr fünf Jahren die Grammatik des Deutschen erworben hat, sind auch die Kasus, Genus- und Numerusformen sowie die Konjugationsformen der Verben größtenteils erworben. Einschränkend muss gesagt werden, dass in diesen Bereichen bis weit in die Grundschulzeit hinein immer wieder Fehlbildungen beobachtet werden, insbesondere bei starken Dialektsprechern. Dies wirkt sich jedoch, sofern die Kinder keine spezifischen Sprachentwicklungsstörungen haben, selten nachteilig auf die schulische Bildung aus, denn die fehlenden Formen werden im Laufe der Grundschulzeit meist ohne größeren Aufwand erworben.

Auch mehrsprachige Kinder haben mit den grundlegenden Satzmustern des Deutschen meist keine größeren Schwierigkeiten. Kinder, die einen deutschen Kindergarten besucht haben, befinden sich zum Zeitpunkt der Einschulung häufig in der dritten Phase und manchmal schon in der vierten Phase. Im Laufe der ersten beiden Grundschuljahre erwerben die meisten dieser Kinder im mündlichen Sprachgebrauch die grundlegenden Satzmuster des Deutschen (vgl. Ahrenholz, 2006). Bei Seiteneinsteigern kann beobachtet werden, wie sie sich in Abhängigkeit von individuellen Faktoren und den Sprachlernbedingungen die Satzmuster des Deutschen im Rahmen des Phasenmodells nach und nach erschließen. Sie benötigen allerdings eine gewisse Zeit dazu. Vermutlich genügt im Rahmen eines weitestgehend ungesteuerten Erwerbs ein Sprachkontakt von wenigen Stunden täglich, um sich regelhafte und damit redundante Strukturen einer Sprache relativ schnell anzueignen (z. B. die grundlegenden Satzstrukturen).

Sprachliche Formen hingegen, für die es keine Regeln gibt, die also einzelheitlich bzw. episodisch gelernt werden müssen, stellen für mehrsprachige Kinder eine zentrale Lernschwierigkeit dar. Hierzu gehören etwa die richtige Genuszuweisung (grammatisches Geschlecht: *der die das*) oder unregelmäßige Verbformen. Formen, die sich im Einzelfall ändern, müssen mit jedem einzelnen Wort erworben werden. Sie unterliegen zumindest teilweise dem semantischen Lernen. Im Folgenden werden die wichtigsten „Stolpersteine" (vgl. Rösch, 2003) der deutschen Grammatik aufgezeigt.

Formen und Funktionen des Verbs

In Bezug auf die Formen und Funktionen des Verbs ist bei den einfachen Konjugationsformen bei mehrsprachigen Kindern im Wesentlichen dieselbe Aneignungsfolge zu beobachten wie bei einsprachigen. Schwierigkeiten bereiten hier zunächst unregelmäßige Verbformen. Die Zahl der unregelmäßigen Verben im Deutschen ist begrenzt, insgesamt handelt es sich um ungefähr 200 Wörter. Neu aufgenommene Verben werden immer regelmäßig konjugiert (*mailen, mailte, gemailt*). Eine Reihe von Verben, die früher unregelmäßig gebildet wurde, wird heute regelmäßig oder gemischt gebildet (*backen – buk* vs. *backen, backte*). Im Grunde genommen muss jedes unregelmäßige Konjugationsmuster einzeln gelernt werden, denn die Bildungsformen sind kaum vorhersagbar. Innerhalb dieser Gruppe wird nochmals unterschieden zwischen starken und gemischten Verben. Bei den starken Verben ändert sich der Vokal in allen drei Grundformen (*springen, sprang, gesprungen*), das Partizip II wird mit *-en* am Ende gebildet. Bei den gemischten Verben ist die Änderung im Verbstamm nur im Präteritum, das Partizip wird regelmäßig gebildet (*rennen, rannte, gerannt*). Bei vielen unregelmäßigen Verben handelt es sich um Bewegungsverben.

Eine Reihe von Verben hat Präfixe, die bei der Klammerbildung abgetrennt werden können (*ich nehme den Hut ab, ich setze die Brille auf*). Diese Trennbarkeit ist dann gegeben, wenn das Präfix auch alleine stehen kann. Schwierig zu lernen sind Verben, bei denen es eine trennbare und eine untrennbare Form gibt, die dann eine andere Bedeutung tragen (*ich übersetze* vs. *ich setze über, ich fahre um den Block* vs. *ich umfahre die Verkehrsinsel*). Eine weitere Schwierigkeit ist die Bildung der Perfektformen und Plusquamperfektformen mit den Hilfsverben *haben* und *sein*. In der überwiegenden Mehrzahl der Fälle wird das Perfekt mit *haben* gebildet (*ich habe gespielt*). Folglich liegt es nahe, dass die Lernenden im Zweifelsfalle auf *haben* zurückgreifen, auch dies ist eine Übergeneralisierung. Diese Übergeneralisierung betrifft auch den Gebrauch von Prädikativen (*ich habe fertig*).

Formen und Funktionen der Nomen

In Bezug auf den Erwerb nominaler Wortgruppen sind der Erwerb und der korrekte Gebrauch der Genera (grammatisches Geschlecht: *der, die, das*) in Verbindung mit dem Kasus die größten Lernschwierigkeiten. In der Spracherwerbsforschung hat dieser Bereich bisher eine untergeordnete Rolle gespielt, denn einsprachigen Kindern scheint dies überraschend wenige Probleme zu bereiten. Die Zuordnung eines Genus zu einem Nomen erscheint zunächst völlig willkürlich; es gibt zwar Regelmäßigkeiten und Prinzipien, zu nahezu jedem Prinzip gibt es aber eine Reihe von Ausnahmen, die den Erwerb eines Regelsystems erschweren. In der folgenden ▶ **Tabelle 3.2** sind die wichtigsten Prinzipien der Genuszuordnung sowie die regelhaften Wörter dargestellt.

Häufig vorkommende Wörter des Grundwortschatzes sind oft Ausnahmen, z. B. müsste es nach dem silbischen Prinzip „die Junge" heißen, hier hat sich das Natürliche-Geschlecht-Prinzip (NGP) durchgesetzt. Insbesondere im mündlichen Sprachgebrauch ist der Gebrauch des korrekten Genus von untergeordneter Bedeutung. Häufig wird durch den Kontext oder das Zeigen klar, was gemeint ist. In schriftlichen Texten hingegen werden unter anderem Pronomen eingesetzt, um Textteile miteinander zu verknüpfen (aus einem Mathematikbuch Klasse 3: *Miss von der Strecke, die von a nach b geht, ...*). Über den korrekten Einsatz des Genus in Verbindung mit dem Kasus wird erst deutlich, worauf sich das Pronomen bezieht. In Texten, zumal in schulischen, die zur Formulierung von Aufgaben verwendet werden, spielt der Gebrauch von Pronomina eine große Rolle. Da in Verbindung mit dem Kasus kein eindeutiger Bezug zwischen Formen und Funktionen besteht, wird die Lernbarkeit zusätzlich erschwert. In ▶ Tabelle 3.3 werden die bestimmten und unbestimmten Artikelformen im Deutschen in Genus und Kasus dargestellt. Die hier genannte Reihenfolge (Nominativ, Akkusativ, Dativ, Genitiv) entspricht der Häufigkeit und der Erwerbsreihenfolge im Spracherwerb. Für den Unterricht mit Kindern, welche die deutsche Sprache noch lernen, ist diese Reihenfolge der aus der Lateingrammatik stammenden Reihenfolge (Nominativ, Genitiv, Dativ, Akkusativ) vorzuziehen.

Tab. 3.2: Prinzipien der Genuszuweisung im Deutschen, vgl. Jeuk & Schäfer, 2008

Prinzip	Beschreibung	Beispiele
Natürliches-Geschlecht-Prinzip (NGP)	Männliche Wesen haben männliches Genus, weibliche Wesen weibliches.	*Lehrer, Lehrerin* *Löwe, Löwin* *Bulle, Kuh* aber: *das Weib*
Semantisches Prinzip	Monatsnamen, Jahreszeiten und Tageszeiten sind männlich.	*Montag, Januar* Ausnahme: *die Nacht*
	Obst und Gemüse sind meist weiblich.	Ausnahmen: *Apfel, Pfirsich*
Silbisches Prinzip	Zweisilber auf -e sind zu 90 % weiblich.	*Blume, Ente, Flöte, Hose, Katze*
	Einsilber sind zu 60 % männlich.	*Fisch, Berg, Schuh*
Lautliches Prinzip	Wörter auf -el, -en, -er sind zu 65 % männlich.	*Apfel, Nagel, Esel, Drachen, Garten, Faden, Eimer, Fehler, Roller*
Morphologisches Prinzip	Wörter mit -ich, -ig, -ling, -ist, -or, -ant sind männlich.	*Teppich, König, Frühling, Polizist, Motor, Elefant*
	Wörter mit -chen, -lein, -nis, Ge- sind sächlich.	*Mädchen, Äuglein, Zeugnis, Gemüse*
	Wörter mit -ei, -in, -heit, -keit, -ung, -schaft, -ik, -ine sind weiblich.	*Bäckerei, Ärztin, Krankheit, Kleinigkeit, Zeitung, Freundschaft, Musik, Apfelsine*

Tab. 3.3: Genus und Kasus im Deutschen

	maskulin		neutrum		feminin		Plural	
Nominativ	*der*	*ein*	*das*	*ein*	*die*	*eine*	*die*	–
Akkusativ	*den*	*einen*	*das*	*ein*	*die*	*eine*	*die*	–
Dativ	*dem*	*einem*	*dem*	*einem*	*der*	*einer*	*den*	–
Genitiv	*des*	*eines*	*des*	*eines*	*der*	*einer*	*der*	–

> **Forschungsergebnisse**
> Bei einer Untersuchung von 200 Kindergartenkindern im letzten Kindergartenjahr kommen Kaltenbacher & Klages (2006) zu dem Ergebnis, dass die meisten Kinder die Grundmuster des deutschen Satzes weitgehend erworben haben. Artikel werden jedoch häufig ausgelassen oder in fehlerhafter Form gebraucht. Auch von Kindern, die mehrere Jahre einen Kindergarten besuchten, werden im Bereich des Genus noch viele Fehler gemacht. Andere Untersuchungen kommen zu einem ähnlichen Ergebnis (vgl. Ahrenholz, 2006). In einer Studie von Jeuk (2006) bei 27 mehrsprachigen Schulanfängern werden ca. 70 % aller Genuszuweisungen korrekt gelöst (Artikel und Pronomen). Im Lauf der ersten beiden Schuljahre gibt es nur wenige Verbesserungen in diesem Bereich. Bei vielen Kindern lässt sich beobachten, dass, wenn sie das korrekte Genus eines Nomens können, sie dies in allen Kasusformen beherrschen. Es gibt jedoch auch Kinder, die offenbar bei den Genuszuweisungen sehr verunsichert sind. Dasselbe Wort wird von ihnen willkürlich mit unterschiedlichen Genera markiert, Kasusmarkierungen werden anscheinend unsystematisch gesetzt oder ganz ausgelassen.
>   Grießhaber (2006) analysierte schriftliche Texte von 127 mehrsprachigen Kindern der Klassen 1 bis 4 im Hinblick auf Satzmodelle, Kasusmorphologie und unregelmäßige Verbformen. In Bezug auf die Kasusmorphologie, hier gezeigt am Dativ, kommt Grießhaber (2006) zu folgenden Ergebnissen: Auch Kinder, die in Bezug auf die Satzmodelle komplexe Fähigkeiten zeigen, verfügen häufig nicht oder nur eingeschränkt über die Fähigkeit, den Dativ korrekt einzusetzen. Es gibt einige Hinweise darauf, dass die Kinder den Kasus dann beherrschen, wenn ihnen das Genus bekannt ist. Dies erscheint auch einleuchtend, denn trotz der Komplexität der Formen werden die Kasus im Gegensatz zu den Genera regelmäßig gebildet.

Eine weitere Schwierigkeit bei den Nomen ist die Pluralbildung. Auch hier erweist es sich als Hürde, dass es im Deutschen eine Reihe verschiedener Pluralmorpheme gibt und dass die Pluralbildung für jedes Nomen einzeln erworben werden muss. Insgesamt bereitet dieser Bereich jedoch weniger Schwierigkeiten als die Genuszuordnung.

Mit der Pluralbildung ist verknüpft, dass das Nomen in Kongruenz zum Verb tritt. Ist das Verb im Plural, muss auch das Nomen in den Plural gesetzt werden (*der Mann rennt, die Männer rennen*). Ein weiteres Problem der Nominalphrase besteht darin, dass Adjektive unterschiedlich dekliniert werden: Steht ein unbestimmter Artikel davor, so wird das Kasusmerkmal am Adjektiv markiert (*ein schneller Wagen*), steht ein bestimmter Artikel davor, so wird der Kasus am Artikel markiert (*der schnelle Wagen*).

Tab. 3.4: Pluralbildung im Deutschen

Form	Beispiele
-e	Könige, Briefe
-e mit Umlautung	Mäuse
keine Endung	Mädchen, Wagen
keine Endung mit Umlautung	Väter, Gräben
-en	Bären, Menschen
-er	Lichter, Lieder
-er mit Umlaut	Männer, Wälder
-s	Omas, Hochs und Tiefs

Funktionswörter

Besondere Beachtung verdienen die Funktionswörter (Präpositionen, Konjunktionen, Adverbien, Pronomen). Sie haben keine eigene Semantik, ihre Bedeutung erschließt sich im grammatischen Kontext. Präpositionen können in verschiedenen Kontexten gebraucht werden, sie haben einen bestimmten Kasus zur Folge. Besonders schwierig sind die sogenannten Wechselpräpositionen wie *in, an, auf*. Mit dem Akkusativ wird eine Richtung angegeben, mit dem Dativ ein Ort.

Tab. 3.5: Wechselpräpositionen im Deutschen

	mit Akkusativ	mit Dativ
in	ich gehe in das Haus	ich bin in dem Haus
an	er stellt das Fahrrad an die Mauer	das Fahrrad steht an der Mauer
auf	sie klettert auf den Baum	sie sitzt auf dem Baum

Gemeinsam mit den jeweiligen Gebrauchsbedingungen muss also auch das korrekte Genus und der Kasus realisiert werden. Eine Sonderform stellen die zusammengeschliffenen Formen dar (im Haus, am Baum). Einiges deutet darauf hin, dass sie teilweise sehr früh als unentschlüsselte Ganzheiten erworben werden, insofern könnten sie ein Einstieg in den Gebrauch des Kasus sein. Für alle Funktionswörter gilt, dass sie einzelheitlich, d. h. im Kontext ihrer spezifischen Gebrauchsbedingungen gelernt werden müssen.

Insbesondere in schriftlichen Texten kommen eine Reihe weiterer Schwierigkeiten hinzu, die sich jedoch einsprachigen Kindern teilweise in ähnlicher Form

Tab. 3.6: Fehleranalyse Grammatik, Klasse 1/2

Kategorie	Beispiel/Erläuterungen	
I. Formen und Stellung des Verbs		
1. Das Kind verwendet Verben an der zweiten Stelle im Hauptsatz korrekt.	Der klettert auf den Baum. Der Junge hat Angst.	
2. Das Kind verwendet zweiteilige Verbformen.	Ich hab(e) (et)was gefunden. Ich will net aufräumen. Die sehen gleich aus.	
3. Das Kind beherrscht die Inversion (Platzwechsel von Subjekt und Verb).	Wann hören wir des an? Da spiel ich mit meinen Autos. Dann rutschen die runter.	
4. Das Kind beherrscht die Verbendstellung im Nebensatz.	Weil die nicht runter kann. Dass sie ihn fressen will.	
5. Das Kind konjugiert Verben korrekt.	Er kommt, du gehst. Achtung: Dialekt und Mündlichkeit!	
6. Das Kind bildet unregelmäßige Partizipien korrekt.	Ich bin gegangen, er ist geflogen, er hat gesungen.	
7. Das Kind bildet Verbformen mit *haben* und *sein* korrekt.	Ich bin fertig, ich habe Hunger, das ist schön.	
II. Gebrauch der Nomen (als Subjekte, als Objekte, mit Präpositionen)		
1. Das Kind gebraucht das grammatische Geschlecht korrekt.	die Schaukel, der See, das Mädchen	
2. Das Kind gebraucht den Akkusativ korrekt.	Der Hund beißt den Mann.	
3. Das Kind gebraucht den Dativ korrekt.	von dem Mann, bei der Frau	
4. Das Kind passt die Nomen korrekt an das Verb an.	Die Kinder spielen. Der Vogel fliegt.	
III. Gebrauch der Präpositionen		
1. Das Kind lässt Präpositionen aus.	Er fliegt Mauer.	
2. Das Kind verwendet falsche Präpositionen (Kasus: s. II.2).	Er fliegt in die Mauer.	
3. Das Kind verwendet Präpositionen korrekt.	Er fliegt auf die Mauer.	

stellen können. Hierzu gehören neben Passiv, Konjunktiv und Futurformen vor allem komplexe Sätze, die teilweise sehr verschachtelt sein können. Hier scheinen all diejenigen Kinder und Jugendlichen einen Vorteil zu haben, die auch außerhalb der Schule viel lesen. Auch Umstellungen innerhalb eines Satzes, die in schriftlichen Texten häufig zur Vielfalt des Ausdrucks gehören, sind Bestandteil eines elaborierten Sprachgebrauchs, den es in der Schule zu lernen gilt.

Ein Analyseraster für die mündliche Sprachproduktion im Grundschulalter

Jeuk & Schäfer (2007) legen einen Beobachtungsbogen vor, in dem die wichtigsten Bereiche der Grammatik, die mehrsprachigen Kindern im Grundschulalter Schwierigkeiten bereiten können, zusammengestellt sind (▶ **Tab. 3.6**). Der Bogen kann u. a. für eine Analyse mündlicher Sprachproben herangezogen werden (vgl. ▶ **Kap. 4.3**). Die Beschränkung auf Aspekte der grammatischen Entwicklung bedeutet nicht, dass andere sprachliche Qualifikationen aus der Analyse ausgeklammert werden sollen. Es wird jedoch ein Bereich der Sprachaneignung betrachtet, dem im Anfangsunterricht eine hohe Relevanz zukommen sollte.

Im ersten Abschnitt finden sich Aspekte der Formen und Stellungen des Verbs. Die Kategorien sind an der Profilanalyse nach Grießhaber (2005) orientiert. Wenn ein Kind z. B. die Verbenstellung im Nebensatz beherrscht (Punkt I.4), hat es sich in der Regel die Grundlagen der Grammatik des Deutschen angeeignet. Bei den Punkten I.5 bis I.7 handelt es sich um Bereiche, die einzelnen Kindern unterschiedlich schwerfallen. Zu beachten ist, dass insbesondere das Präteritum in der gesprochenen Sprache eine untergeordnete Rolle spielt und auch einsprachige Kinder in diesem Bereich viele Fehler machen, wenn sie nicht über sehr viel Erfahrung im Umgang mit schriftlichem Sprachgebrauch verfügen. Die weiteren Rubriken orientieren sich an den oben benannten Schwierigkeiten, die DaZ-Lernende mit der Verbalphrase und der Nominalphrase haben.

3.4 Schwierigkeiten beim schriftlichen Sprachgebrauch

Für fortgeschrittene Lernende gibt es eine Reihe weiterer Bereiche, welche die Produktion kohärenter schriftlicher Texte in der deutschen Sprache erschweren. Zu beachten ist hierbei allerdings, dass es sich um Aspekte der Grammatik und der Semantik handelt, die auch einsprachigen Kindern, in Abhängigkeit von ihrer Vorerfahrung, sehr schwerfallen können. Es handelt sich um Bereiche, die unmittelbar mit der konzeptionellen Schriftlichkeit bzw. der Bildungssprache (▶ **Kap. 3.1**) verbunden sind und somit auch vorrangig im Kontext von Schriftlichkeit angeeignet werden. Fehler auf diesen Gebieten fallen in der mündlichen Sprachproduktion nicht immer auf, unter anderem weil einige

Formen in der mündlichen Sprachproduktion zumindest in Alltagssituationen eher ungebräuchlich sind. Darüber hinaus handelt es sich häufig um Formulierungen, die kennzeichnend für wissenschaftliche und fachsprachliche Diskurse sind, die im Laufe der Schulzeit immer wichtiger werden. Die Lehrkräfte sollten sich über solche Schwierigkeiten im Klaren sein und Schülerinnen und Schülern wo immer möglich entsprechende Hilfestellungen und Entlastungen anbieten (vgl. ▶ Kap. 6.3). Dabei ist die Beherrschung solcher Formen ein wichtiges Ziel schulischen Lernens. Auf dem Weg dorthin benötigen mehrsprachige Kinder aber besondere Unterstützung. Eine Zusammenstellung mit einem Beobachtungsbogen findet sich bei Rösch (2003, KV 30ff), eine am System der deutschen Sprache orientierte Lernergrammatik bei Dreyer & Schmidt (2000). Die folgende Darstellung benennt einige der zentralen Schwierigkeitsbereiche.

Auf der Wortebene sind zunächst im Mündlichen wenig gebräuchliche Verbformen zu nennen. Hierzu gehört die Erzählzeit Präteritum, die in mündlichen Erzählungen häufig durch das Perfekt ersetzt wird. Auch hier gilt, dass die unregelmäßigen Konjugationsformen für jedes Verb einzeln gelernt werden müssen. Im Schriftlichen ebenfalls wesentlich häufiger gebraucht sind Passiv- und Konjunktivformen; eine Reihe dieser Formen lernen Kinder erst im Kontext des Verfassens schriftlicher Texte.

Auf der Textebene muss zunächst der Einsatz von Pronomen als Verweismittel gelernt werden. In mündlichen Texten werden die Referenten meist explizit gebraucht oder Pronomen als Zeigewörter eingesetzt. In schriftlichen Texten wird mit Pronomen auf bereits eingeführte oder noch einzuführende Referenten verwiesen (s. o.). Es wird deutlich, dass Schülerinnen und Schüler sich der Genus- und Kasuszuordnung sicher sein müssen, um solche Verweise zu verstehen (*Das ist der Herr, der dich sprechen wollte. Er ist Journalist bei einer Zeitung*). Des Weiteren sind Indefinitpronomen (z. B. man, jemand, irgendeiner) zu nennen, die als Subjekte, Objekte oder Attribute gebraucht werden (Ich wollte, ich wäre auf *niemandes* Hilfe angewiesen. Wir haben schon so *manches* erlebt. *Man* kann mit *allem* fertig werden.) Noch schwieriger ist der Einsatz des Pronomens *es*, das als unpersönliches Subjekt gebraucht werden kann (sog. Pseudoaktant) (*es* ärgert mich, dass *es* regnet). In komplexeren Gefügen ist es nicht immer nachvollziehbar, wann und ob *es* gebraucht werden muss (z. B.: *Es* wird erwartet, dass …).

Im Mündlichen auffallende Schwierigkeiten bei der Deklination der Nomen fallen im Schriftlichen verstärkt ins Gewicht, da bestimmte Formen kennzeichnend für schriftliche Texte sind und die Genauigkeit des schriftlichen Ausdrucks einer viel stärkeren Normierung unterliegt. So scheint insbesondere der Gebrauch des korrekten Dativs für viele mehrsprachige Lernende schwierig zu sein (vgl. Grießhaber, 2006; s. o.). Ein häufig auftretender Unterschied zwischen mündlichem und schriftlichem Sprachgebrauch ist der Einsatz von Genitivattributen, die im Mündlichen durch Dativkonstruktionen ersetzt werden (*im Schatten des Körpers des Kutschers* (Peter Weiss) vs. *im Schatten von dem Körper von dem Kutscher*). Auch Partizipialkonstruktionen, mit deren Hilfe

3.4 Schwierigkeiten beim schriftlichen Sprachgebrauch

z. B. Vorgänge und Zustände unterschieden werden, sind semantisch schwer zu entschlüsseln (*erstarrende Lava* vs. *erstarrte Lava*).

Insbesondere in Mathematikaufgaben ist der Einsatz von unbestimmten Zahladverbien schwer zu verstehen (*Hier siehst du vier Obstsorten. Michaela nimmt jeweils vier Früchte*). An diesem Beispiel kann auch gezeigt werden, dass in schriftlichen Texten der aus stilistischen Gründen übliche Wechsel eines Wortes (*Obst, Früchte*) die Verständlichkeit erschweren kann. In einer Mathematikaufgabe für die 3. Klasse mussten die Kinder z. B. einem Text entnehmen, dass in einen Bus 15 *Schüler* einsteigen, dann steigen 10 weitere *Personen* zu und anschließend 12 *Fahrgäste* wieder aus. Für viele mehrsprachige Kinder war zumindest nicht ohne Hilfe zu verstehen, dass hier drei Begriffe dieselben Referenten bezeichnen.

Auf der Satzebene kann der in schriftlichen Texten häufig gebrauchte Nominalstil die Verständlichkeit erschweren (*beim Schreiben des Textes, durch das Aufschrauben der Tube*), im Mündlichen sind hier eher verbale Konstruktionen üblich (*Die Tube wird aufgeschraubt, dann ...*). Auch adverbiale und konjunktionale Satzverknüpfungen müssen im Hinblick auf ihre Gebrauchsbedingungen einzelheitlich gelernt werden (z. B. Pronominaladverbien: *darauf, darüber, hierauf* usw.; Konjunktionaladverbien: *deshalb, deswegen, dennoch, damit, ...*; Konjunktionen: *weil, obwohl, denn, ...*).

Eine besondere Schwierigkeit bereiten Funktionsverbgefüge, bei denen Verben feste Verbindungen eingehen, bei denen sie eine übertragene Bedeutung annehmen bzw. nicht in ihrer Ursprungsbedeutung verwendet werden (*ein Urteil fällen, einen Beweis führen, auf Ablehnung stoßen, in Betracht ziehen, zur Diskussion stellen, in Erstaunen versetzen, ...*) Solche Konstruktionen kommen häufig in Fachtexten vor.

Bei den oben beschriebenen Sachverhalten handelt es sich um Aspekte des Sprachsystems, die charakteristisch für die konzeptionelle Schriftlichkeit sind und mehrsprachigen Lernenden besonders große Schwierigkeiten bereiten. Schwierigkeiten beim Lesen und Schreiben können sich jedoch auch auf Teilprozesse beziehen, die schwerer zu fassen sind. Hier sind z. B motivationale Faktoren zu nennen (z. B. Schreibhemmungen), die Fähigkeit, sich an Textmustern zu orientieren oder bestimmte Formulierungsmuster zu gebrauchen, die Fähigkeit, Texte gezielt zu überarbeiten usw. (vgl. Aschenbrenner et al., 2009a). Grundsätzlich handelt es sich auch hier um Schwierigkeiten, die alle Lernenden betreffen können, jedoch mehrsprachigen Schülerinnen besondere Probleme bereiten. Die Schwierigkeiten, die viele mehrsprachige Schüler mit dem Wortschatz haben, zeigen sich verschärft in schriftlichen Texten.

> **Im Unterricht**
> Für die Förderung der Schreibkompetenz ist u. a. die Ausbildung von metakognitiven Strategien zentral, da diese für das Schreiben wie für das Lesen einen besonderen Stellenwert haben. Sie sind notwendig, um den

Schreibprozess zu steuern. Eine gezielte Förderung dieser Strategien bietet sich im Rahmen von Schreibberatungen an. Ziel ist es, Schülerinnen und Schüler bei der Produktion von Texten individuell zu beraten, um sie dadurch bei der Weiterentwicklung ihrer Schreibkompetenz zu unterstützen. Hierzu ist ein Berater oder eine Beraterin hilfreich, die nicht unmittelbar am Schreibprozess beteiligt ist. Diese Aufgabe können also auch andere Schülerinnen oder Schüler übernehmen. Vorrangig soll eine Schreibberatung die Reflexion über das Schreiben anregen. Die Schreibberatung kann z. B. im Rahmen von Workshops oder im Rahmen von offenen Förderangeboten organisiert werden. Beispielhaft ist hier die Lese- und Schreibberatung der Katharinenschule Esslingen (http://katharinenschule-esslingen.de/schulprofil/sprachfoerderarbeit.html, vgl. Aschenbrenner et al., 2009a).

Zusammenfassung

In diesem Kapitel wurde zunächst die Unterscheidung zwischen Alltagskommunikation und Bildungssprache erläutert. Sprachschwierigkeiten mehrsprachiger Kinder und Jugendlicher beziehen sich vor allem auf Aspekte der Bildungssprache. Dann wurde der derzeitige Wissensstand über Zweitspracherwerbsprozesse zusammengefasst. Es zeigt sich, dass regelhafte Bereiche des Sprachsystems wie z. B. der Satzbau leichter zu erwerben sind als einzelheitlich zu lernende Aspekte wie das Genussystem. Eine der wichtigsten Lernaufgaben für mehrsprachige Schülerinnen und Schüler ist der Wortschatz- und Bedeutungserwerb.

4 Sprachstandserhebung und Leistungsbewertung

Seit jeher gehört es zu den Aufgaben von Lehrkräften, den Leistungsstand von Schülerinnen und Schülern zu erheben, einzuordnen und daraus Konsequenzen für den Unterricht und die Leistungsbewertung zu ziehen. Hierbei bilden die Bildungsstandards den Bezugspunkt. Für eine individuelle Sprachförderung bei mehrsprachigen Kindern werden Verfahren zur Erfassung sprachlicher Kompetenzen benötigt, mit deren Hilfe Potentiale und Lernschwierigkeiten so erfasst werden können, dass sie als Grundlage zur Förderung dienen können. Angesichts der zunehmenden Individualisierung und der heterogener werdenden Schülerschaft wird Diagnosekompetenz zu einem Bestandteil der Professionalisierung der Lehrkräfte. Sprachstandserhebungen sind auch für die Konzeption von Förderprogrammen und die Zuweisung von Fördermitteln relevant. Dabei werden einerseits standardisierte Tests, andererseits informelle Verfahren angewendet. Informelle Verfahren sollen in der Regel Auskünfte darüber geben, wo die Förderung ansetzen soll, standardisierte Tests können eher die Frage beantworten, ob überhaupt ein Förderbedarf besteht. Über die Anwendung von standardisierten oder informellen Verfahren hinaus ist es möglich, individuelle qualitative Fehleranalysen vorzunehmen.

4.1 Aufgaben und Ziele von Sprachstandserhebungen

Zunächst geht es bei Sprachstandserhebungen um die Frage, wie der Stand der Sprachaneignung einer Schülerin oder eines Schülers zu einem bestimmten Zeitpunkt beschaffen ist. Es geht also um die Voraussetzungen zum weiteren (sprachlichen) Lernen und die Frage nach einer sinnvollen Intervention. In der Vergangenheit wurde die Mehrzahl sprachdiagnostischer Verfahren im Kontext spezifischer Sprachentwicklungsstörungen diskutiert. Entsprechend gibt es in der Sonderpädagogik eine lange Tradition, an die angeknüpft werden kann. Teil dieser Tradition ist eine Debatte darüber, welche Ziele mit den eingesetzten Verfahren verfolgt werden sollen.

Durch die zunehmende Beachtung der Bildungsbenachteiligung mehrsprachiger Kinder und Jugendlicher werden in den meisten Bundesländern Überlegungen angestellt, wie deren Bildungspartizipation verbessert werden kann. Es wird gefordert, zu ermitteln, wie groß der zusätzliche Förderbedarf im Einzelnen ist, damit Ressourcen zielgerichtet bereitgestellt werden können. Die bildungspolitische Prämisse ist hierbei, dass es zusätzlich zum Unterricht und zur Förderung aller Kinder für Kinder mit besonderen Bedürfnissen weitere Angebote geben müsse. Die eingesetzten Verfahren sollen dabei zwei Aufgaben erfüllen: Erstens muss bestimmt werden können, wie viele Kinder einen zusätzlichen Förderbedarf haben, zweitens müssen die individuellen Kinder ermittelt werden, die dann letztendlich Förderung erhalten. Für diese Zwecke werden in der Regel Screenings, also auf bestimmte Kriterien ausgerichtete, schnell durchführbare Kurztests, eingesetzt.

Eine Frage, die sich hierbei stellt, ist, welche Norm zugrunde gelegt werden soll. Meist wird davon ausgegangen, dass der Durchschnitt der einsprachigen Kinder die Norm darstellt, der sich mehrsprachige Kinder anzupassen haben. Im Hinblick auf vergleichbare Schulabschlüsse wird davon ausgegangen, dass Bildungsstandards für alle Schülerinnen und Schüler gelten müssen. Im Hinblick auf sprachliche Qualifikationen, die eine Voraussetzung zum Erreichen der Bildungsstandards sind, gibt es bisher jedoch keine Untersuchungen, die eine verlässliche Grundlage für eine solche Norm bieten würden. Denn diese sprachlichen Qualifikationen werden zu einem großen Teil vorausgesetzt, in den Bildungsstandards selbst werden sie nur zum Teil expliziert. „In der Praxis treten intuitive (subjektive) Urteile oder willkürliche Setzungen von Grenzwerten an ihre Stelle" (Reich, 2008, S. 421). Zudem besteht angesichts der Tatsache, dass sich bestehende Normierungen an einsprachigen Kindern orientieren, die Gefahr, Abweichungen von der Norm als Sprachentwicklungsverzögerung zu deuten, was den Voraussetzungen mehrsprachiger Kinder und Jugendlicher nicht gerecht wird.

Die Normen, welche die Bildungsstandards vorgeben, spielen bei der Beantwortung der Frage, wie groß der Bedarf an zusätzlicher Unterstützung für mehrsprachige Kinder und Jugendliche ist, eine andere Rolle, als bei Fragen der Leistungsbewertung, der individuellen Förderung oder der Differenzierung im Unterricht. Im pädagogischen Alltag sind Verfahren gefordert, die Hinweise darauf geben, *wie* das jeweilige Kind am besten unterstützt werden kann. Denn alle Kinder sollten individuell unterstützt werden und nicht nur die, die besondere Schwierigkeiten haben. Für solche Fragestellungen gibt es nichtstandardisierte (qualitative) Verfahren, die in der Lage sind, auch individuelle Profile mit Stärken und Schwächen zu erfassen. Für die Klärung des Förderbedarfs, für Fragen der individuellen Förderung sowie für die Leistungsbewertung im Unterricht bedarf es also jeweils unterschiedlicher Verfahren und Zugriffsweisen.

Psychologische und linguistische Traditionen

> **Forschungsergebnisse**
> Im Jahr 2005 nahm eine Forschergruppe der Universitäten München, Köln und Landau im Auftrag des Bundesministeriums für Bildung und Forschung die Arbeit am *Projekt altersspezifische Sprachaneignung* (PROSA) auf. Das Ziel war, einen Referenzrahmen zu erstellen, der als Grundlage förderdiagnostischer Konzeptionen bei einsprachigen und mehrsprachigen Kindern im Vorschulalter dienen kann. Zunächst stellte die Arbeitsgruppe den Qualifikationenfächer (vgl. ▸ **Kap 3.2**) zusammen, auf dessen Grundlage der Stand der nationalen und internationalen Forschung zur kindlichen Sprachaneignung und zur Sprachstandsfeststellung referiert wird. In dem Bericht ist eine Aufstellung und Analyse aller verfügbaren Test- und Diagnoseinstrumente für das Vorschulalter enthalten. Auf dieser Grundlage und aufgrund eigener Forschungen werden die dringendsten Forschungsdesiderate im Hinblick auf einsprachige und mehrsprachige Sprachaneignung formuliert. In dem Gutachten kommt Bredel (2005) zu dem Ergebnis, dass es selbst im Hinblick auf frühkindliche Bildungsprozesse keine befriedigenden Erkenntnisse hinsichtlich sprachdiagnostischer Fragestellungen gibt. Die Kritik Bredels ist vor dem Hintergrund zu verstehen, dass die beteiligten Disziplinen, namentlich die Testpsychologie und die Linguistik, sich jeweils isoliert mit der Thematik befasst haben (vgl. Ehlich et al., 2005, 2008; vgl. die Webseite „Förderinitiative Sprachförderung/Sprachdiagnostik" des BMBF).

In der Psychologie findet eine Testnormierung häufig in der Form statt, dass eine möglichst große und repräsentative Zahl von Kindern Aufgaben lösen müssen und die durchschnittlichen Leistungen die Grundlage für eine Normierung ergeben. Nach Kany & Schöler (2007) ist ein Verfahren legitimiert, wenn eine Auswahl von Aufgaben im Laufe des Normierungsverfahrens auf die Gültigkeit der Testgütekriterien (Reliabilität, Validität, Objektivität, s. u.) hin überprüft wurde. Bei vielen vorliegenden Verfahren werden jedoch aus spracherwerbstheoretischer Sicht nur kleine Ausschnitte aus dem Qualifikationenfächer überprüft und ein Schwerpunkt liegt auf der syntaktischen Ebene. Von Seiten der Spracherwerbsforschung wird demgegenüber unter Berufung auf die Komplexität sprachlichen Handelns ein wesentlich umfangreicheres Vorgehen gefordert. Die Spracherwerbsforschung ihrerseits ist jedoch nicht immer um die konkrete Anwendbarkeit ihrer Forschungsergebnisse bemüht. Bredel merkt an: „Eine interdisziplinäre Kultur zwischen Sprachwissenschaft, Sprachdidaktik und Psychologie konnte sich weder theoretisch noch institutionell etablieren" (Bredel, 2005, S. 77).

Standardisierte bzw. normierte Verfahren

Der Widerspruch zwischen quantitativen, standardisierten und qualitativen Verfahren wird in der Sonderpädagogik seit den 1970er Jahren diskutiert. Quantitative Verfahren wurden im Kontext einer testdiagnostischen Herangehensweise entwickelt. Diagnostik ist in der Psychometrik „die Gesamtheit der Verfahren und Theorien, die dazu dienen, Verhalten, Leistungen und psychische Prozesse einzelner Personen oder auch Gruppen zu erforschen" (Bundschuh, 2005, S. 33). Dabei wird davon ausgegangen, dass es grundsätzlich möglich ist, menschliche Eigenschaften genau, zuverlässig und objektiv zu messen. Um von Eigenschaften zu einem Messwert zu gelangen, muss man diese Eigenschaften operationalisieren, d. h. in messbare Einheiten übersetzen. Eine Grundannahme ist, dass zu jedem gemessenen Wert ein wahrer Wert eines Merkmals existiert. Der gemessene Wert setzt sich aus dem wahren Wert und dem Fehler zusammen. Eine neuere Version, die sogenannte Probabilistische Testtheorie (z. B. Rasch-Modell) basiert auf der Annahme, dass ein beobachtetes Verhalten ein Quotient aus der Fähigkeit einer Person und der Aufgabenschwierigkeit ist. Die Wahrscheinlichkeit der Lösung ist eine Funktion zwischen latenter Fähigkeit und Aufgabenschwierigkeit. Aktuelle Bildungsstudien (z. B. PISA) sind nach dem Rasch-Modell konzipiert. Für die Konzeption von Verfahren auf der Grundlage der Testtheorie werden die Gütekriterien *Objektivität*, *Reliabilität* und *Validität* gefordert, die immer zu gelten haben (Bundschuh, 2005, S. 74 ff):

Unter Objektivität versteht man den Grad, in dem ein Testergebnis unabhängig vom Untersucher ist. Ein Test ist objektiv, wenn ein anderer Untersucher bei derselben Versuchsperson zum selben Ergebnis kommen würde. Hier wird zwischen Durchführungsobjektivität, Auswertungsobjektivität und Interpretationsobjektivität unterschieden. Bei der Reliabilität, auch Zuverlässigkeit genannt, geht es um den Grad der Genauigkeit, mit dem eine Aufgabe ein Merkmal misst. Mit der Validität wird gemessen, ob ein Test gültig ist, ob er also das misst, was er vorgibt zu messen.

Bei einem Test zur Überprüfung syntaktischer Qualifikationen müsste also gewährleistet sein, dass tatsächlich syntaktische Kompetenzen gemessen werden und nicht diskursive oder phonische. Über einen Test müssen Angaben verfügbar sein, die eine Einordnung des individuellen Testergebnisses in eine größere Bezugsnorm ermöglichen. Im Zusammenhang mit der Ermittlung von Normdaten spricht man auch von Eichung. Die Normierung eines Tests bezieht sich stets auf einen bestimmten Personenkreis (Population), also eine Vergleichsgruppe, z. B. alle einsprachigen Kinder im Alter von 5 bis 5;11 Jahren. Mit Hilfe von Normdaten hat ein Testleiter sofort einen statistisch abgesicherten Vergleich zur Hand, der beispielsweise in Form von Prozenträngen oder T-Werten ausgegeben wird. Ein Prozentrang gibt an, wie viel Prozent aller Probanden eine gleich gute oder schlechtere Leistung erreicht haben als der zu beurteilende Proband. Erreicht ein Schüler also einen Prozentrang von 6, so erreichen 6 % der Population gleich gute oder schlechtere Werte als der betroffene Schüler und 94 % bessere (zur genaueren Erläuterung siehe Bundschuh, 2005, 94 ff).

Instrumente der Psychometrik sind normierte Tests oder Screenings. Sprachtests sind häufig recht aufwändig und erfordern von Seiten des Testleiters psychometrisches Wissen. Sie dürfen in der Regel nur von Psychologen oder Sonderpädagogen durchgeführt werden. Screenings bestehen aus wenigen Aufgaben und sind in kurzer Zeit durchzuführen. Sie sollen nur einen ersten Hinweis geben. Screenings werden z. B. in der Einschulungsuntersuchung eingesetzt. Kinder, deren Fähigkeiten bei einem Screening in einem bestimmten Bereich als unterdurchschnittlich eingeschätzt werden, müssen mittels eines umfangreicheren Tests genauer untersucht werden.

Informelle Verfahren

Aufgrund der Kritik an der testpsychologischen Herangehensweise wurde in der Sonderpädagogik seit den 1970er Jahren nach Alternativen gesucht. Qualitative Verfahren verfolgen in der Regel den Anspruch, förderdiagnostisch vorzugehen, das heißt, dass die Frage nach der weiteren Förderung des Kindes im Zentrum der Betrachtung steht. An der Psychometrie wird kritisiert, dass die Suche nach Objektivität in der Messung und der Interpretation eine Bewertung ausschließlich nach statistischen Normen zur Folge habe und dass individuelle Potentiale und Möglichkeiten ausgeblendet würden. Das Ziel sei eine Einordnung und Zuweisung von Zahlenwerten, die zur Folge habe, dass diejenigen, welche die Werte nicht erreichen, als defizitär klassifiziert werden (vgl. Eberwein & Knauer, 2009). Die Durchführung eines einmaligen Tests gebe zudem nur einen momentanen Stand wieder. Diese Sichtweise werde weder der Dynamik kindlicher Entwicklung noch der Situativität und Kontextgebundenheit sprachlicher Äußerungen gerecht. Aufgrund von Normierungen sei es kaum möglich, ideosynkratische und individuelle Entwicklungen zu erfassen, die für die Förderung häufig ausschlaggebend sind (vgl. Horstkemper, 2006).

Die gegen das quantitative Paradigma ins Feld geführte qualitative Herangehensweise stellt das einzelne Kind ins Zentrum der Betrachtung. Es geht nicht um den momentanen Stand, sondern um den Prozess der Entwicklung. So verweist z. B. der U-förmige Verlauf der Entwicklung bei der Aneignung unregelmäßiger Verbformen (▶ **Kap. 3.2**, S. 62) darauf, dass beobachtbares Verhalten ganz unterschiedliche Hintergründe haben kann. In der pädagogischen Logik geht es um die Veränderung eines komplexen Mensch-Umwelt-Systems, mit dem Ziel, es dem Menschen zu ermöglichen, sich effektiver als bisher mit sich und seiner Umwelt auseinanderzusetzen. Das Kind wird im sozialen Gefüge gesehen, die Gewinnung von Informationen über Lernprozesse und die Orientierung an Entwicklungsverläufen und Erwerbsstufen sind wesentliche Aspekte einer solchen Förderdiagnostik. Hinsichtlich der Förderung werden Schwierigkeiten nicht als Defizite, sondern als Lernfenster betrachtet, die zeigen, über welche Strategien Schülerinnen und Schüler verfügen und auf welchem Entwicklungsstand sie sich befinden. Die Schwierigkeiten geben insbesondere Auskunft über Problemlösestrategien (Pangh 2003, S. 97). Eine förderdiagnostische Vorgehensweise wird beispielhaft von Dehn (2006) formuliert, indem sie die folgenden „diagnostischen Leitfragen" ins Zentrum der Lernstandserhebung stellt: Was kann das Kind? Was muss es noch lernen? Was soll es als nächstes lernen?

Die Methoden der qualitativen Diagnostik sind vielfältig. Neben informellen Tests, die durch eine relativ genaue Anleitung versuchen, Objektivität zu gewährleisten, gibt es Beobachtungsbögen, Fragebögen und Kriterienraster, die sich teilweise an Stufenmodellen der kindlichen Entwicklung orientieren. Eine weitere Möglichkeit ist die Analyse freier Sprach- und Schreibproben. Die größere Offenheit qualitativer Verfahren darf allerdings nicht zur Beliebigkeit führen (Kniffka & Siebert Ott, 2007, S. 121), auch sie sollen möglichst gut messen und das erfassen, was sie vorgeben zu überprüfen. Auch innerhalb einiger quantitativer Verfahren gibt es die Möglichkeit von qualitativen Analysen, in Bezug auf die Orthographie ist hier z. B. die Hamburger Schreibprobe (May 2006) zu nennen.

Bildungspolitische Konsequenzen

Aus den obigen Ausführungen dürfte klar geworden sein, dass die unterschiedlichen Herangehensweisen unterschiedliche Ziele verfolgen und die Auseinandersetzung zwischen quantitativen und qualitativen diagnostischen Verfahren nur vor dem Hintergrund zu lösen ist, dass für verschiedene Ziele verschiedene Verfahren eingesetzt werden. Die von Schulverwaltungen benötigten genauen Daten, wie viele Kinder einen Förderbedarf aufweisen, müssen vor dem Hintergrund begrenzter Ressourcen erhoben werden. Zur Planung von Schulpolitik ist also der Einsatz von normierten Screenings durchaus sinnvoll. Auch zur Beantwortung der Frage, welches Kind im Einzelnen der Förderung bedarf, kann mit einem Screening eine erste Auswahl getroffen werden, zur Konzeption der Förderung und des Unterrichts reicht dies keinesfalls aus.

Beim Einsatz normierter Verfahren muss immer beachtet werden, dass so die einsprachige Norm zum Standard bei mehrsprachigen Kindern wird. Mehrsprachige Kinder werden, unabhängig von ihren bisherigen Lernchancen, nahezu zwangsläufig als defizitäre Einsprachige aufgefasst. Dass die Kinder und Jugendlichen in ihrer ersten Sprache Kompetenzen besitzen, wird vor dem Hintergrund des Ziels, dass sie die Bildungsstandards in Deutschland erreichen müssen, marginalisiert. Dies ist unter anderem auch deshalb bedeutsam, weil ein Kind, das in der Zweitsprache noch einiges lernen muss und über eine gut ausgebaute Erstsprache verfügt, vermutlich eine ganz andere Art von Förderung benötigt als ein Kind, das auch in der Erstsprache keine altersgemäße Entwicklung aufweist (Reich, 2008, S. 422).

Dass die Frage der Bezugsnorm im Hinblick auf mehrsprachige Kinder und Jugendliche nicht einfach zu beantworten ist, zeigen die folgenden Überlegungen: Bei einsprachigen Kindern wird das Alter als Bezugsnorm herangezogen. So würde sich bei mehrsprachigen Kindern anbieten, das Kontaktalter als Vergleichswert zu nehmen. Die Lernmöglichkeiten der Kinder stehen jedoch in engem Zusammenhang mit dem Lebensalter, und es ist durchaus ein Unterschied, ob ein zehnjähriges Kind seit zwei Jahren Deutsch lernt oder ein dreijähriges. Außerdem müsste die Kontaktintensität erfasst werden, denn es macht ebenfalls einen Unterschied, ob ein Kind drei Stunden am Tag die Zweitsprache lernt oder ob es der Zweitsprache den ganzen Tag über begegnet. Darüber hinaus beeinflussen verschiedene Erstsprachen den Zweitspracherwerb in unterschiedlicher Weise.

Andererseits ist es durchaus möglich, für eine bestimmte Personengruppe die für alle geltende Norm auszusetzen. Dies zeigt z. B. die Tatsache, dass es für Kinder mit Schwierigkeiten beim Erwerb der Schrift in allen Bundesländern Erlasse gibt, die in bestimmten Kontexten Notenschutz gewähren (sogenannte LRS-Erlasse). Reich (2008) schlägt vor, ein am Kind orientiertes, kriterienbezogenes Vorgehen zu wählen. Nicht Kinder einer bestimmten Alterskohorte sind dabei der Bezugspunkt, sondern Kriterien sprachlichen Lernens, die als relevant für die Sprachaneignung angesehen werden. Im Hinblick auf syntaktische Qualifikationen kann z. B. die vereinfachte Profilanalyse nach Grießhaber (s. ▶ Kap. 3.2, S. 63) eine Orientierung bieten. Für andere Qualifikationen gibt es leider keine vergleichbaren Profile.

Für Fragen der individuellen Förderung müssen in der Regel qualitative förderdiagnostische Verfahren verwendet werden. Dabei ist zu beachten, dass es kaum möglich sein wird, mit einem einmal durchgeführten Verfahren alle Informationen zu erhalten, die zur Unterstützung einer Schülerin oder eines Schülers benötigt werden. So ergibt sich ein förderdiagnostischer Regelkreis: Aus Beobachtungen bei der Förderung und beim Lernen ergeben sich neue Erkenntnisse, die wiederum zur Grundlage der Förderung dienen. Hier kommt es vor allem darauf an, Lernfortschritte zu dokumentieren. Qualitative Verfahren können bei der Dokumentation und bei der Förderplanung wichtige Hilfen bieten.

4.2 Standardisierte Verfahren

Da aus den genannten Gründen bisher kein normiertes Verfahren entwickelt wurde, das Mehrsprachigkeit berücksichtigt, werden für jegliche Art von Zuweisungsentscheidungen (Einschulungsuntersuchung, Pflicht zum Besuch einer Sonderschule, Entscheidung über die weitere Schullaufbahn usw.) Verfahren eingesetzt, die für einsprachige Kinder konzipiert wurden. Damit kann erhoben werden, ob die mehrsprachigen Kinder der Norm deutscher Kinder entsprechen oder nicht. Solch ein Vorgehen ist aus spracherwerbstheoretischer Sicht höchst problematisch, scheint aber bildungspolitischer Konsens zu sein.

In Baden-Württemberg soll beispielsweise im Rahmen der Einschulungsuntersuchung durch die Gesundheitsämter der SETK (Sprachentwicklungstest für Kinder, Grimm, 2001) angewendet werden. Die Durchführung soll spätestens ein Jahr vor der Einschulung abgeschlossen sein, damit für das letzte Kindergartenjahr zusätzliche Fördermaßnahmen beantragt werden können. Mittels eines Screenings (HASE, Heidelberger Auditives Screening, Schöler, 2003) sollen zunächst sogenannte „Risikokinder" identifiziert werden. Wenn diese einen bestimmten Schwellenwert nicht erreichen, wird der SETK durchgeführt, um genauere Auskünfte über den Förderbedarf zu erhalten (vgl. ▸ Kap. 6.1).

> **SETK (Sprachentwicklungstest für Kinder)**
> Der SETK besteht aus fünf Untertests: Verstehen von Sätzen (VS), Satzgedächtnis (SG), Phonologisches Arbeitsgedächtnis für Nichtwörter (PGN), morphologische Regelbildung (MR) und Gedächtnisspanne für Wortfolgen (WF). Im Untertest SG (Satzgedächtnis) wird die Fähigkeit geprüft, vorgesprochene Satzformen unterschiedlicher semantischer und syntaktischer Qualität zu reproduzieren. Die Kinder sollen Sätze, die ihnen vorgesprochen werden, nachsprechen, und zwar zunächst sinnvolle Sätze *(die graue Maus wird von der Katze gejagt)*, dann sinnlose Sätze *(der Hase malt als der Hund sich singend am Ohr melkt)*. Mit dem Nachsprechen soll die Wahrnehmungs- und Encodierfähigkeit grammatischer Strukturen untersucht werden. Das Nachsprechen von Sätzen ist eine wichtige Möglichkeit, Qualifikationen in der Morphosyntax zu erfassen. Es wird davon ausgegangen, dass Kinder Strukturen, die sie wiederholen können, auch selbst produzieren können.
> Bei der Interpretation der Ergebnisse des SG gibt das Handbuch vor: „Kinder, die Defizite bei SG zeigen, waren schon im Alter von zwei und drei Jahren sprachauffällig. Die Unfähigkeit, grammatische Strukturen effektiv zu nutzen, führt zu gravierenden Gedächtnisproblemen mit der Folge, dass sprachliche Inhalte nur schwer verstanden und ausgedrückt werden können" (Grimm, 2001, S. 31). Wenn ein Kind also die kritische Schwelle in diesem Untertest nicht erreicht, müsste es im Hinblick auf den Erwerb der Grammatik gefördert werden.

> **Forschungsergebnisse – ein Fallbeispiel**
> Ein Junge mit Türkisch als Erstsprache erzielt bei der Anwendung des SETK kurz vor der Einschulung beim Untertest SG einen Prozentrang von 0,5. Das bedeutet, dass 99,5 % der Gleichaltrigen, bezogen auf die vom Texthandbuch vorgegebene Norm, bei dem Test besser abschneiden. Wäre es ein einsprachig deutsches Kind, müsste man eine Sprachentwicklungsverzögerung befürchten, denn der Junge konnte nur einen Satz fehlerfrei nachsprechen. Bei der Analyse einer freien Sprachprobe (Bildergeschichte) zeigt sich jedoch, dass der Junge in der syntaktischen Qualifikation sehr weitreichende Kompetenzen erworben hat (Phase 3 bis 4 nach Grießhaber). Er kann sprachliche Inhalte durchaus verstehen und ausdrücken. Schwierigkeiten zeigen sich jedoch im Bereich bestimmter morphologischer Markierungen (z. B. Genus und Kasus, vgl. ▸ Kap. 2.6) sowie im Bereich des Wortschatzes. In einer Untersuchung bei 27 mehrsprachigen Kindern zum Zeitpunkt der Einschulung zeigt sich bei sieben Kindern ein ähnliches Profil (vgl. Jeuk,

> 2006). Vermutlich konnte der Junge die Aufgabe „Sätze reproduzieren"
> nicht lösen, weil er, um die komplexen Sätze nachsprechen zu können, nicht
> nur über grammatische, sondern auch über semantische Qualifikationen
> verfügen muss. Die Schwierigkeiten sind vermutlich nicht auf Schwierig-
> keiten beim Erwerb der Grammatik zurückzuführen, sondern auf einen zu
> geringen Wortschatz, woraus eine mangelnde Beherrschung bestimmter
> morphologischer Mittel (z. B. Genusmarkierungen) folgt.

Die Schwierigkeiten mehrsprachiger Kinder liegen häufig nicht so sehr bei der Aneignung der syntaktischen, sondern vielmehr bei der semantischen Qualifikation und den damit verbundenen morphologischen Formen. Eine Förderung müsste sich daher eher auf den Wortschatz und damit verbundene morphologische Mittel und weniger auf die Grammatik beziehen. Das Beispiel zeigt Folgendes: Zur Identifizierung von mehrsprachigen Kindern, die zusätzliche Sprachanregung oder Sprachförderung benötigen, ist der SETK geeignet. Wie aber diese Kinder gefördert werden sollen, auf welche sprachlichen Qualifikationen sich die Förderung beziehen soll, darüber gibt das Verfahren keine Auskunft. Im Gegenteil: Im Bezug auf mehrsprachige Kinder ist das Verfahren möglicherweise gar nicht valide, denn es misst vermutlich etwas anderes (nämlich Sprachverständnis und Wortschatz), als es zu messen vorgibt (Grammatik). Werden auf einer solchen Grundlage Sprachförderprogramme konzipiert, kann dies dazu führen, dass mehrsprachige Kinder in Bereichen gefördert werden, die sie sich auch ohne weitere Unterstützung aneignen, andere Bereiche hingegen, bei denen sie Unterstützung benötigten, bleiben weniger berücksichtigt. Bildungspolitisch könnte darin eine große Gefahr liegen. Zur Förderung des Wortschatzes wird eine umfangreiche Sprachanregung benötigt. Grammatische Strukturen können demgegenüber recht gut in zusätzlichen additiven Förderstunden trainiert werden. Umfangreiche Sprachanregung erfordert einen höheren Einsatz von Ressourcen.

> **Der Heidelberger Sprachentwicklungstest (HSET)**
> Der Heidelberger Sprachentwicklungstest (Grimm & Schöler, 1977, Revision 1999) ist ein Individualtest zur Erfassung sprachlicher Fähigkeiten von Kindern im Alter von drei bis neun Jahren. Untersucht wird u. a. das Verstehen grammatischer Strukturen, die Singular-Pluralbildung, die Imitation grammatischer Strukturformen, die Korrektur semantisch inkonsistenter Sätze, die Bildung von Ableitungsmorphemen, die Benennungsflexibilität, Begriffsklassifikationen, Adjektivableitungen, das In-Beziehung-Setzen von verbaler und nonverbaler Information, Satzbildung, Wortfindung und Textgedächtnis. Die Durchführungsdauer ist bei sechs-jährigen Kindern mit ca. einer Stunde relativ lang, dafür werden semantisch-lexikalische und morphosyntaktische Qualifikationen recht umfassend erhoben. Aufgrund der psycholinguistischen Ausrichtung ist die Interpretation aufwän-

dig. Ein Bezug zu mehrsprachiger Entwicklung ist nicht gegeben. Einige Bereiche, die für Kinder bedeutsam sind, die Deutsch als Zweitsprache lernen, werden nicht abgeprüft (Genus, Kasus, Präpositionen). Einige Untertests können jedoch im Hinblick bei mehrsprachigen Kindern angewendet werden. Die Ergebnisse müssen dann individuell interpretiert werden.

Lise-DaZ
Das Lise-DaZ (Linguistische Sprachstandserhebung – Deutsch als Zweitsprache, Schulz & Tracy, 2011) ist das erste normierte Sprachstandserhebungsverfahren, das explizit für mehrsprachige Kinder normiert ist. Überprüft wird mit sieben Untertests das sprachliche Können von Kindern in zentralen syntaktischen, morphologischen und semantischen Bereichen. Im produktiven Sprachgebrauch werden Satzbaupläne, Wortklassen, die Subjekt-Verb-Übereinstimmung sowie die Kasusmarkierung überprüft. Im Sprachverständnis werden ausgewählte Verbklassen, einfache Informationsfragen (W-Fragen) und Verneinungen überprüft. Bei der Gestaltung der Testitems wird versucht, der multikulturellen Realität der getesteten Kinder Rechnung zu tragen. Neben der Einschätzung des sprachlichen Entwicklungsstandes soll das Verfahren erlauben, aus den Testergebnissen konkrete Förderentscheidungen abzuleiten und Entwicklungsfortschritte durch Wiederholungsmessungen zu prüfen.

Lise-DaZ ist für Kinder von 3 bis 8 Jahren normiert, teilweise gibt es für ein- und für mehrsprachige Kinder unterschiedliche Aufgaben. Die Normierung bei den mehrsprachigen Kindern beruht auf dem Kontaktalter. Durch die Berücksichtigung von Lebensalter und Dauer des Kontakts mit der Zweitsprache ermöglicht der Test, erwartungsgemäße von unterdurchschnittlichen Leistungen zu unterscheiden, die auf eine Sprachstörung oder Probleme im Sprachumfeld des Kindes hinweisen könnten.

Das Verfahren ist auf Grundlage der aktuellen Zweitspracherwerbsforschung entstanden. Die Auswertung erfordert eine gute Einarbeitung und linguistische Grundkenntnisse und ist für Erzieherinnen und Lehrkräfte ohne Zusatzausbildung kaum zu bearbeiten.

4.3 Informelle Verfahren

Beobachtungsbögen

Beobachtungsbögen haben besonders im vorschulischen Bereich eine lange Tradition. Bereits seit den 1960er Jahren gibt es Entwicklungsskalen, die sich z. B. an der Entwicklungspsychologie Piagets orientieren. In der italienischen

Reggio-Pädagogik wird die differenzierte Wahrnehmung und Beobachtung der kindlichen Tätigkeit als Ausgangspunkt der frühpädagogischen Arbeit angesehen (vgl. Lamparter-Posselt & Jeuk, 2008). Mit der Einführung von Bildungs- und Orientierungsplänen für Kindertageseinrichtungen hat die Bedeutung der Beobachtungskompetenz weiteren Auftrieb erhalten. Im Hinblick auf sprachliche Förderung wird in den Bildungsplänen für die frühpädagogische Arbeit ein konzeptionell integriertes Vorgehen gefordert, auch wenn es in der Praxis noch eine Reihe von additiven Sprachförderkonzeptionen gibt (vgl. ▶ Kap. 6.1). Im Rahmen einer konzeptionell integrierten Sprachförderung kommt der Beobachtung und Dokumentation der Entwicklungspotentiale und -schwierigkeiten des Kindes zentrale Bedeutung zu.

Der SISMIK-Bogen
SISMIK steht für „Sprachverhalten und Interesse an Sprache bei Migrantenkindern in Kindertageseinrichtungen" (Ulich & Mayr, 2003). Seit 2006 gibt es auch eine Version für einsprachig deutsche Kinder (SELDAK: Sprachentwicklung und Literacy bei deutschsprachig aufwachsenden Kindern, Ulich & Mayr, 2006). Ziel von SISMIK ist, die kindlichen Aktivitäten, die Motivation und die sprachlichen Qualifikationen zu erheben. Dabei sollen vorhandene Kompetenzen und Entwicklungsrisiken erfasst werden. Unter anderem wird das Sprachverhalten in verschiedenen Situationen abgefragt (z. B. „Am Frühstückstisch: Kind beteiligt sich aktiv an den Gesprächen in deutscher Sprache, nie – sehr selten – selten – manchmal – oft – sehr oft."). Weitere Kompetenzen betreffen die Sprechweise, den Wortschatz, die grammatische Entwicklung, den Umgang des Kindes mit seiner Familiensprache, die Sprachpraxis in der Familie usw. Insgesamt handelt es sich um 98 Beobachtungsfragen. Da eine Reihe verschiedener Kontexte abgefragt wird, kann der Bogen auch als Anregungskatalog für die Schaffung sprachanregender Angebote verstanden werden. Im Hinblick auf die Einschulung kann der Bogen als eine Kommunikationsgrundlage mit der Kooperationslehrerin dienen. Allerdings sind für die Handhabung des Bogens besondere Kompetenzen auf Seiten der pädagogischen Fachkraft gefordert, und es muss die Möglichkeit geben, ein Kind über einen längeren Zeitraum zu beobachten und im Team darüber zu reflektieren.

Diagnostische Leitfragen
In der Schule ist eine kindorientierte Vorgehensweise noch kaum verbreitet. Knapp (2001) legt einen Katalog diagnostischer Leitfragen vor, der von einem solchen Grundsatz geprägt ist: Über einen längeren Zeitraum soll die Lehrkraft ein Kind beobachten und anhand der im Beobachtungsbogen vorgestellten Kriterien beschreiben. Für die Rubrik „Sprachliches Verhalten im Unterricht" werden z. B. die folgenden Leitfragen gestellt: Versteht das Kind,

was im Unterricht gesprochen wird? Versteht das Kind einfache Arbeitsanweisungen? Versteht das Kind Erklärungen der Lehrkraft? Der Bogen erfasst alle wesentlichen Aspekte, die für die Aneignung der Zweitsprache Deutsch relevant sind. Er kann bereits im Anfangsunterricht eingesetzt werden, denn eine Reihe von Fragen bezieht sich auf mündlich-kommunikative Qualifikationen. Es gibt allerdings keine Bezüge zu einer Norm, ebenso wenig werden Auswertungsrichtlinien gegeben. Die Angaben erfolgen aufgrund von Einschätzungen. Als Anhaltspunkt können die Leistungen von Kindern dienen, die besonders gute sprachliche Kompetenzen haben. Hinweise auf die Förderung müssen selbst hergeleitet werden. Der Bogen ist jedoch detailliert und umfangreich, so dass sich zu fördernde Bereiche aus der Auswertung ergeben. Es ist durchaus möglich, das Verfahren in das Unterrichtsgeschehen einzubinden. Für manche Fragenkomplexe können partiell auch Ergebnisse von Untertests aus standardisierten Verfahren hinzugezogen werden.

Auch der in ▶ Kapitel 3.3 (S. 72) vorgestellte Beobachtungsbogen zur grammatischen Entwicklung (Jeuk & Schäfer, 2007) gehört zu den informellen Verfahren, die in der Grundschule eingesetzt werden können. Auf Grundlage einer solchen Beobachtung ist selbstverständlich kein normierter Vergleich möglich. Das Beherrschen einzelner Bereiche gibt jedoch Hinweise, an welchen Stellen die Förderung ansetzen kann.

Qualitative Screenings

Qualitative Screenings zeichnen sich im Vergleich zu Beobachtungsverfahren durch einen hohen Grad an Verbindlichkeit bei den Durchführungs- und Auswertungsbestimmungen aus. In Analogie zu standardisierten Verfahren werden Aufgaben vorgegeben, welche die Kinder lösen müssen. Häufig werden auch Punkte vergeben, die eine Vergleichbarkeit der Ergebnisse nahelegen. Es werden jedoch keine Normwerte errechnet, vielmehr erfolgt die Interpretation der Daten in Anlehnung an Sprachentwicklungsmodelle.

Screening für Schulanfänger
Das Screening für Schulanfänger (Staatsinstitut für Bildungsforschung München, 2002) ist für Kinder konzipiert, die in der 1. oder 2. Klasse geringe Kenntnisse in der deutschen Sprache aufweisen. Die Besonderheit des Verfahrens ist die Mehrstufigkeit. Die Kompetenzen in der Zweitsprache werden in einer Einzelsituation erhoben, die gestellten Aufgaben richten sich nach den Fähigkeiten des Kindes. Auf der ersten Stufe soll ein nach einem Leitfaden vorgegebenes Gespräch geführt werden. Kann das Kind weitgehend fehlerfrei Rede und Antwort stehen, wird es in die Regelklasse aufgenommen. Wenn es dabei Schwierigkeiten hat, folgt

4.3 Informelle Verfahren

Stufe 2, bei der es über seine Lieblingsspeise Auskunft geben soll. Ist eine weitere Abklärung notwendig, z. B. weil das Kind verschüchtert reagiert, wird zu Stufe 3 übergegangen. Hier wird auf der Grundlage von Bildern ein Dialog geführt. Auf der vierten Stufe werden dem Kind verschiedene kommunikative Kontexte angeboten. Ziel ist es, herauszufinden, ob und in welchen Situationen das Kind mit der Lehrkraft kommunizieren kann.

Die Zielsetzung des Verfahrens ist ausschließlich die, zu ermitteln, ob ein Kind in eine Vorbereitungsklasse eingeschult werden soll oder ob es in eine Regelklasse eingeschult werden kann. Aus der Beobachtung kann auch auf morphosyntaktische und phonische Qualifikationen geschlossen werden, es findet diesbezüglich jedoch keine Auswertung statt. Die Durchführung erfordert eine Auseinandersetzung mit dem Arbeitsbereich Deutsch als Zweitsprache.

Das Marburger Sprachscreening (MSS)
Das Marburger Sprachscreening (MSS; Holler-Zittlau et al., 2003) ist für 4- bis 6-jährige Kinder geeignet und somit für die Einschulungsuntersuchung. Es handelt sich um einen Individualtest zur differenzierten Erfassung sprachlicher Fähigkeiten von Kindern mit spezifischen Sprachentwicklungsverzögerungen. Die untersuchten Bereiche sind: Sprachverständnis, Sprachproduktion (Bildbeschreibung), Artikulation, Gegenstände benennen, Adjektive, Verben („Was machen die Kinder?"), Pluralbildung, Satzbildung, Präpositionen, Konjunktionen, Partizipbildung, Reimwörter sowie Wortlänge beurteilen („Welches Wort ist länger?"). Die Ergebnisse geben Hinweise darauf, wo das Kind Unterstützung braucht. Eine Reihe der Bereiche sind für mehrsprachige Kinder relevant, es findet sich jedoch kein expliziter Bezug zu Mehrsprachigkeit. Das MSS wird in der Sprachbehindertenpädagogik häufig angewendet. Problematisch ist, dass von den Kindern teilweise Antworten erwartet werden, die eher an der Korrektheit der schriftsprachlichen Norm als an mündlichen Entwicklungsverläufen orientiert sind. Z. B. wird auf die Frage „Was macht das Mädchen?" vom Kind die Antwort „(es) rennt" erwartet, dabei wäre die Antwort „rennen" im mündlichen Sprachgebrauch ebenfalls angemessen.

Halbstandardisierte Verfahren

Halbstandardisierte Verfahren weisen Ähnlichkeiten mit Tests auf, und es liegen in der Regel auch Vergleichswerte vor. Dass sie nicht zu den standardisierten Verfahren gerechnet werden, kann verschiedene Gründe haben: Häufig ist die Normierungsstichprobe zu klein, denn eine Normierung, die den Gütekriterien entspricht, ist sehr teuer und aufwändig. Die meisten halbstandardisierten Verfahren stellen jedoch auch den Anspruch, bei der Auswertung mehr als Zahlenwerte vorzugeben, und es ergeben sich Interpretationsspielräume, die sich nicht immer normieren lassen. Was aus Sicht einer normierten Diagnostik eine Schwäche ist, nämlich eine eingeschränkte Objektivität und Reliabilität, wird als Stärke gesehen.

SFD
Das SFD (Sprachstandsüberprüfung und Förderdiagnostik für Ausländer- und Aussiedlerkinder, Hobusch et al., 1999) ist das einzige Sprachstandsüberprüfungsverfahren, das für Kinder von der 1. bis zur 4. Klasse geeignet ist. Es ist für mehrsprachige Kinder konzipiert und soll einen Vergleich zu einsprachigen Kindern ermöglichen. Erfasst werden Wortschatz, Kenntnis von Farbennamen, Hörverständnis von Sätzen, Hörverständnis von Texten, Pluralmarkierungen am Nomen, Präpositionen (Hören und Ausführen, Sprechen), Artikel sowie Freies Sprechen (Bildergeschichte). Die Auswertung erfolgt mit Hilfe von Rohwertpunkten. Eine qualitative Auswertung auf der Grundlage der individuellen Aufgabenlösungen führt zu Förderprofilen, in denen die zu fördernden Bereiche differenziert werden.

HAVAS
Das HAVAS (Hamburger Verfahren zur Analyse des Sprachstands bei Fünfjährigen, Reich & Roth, 2004) ist für mehrsprachige und einsprachige Kinder vor der Einschulung geeignet. Es liegt in mehreren Sprachen vor (Deutsch, Russisch, Türkisch, Spanisch, Italienisch, Polnisch, Portugiesisch). Kernpunkt des Verfahrens ist eine Bildergeschichte „Katze und Vogel". Auf sechs Bildern versucht eine Katze vergeblich, einen Vogel zu fangen (s. Seite 92f). Die Äußerungen des Kindes werden aufgezeichnet, transkribiert und auf verschiedenen Ebenen ausgewertet. Voraussetzung für die Durchführung ist, dass die untersuchende Person und das Kind ein Vertrauensverhältnis haben, so dass das Kind in seiner Erzählfreude nicht gehemmt wird. Ausgewertet wird das Transkript auf den Ebenen Aufgabenbewältigung (Sprachliche Vollständigkeit und Kohärenz der Erzählung), Gesprächsstrategien, Sprachliche Strategien (Ausweichverhalten, Umgang mit fehlenden Ausdrücken), Sprechweise, Wortschatz, Formen und Stellungen des Verbs (Morphologie und Syntax), Verbindung von Sätzen sowie Präpositionen. Für den Punkt „Aufgabenbewältigung" gibt es genaue Auswertungsrichtlinien, die zu einer Vergabe von Rohwertpunkten führen. Gefragt wird, ob das Kind die beteiligten Akteure und das Geschehen mehr oder weniger vollständig, genau und im Zusammenhang darstellen kann.

Für diesen Bereich liegen Durchschnittswerte einsprachiger und mehrsprachiger Kinder in verschiedenen Sprachen vor. Der Förderbedarf wird auf der Grundlage eines Qualifikationenprofils festgestellt. Die Auswertung aufgrund eines Transkripts erscheint gewöhnungsbedürftig und erfordert eine gewisse Übung, so dass eine testspezifische Fortbildung zu empfehlen ist. Mit der Durchführung dieses Verfahrens gewinnt die Lehrkraft einen differenzierten Einblick in den Stand der Sprachaneignung des Kindes, so dass sich der Aufwand in jedem Falle lohnt.

C-Test
Ein Verfahren, mit dessen Hilfe bestimmte Kompetenzen in der Morphosyntax sowie im Leseverständnis erfasst werden können, ist der C-Test. Ein C-Test besteht aus vier bis fünf kurzen Texten, die dem vorausgesetzten Wissen der Probanden entsprechen (vgl. Baur & Spettmann, 2008). Aus den Texten wird die zweite Hälfte jedes dritten Wortes getilgt. Um die Texte zu rekonstruieren, müssen die Schülerinnen und Schüler ihre Sprach- und Lesekompetenz aktivieren. Aus den Ergebnissen lassen sich Hinweise auf einen Förderbedarf ableiten. Es liegt auf der Hand, dass C-Tests nur für eine Gruppe oder Klasse einheitlich durchgeführt werden können. Die Konstruktion erfordert, dass die Lehrkraft die Erfahrungswelt der Schülerinnen und Schüler einschätzen kann. C-Tests können in den Deutschunterricht integriert werden, da sie auch als Gruppentests geeignet sind. Je nach Schwierigkeitsgrad können sie auch für einsprachige Schülerinnen und Schüler relevant sein. Auf www.c-test.de können Beispiele in verschiedenen Sprachen sowie eine Verfahrensbeschreibung eingesehen werden.

Das FISA-Projekt
Für mehrsprachige Schülerinnen und Schüler an der Sekundarstufe I wird derzeit an der Pädagogischen Hochschule Ludwigsburg das FISA-Verfahren entwickelt (Förderdiagnostik Sprachlicher Entwicklung im Schulalter). Das Verfahren soll eine fachdidaktisch fundierte, kriterienbezogene Analyse der individuellen Kompetenzen und Schwierigkeiten einer Schülerin bzw. eines Schülers liefern. Aus der Feststellung der individuellen Förderbedürfnisse kann eine Feststellung des institutionellen Förderbedarfs abgeleitet werden. Im Rahmen eines sogenannten „Werkzeugkoffers" werden Lehrkräften verschiedene Bausteine an die Hand gegeben: Erfassung der biographischen Daten, C-Test als Screening, Verfahren zum mündlichen Erzählen, Verfahren zum schriftlichen Erzählen, Verfahren zum Hörverständnis, Verfahren zum Leseverständnis. Das Verfahren wird derzeit evaluiert und soll ab Herbst 2013 einsetzbar sein. Hinweise und Literatur finden Sie unter: www.ph-ludwigsburg.de/fisa.html.

4 Sprachstandserhebung und Leistungsbewertung

KATZE UND VOGEL

Abb. 4.1: Mit freundlicher Genehmigung von Rebecca Abe

4.3 Informelle Verfahren

Mit freundlicher Genehmigung von Rebecca Abe

4.4 Fehleranalysen und die Frage der Leistungsbewertung

Die Grundlage qualitativer Fehleranalysen sind die diagnostischen Leitfragen von Dehn (2006): Was kann das Kind? Was muss es noch lernen? Was muss es als Nächstes lernen? Selbstverständlich müssen die Fragen auf den jeweiligen Leistungsbereich abgestimmt werden. Ausgangspunkt solcher Fehleranalysen sind in Bezug auf gesprochene Sprache auf Tonträger aufgenommen freie Sprachproben, in Bezug auf schriftliche Sprache kann jede Form selbst geschriebener Texte hinzugezogen werden, wobei der Entstehungskontext und der Grad der Überarbeitung jedoch bekannt sein müssen.

Die Texte können nun auf verschiedenen Ebenen interpretiert werden, eine Hilfe können z. B. die diagnostischen Leitfragen von Knapp (2001, S. 88) oder das Analyseraster zur grammatischen Entwicklung (Jeuk & Schäfer, 2007, vgl. ▶ Kap. 3.3, S. 72) sein. Zur Analyse orthographischer Fehler legen Fix & Melenk (2004) ein Raster vor, das eine qualitative Könnens- und Schwierigkeitenanalyse zulässt. Entscheidend bei einer solchen Analyse ist, dass „Fehler" nicht als Defizite betrachtet werden, sondern unter dem Aspekt, dass hier Problemlösestrategien der Schülerinnen und Schüler sichtbar werden. Diese können mehr oder weniger funktional sein und zu mehr oder weniger zielsprachlich korrekten Lösungen führen. Soweit möglich sollten Entwicklungsmodelle zur Interpretation herangezogen werden. Am Ende der Analyse sollten, sofern es die Textgrundlage zulässt, Aussagen darüber gemacht werden, in welchen Bereichen die Schülerin oder der Schüler gefördert werden sollte. Außerdem sollte klar werden, wie der Schüler seine Kompetenzen einsetzen kann.

Zunächst muss festgelegt werden, worin eine Abweichung von der Norm besteht. Hierzu kann es sinnvoll sein, sich zu überlegen, was das Kind geäußert oder geschrieben hätte, wenn es keinen „Fehler" gemacht hätte. Diese Überlegung ist bereits eine erste Interpretation. In einem nächsten Schritt muss der Fehler klassifiziert und kategorisiert werden. Entscheidend ist, ob ein Fehler in einer Kategorie nur selten auftritt oder ein häufiges Phänomen ist. Der letzte Schritt ist die Suche nach eventuellen Ursachen, um den Fehler letztlich bewerten zu können. Solche systematischen Analysen werden z. B. durch Beobachtungen während des Unterrichts ergänzt.

Fallbeispiel: Mündlicher Sprachgebrauch zum Zeitpunkt der Einschulung

Das Mädchen N. ist sechs Jahre alt. Ihre Erstsprache ist Tigrinia, eine semitische Sprache, die in Eritrea und in Teilen von Tigré gesprochen wird. Nach Aussagen der Eltern spricht N. ihre Erstsprache sehr gut, Unterricht in Tigrinia erhielt sie bisher nicht. Zwei Wochen nach der Einschulung wurde mit N. das HAVAS (Deutsch) durchgeführt. Die folgende Analyse sprachlicher Stärken und Schwächen N.s bezieht sich zum einen auf die vom HAVAS vorgegebenen Kategorien,

4.4 Fehleranalysen und die Frage der Leistungsbewertung

zum anderen findet das Analyseraster von Jeuk & Schäfer (2007, vgl. ▶ **Kap. 3.3**, S. 73) Anwendung. Zunächst wird das Transkript vorgestellt. In der linken Spalte sind die Äußerungen des Kindes zu sehen, rechts die der Studentin, die das Verfahren durchführte.

```
 1  der katze will diese vogel fressen.
 2  äh der katze sitz so schrä/ der singt so.
 3                            (nickt) mmm,
 4  und un/ der katze kommt,
 5  und das/ und der hat geschreckt,
 6  und der hat/ der will ihn fressen,
 7  und der geht zu/ der fliegt zu baum,
 8  und der/ der ist zu baum zu ihm zu fressen,
 9  und die ist zu baum gegangen,
10  und die will zu/ schnell zu fressen,
11                            genau. und was macht
12                            die katze da auf dem
13                            bild, auf dem vierten?
14  der macht den baum,
15  mh, der klettert den baum,
16  weil der/ mh/
17  weil der katze will der vogel fressen.
18  und der vogel fliegt weg,
19  und der/
20  und der kommt grad ein bisschen,
21  und der singt weiter hier,     mmm
22  und/ und/ und der ha/
23  under will das nicht des hören.
24                            was macht denn die katze da?
25  die katze macht, (3)
26  die katze macht, die, äh/ (3), die
27                            wo sitzt die katze?
28  der sitzt im baum.
29                            okay.
30                            und ich würd ja sogar sagen, die katze
31                            weint. siehst du die da?
32                            die weint.
33                            warum weint'n die?
34  weil der/ weil der/
35  weil der schon SINGT.
```

Zur Transkription: Die Satzzeichen (. , ?) sind intonatorische Zeichen. Das Zeichen „/" bedeutet einen Abbruch mit Neuanfang. Die Dauer von Pausen in Sekunden findet sich in Klammern. Großbuchstaben sind betonten Passagen vorbehalten.

In der Rubrik „Aufgabenbewältigung" (nach den Auswertungsrichtlinien des HAVAS) erhält N. 11 von 36 möglichen Punkten, der Mittelwert liegt bei 19 Punkten. Sie kann zwar wesentliche Aspekte der Erzählung darstellen, verwendet jedoch häufig allgemeine Ausdrücke wie *kommt* und *macht* sowie Relativierungen wie *ein bisschen*. Ihre Rede ist von Wiederholungen geprägt, dies führt zu Einschränkungen in der Detailtreue. Nicht immer bezieht sie sich auf die konkreten Ereignisse auf den Bildern, den Verlauf der Handlung kann sie jedoch in groben Zügen wiedergeben. N. ist in der Lage, sich bei der Erzählung an der Reihenfolge der Bilder zu orientieren. Auf die Abschlussfrage *warum weint die?* (Zeile 33) antwortet sie angemessen, allerdings ist nicht ganz klar, was sie mit *schon* (Zeile 35) meint. Es könnte eine Verkürzung von *schon wieder* sein, oder die korrekte Bedeutung des Adverbs ist nicht bekannt. Die Antwort ist in dem Sinne angemessen, als es sich um einen einfachen Begründungssatz mit *weil* handelt. Während des Gesprächs ergreift sie die Initiative und erzählt selbstständig. In den Fällen, in denen die Studentin nachfragt, antwortet sie ohne Umschweife und greift die Impulse auf. Allerdings stellt sie selbst keine Fragen, ihre Äußerungen bleiben ganz nah an den Bildern der Geschichte. Ihre von der Norm abweichenden Äußerungen unterscheiden sich in wesentlichen Teilen nicht von denen bei Kindern mit anderen Herkunftssprachen.

N.s verbaler Wortschatz liegt bei 11 verschiedenen Verben, dies liegt im Mittelwert der Vergleichsstichprobe in Hamburg (ein- und mehrsprachige Kinder). Allerdings gebraucht sie häufig unspezifische Verben (*machen, wollen, kommen*). Sie gebraucht häufig Verben in Verbzweitstellung (Stufe 1 nach Gießhaber) sowie die Verbklammer (Stufe 2). Die Klammerbildung bezieht sich auf Modalsätze genauso wie auf die zusammengesetzte Perfektbildung mit *haben* und *sein (hat geschreckt, ist gegangen)*. Die verwendeten Konjugationsformen der Verben sind dabei zum größten Teil korrekt. Passiv-, Futur- und Konjunktivformen sind nicht vorhanden, werden aber bei der Erzählung auch nicht verlangt und sind zum Zeitpunkt der Einschulung auch bei einsprachigen Kindern nur partiell zu erwarten. Verbendstellung im Nebensatz kommt zwei Mal vor (Zeile 8, Zeile 35), dies deutet darauf hin, dass N. sich auf Stufe 4 nach Grießhaber befindet. Allerdings sind in diesem Ausschnitt keine Inversionen zu beobachten. In dem Gesamttranskript, das insgesamt ca. 35 Minuten (verschiedene Gesprächsanlässe) dauert, lassen sich allerdings eine Reihe von Inversionen finden, so dass davon ausgegangen werden kann, dass N. auf jeden Fall Stufe 3 und zumindest ansatzweise Stufe 4 nach Grießhaber (2005) erreicht hat.

Die Mehrzahl der Äußerungen sind Aneinanderreihungen von Und-Sätzen ohne *dann*, was einfachere Konstruktionen zur Folge hat (*und dann* würde Inversion verlangen). Solche stereotypen Satzmuster sind auch bei einsprachigen Kindern bei Bilderzählungen zu beobachten. Die Semantik der Präpositionen ist nicht immer klar (*zu* statt *nach*, *zu* statt *um*). Das Mädchen scheint die Präposition *zu* als Ersatz für eine Reihe von Bedeutungen zu nehmen. Viele Fehler macht N. in Bezug auf das Genus, dabei neigt sie dazu, männliche Formen überzugeneralisieren. Interessanterweise beherrscht sie teilweise den Akkusativ und den Dativ (Zeile 6, Zeile 28). Da sie insgesamt wenige Objekte gebraucht, sind Kasusformen jedoch selten. Korrekturen des Genusgebrauchs seitens der Studentin greift sie zunächst nicht auf (Zeile 17), dann aber schon (Zeile 25), um kurz darauf wieder in *der* zu verfallen. Die genannten Schwierigkeiten in der Morphologie fallen hier vor allem deshalb auf, weil sie als verschriftlichtes Transkript vorliegen. In der Alltagskommunikation fallen sie, da sich N. recht gut verständlich machen kann, weniger ins Gewicht.

Ein Schwerpunkt der Förderung sollte zunächst das Weltwissen und damit der Wortschatz und die Begriffsentwicklung sein. Die sollte sich auch und gerade auf Funktionswörter wie Adverbien und Präpositionen beziehen. Präpositionen werden z. B. in dem „Katze-und-Vogel"-Text benötigt, um Relationen zwischen den Referenten herzustellen. Ein weiterer Arbeitsschwerpunkt müsste im Bereich des grammatischen Geschlechts liegen. Da N. sehr viele Pronomina verwendet, könnte hier die Förderung einsetzen. Der Beobachtung, dass sie im Akkusativ und im Dativ weniger Fehler bei den Genuszuweisungen macht als im Nominativ, muss genauer nachgegangen werden, denn hier könnte ein wichtiger Ansatzpunkt für die Förderung liegen (vgl. ▶ **Kap. 6.2**).

Fallbeispiel: Schriftlicher Sprachgebrauch Klasse 6

Der Schüler M. besucht die 6. Klasse einer Hauptschule (Innenstadtschule). Er ist in Deutschland aufgewachsen, die Familiensprache ist Türkisch. Der Text ist ein Teil einer schriftlichen Nacherzählung eines Kapitels aus „Die Vorstadtkrokodile" von Max von der Grün. Der Text stellt die erste, unüberarbeitete Fassung der Nacherzählung dar.

```
 1  Kurt denkte an das Behlonung was er mit dem Gelt machen würde.
 2  Kurts Eletern konnten ja ihm ein Spesialfarrad kaufen können.
 3  Hannes und Maria soben Kurt nach Minigolfplaz sie haten mit denn
 4  anderen nicht verabretet.
 5  Auf irem Weg begenete Egon auf sein Moped er war aleine.
 6  Er hielt sein Moped und rief Kurt
 7  Na Du Garten Zverg heute hast du deinen Bogen und Feile dabei.
 8  Aber warte nur ich werde dir heimzalen du heimtükischer Kerl.
 9  Das du überhaupt noch wagst uns auszusprechen sagte Maria.
10  Egon rief zu Maria halt blos dein Maulsonst knall ich dir ein paar
11  du dume Zike.
12  Und Kurt sagte leise Hau du ab du Vorstatdib.
13  Sonst häte wir dich angezeigt.
14  Egon kukte überascht auf Kurt wenn es Maria und Hannes es blickten
15  was er forhat.
16  Er sprang zum Rolstul, gibte Kurt ein heftigen Stos.
17  Kurt kipte nach rechts er viel aber nich um weil der Maschendrat einer Kopel
18  aufing.
19  Er hingte im Drat und konnte sich nich beweg.
```

Hier zunächst die korrigierte Fassung des Textes:

1 Kurt dachte an die Belohnung und was er mit dem Geld machen würde.
2 Kurts Eltern könnten ihm ja ein Spezialfahrrad kaufen.
3 Hannes und Maria schoben Kurt auf den Minigolfplatz, sie hatten sich
4 mit den anderen nicht verabredet.
5 Auf ihrem Weg begegnete ihnen Egon auf seinem Moped, er war alleine.
6 Er hielt sein Motorrad an und rief Kurt (und sagte zu Kurt):
7 „Na, du Gartenzwerg, hast du heute deinen Bogen und deine Pfeile
8 dabei?
9 Aber warte nur. Ich werde es dir heimzahlen, du heimtückischer Kerl!"
10 „Dass du es überhaupt noch wagst, uns anzusprechen;" sagte Maria.
11 Egon rief: „Halt bloß dein Maul, sonst knall ich dir ein paar, du dumme
12 Ziege (oder Zicke?)."
13 Und Kurt sagte leise: „Hau ab du Vorstadtdieb.
14 Sonst zeigen wir dich an!"
15 Egon guckte überrascht auf Kurt. Bevor Maria und Hannes blickten
16 (durchschauten) was er vorhat,
17 sprang er zu dem Rollstuhl und gab Kurt einen heftigen Stoß.
18 Kurt kippte nach rechts, er fiel aber nicht um, weil ihn der Maschen-
19 draht einer Koppel auffing.
20 Er hing im Draht und konnte sich nicht bewegen.

Der Schüler hat eine gut nachvollziehbare Nacherzählung konstruiert, die jedoch eine Vielzahl grammatischer und orthographischer Fehler aufweist. Um die Fähigkeiten und Fertigkeiten des Schülers angemessen beurteilen zu können, muss beachtet werden, dass es sich bei dem Text um eine nicht überarbeitete oder verbesserte Version handelt. Es könnte also sein, dass der Schüler in Überarbeitungsprozessen eine Reihe von Fehlern korrigieren bzw. Formulierungen ändern kann.

Die folgende Analyse bezieht sich nicht auf Fehler im Bereich der Orthographie. Im Bereich der Grammatik lassen sich die folgenden Fehlerschwerpunkte beobachten: In Bezug auf die Auslassung und Stellung von Satzgliedern zeigen sich in dem Text nur wenige Abweichungen: In Zeile 7 wäre die Nachstellung des Adverbials erforderlich gewesen (*hast du heute ...*), in Zeile 5 fehlt das Dativobjekt (*begegnete ihnen ...*). Es finden sich sowohl Verbklammern als auch Inversionen und Verbendstellungen im Nebensatz, so dass davon ausgegangen werden kann, dass die grundlegenden Satzmuster des Deutschen erworben sind. Auch die Kongruenz Subjekt-Prädikat (*die Eltern konnten*, aber *er rief*) wird durchgehend eingehalten.

Bei der Nominalphrase scheint die Auslassung von Reflexivpronomen ein Problem zu sein. Demgegenüber ist sich der Schüler bei der Genuszuweisung relativ sicher, was bei einem Kind mit Deutsch als Zweitsprache nicht unbedingt selbstverständlich ist. Auch die Kasusformen (Akkusativ und Dativ) gebraucht er in der Regel korrekt. Im Gebrauch von Präpositionen und Konjunktionen zeigen sich noch Unsicherheiten auf der semantischen Ebene, insgesamt macht er hier jedoch wenig Fehler. Im Bereich der Verbalphrase ist besonders der Einsatz der schwachen Konjugation für starke Verben auffällig (Übergeneralisierung: *denkte, gibte, hingte* ...). Sonstige Konjugationsformen (Präteritum, Partizip) sind vorhanden, ebenso werden Hilfs- und Modalverben korrekt gesetzt. Häufig lässt er einzelne Wörter aus, bevorzugt Pronomen und Artikel (Zeile 3: *dem*, Zeile 18 *ihn*). Schwierigkeiten zeigen sich im Hinblick auf komplexere Satzmodelle, die z. B. den Einsatz des Pseudoaktanten *es* erfordern (Zeile 8). Es könnte sein, dass er zuweilen ein Satzmodell beginnt und während der Produktion auf ein anderes Modell umschwenkt, so dass es zu Auslassungen, Wiederholungen und Umstellungen kommt (Zeilen 2, 5, 14).

Es ist keineswegs sicher, wie diese Fehler zustande kommen. Einerseits könnte es sein, dass der Schüler gerade Abweichungen im Satzmodell bei einer Überarbeitung selbst finden könnte. Insofern wären sie dem Schreibprozess, in dem der Fokus eher auf den Inhalt als auf die Form gerichtet ist, geschuldet und durch angeleitete Überarbeitungsprozesse aufzufangen (vgl. Fix, 2006). Offen bleibt, ob er über ausreichend Lösungsstrategien verfügt, um die Fehler zu beheben. Andererseits könnte es sich um substantielle Unsicherheiten in der schriftlichen Sprachproduktion handeln, die der weiteren Bearbeitung bedürfen. In jedem Fall scheint es, so weit dies nach der Analyse des Textausschnitts beurteilt werden kann, dass der Schüler nicht unbedingt über große Routine im Verfassen eigener schriftlicher Texte verfügt.

Als Förderschwerpunkt kommt zunächst der Bereich der unregelmäßigen Verben in Betracht. Bei der Nominalphrase sollte ein Schwerpunkt auf Reflexivpronomen liegen. Bei der Produktion schriftlicher Texte müsste der Schüler eventuell dazu angeleitet werden, zunächst einfachere Muster korrekt zu produzieren. Eine Förderung in diese Richtung hängt jedoch stark von den Ergebnissen einer ersten Überarbeitung des Textes ab.

Im Bereich der Grammatik sollte bei den Satzmodellen angesetzt werden, da Fehler in diesem Bereich die Verständlichkeit und Lesbarkeit des Textes extrem erschweren. Außerdem lassen sich Schwierigkeiten im Bereich der Morphologie besser beheben, wenn der grundlegende Bereich des Satzmodells, das z. B. Pronominalisierungen und andere Beziehungen zwischen Wörtern und Satzgliedern bestimmt, geklärt ist.

Zur Frage der Leistungsbewertung

Nicht immer muss die Lehrkraft die Ergebnisse der Einschätzung des Lernstandes der Schülerin oder dem Schüler zurückmelden, zunächst dient die Ermittlung des Lernstandes zur weiteren Planung des Unterrichts bzw. der Förderung. So weit dies jedoch möglich ist, sollten die Ergebnisse solcher Analysen dem Kind offengelegt werden. Die Art und Weise der Rückmeldung ist selbstverständlich auf das Alter und die sprachlichen Fähigkeiten des Kindes abzustimmen. Insbesondere ein positives Feedback über erzielte Lernerfolge kann nachhaltig zur Motivation beitragen. Somit kann sich für die Lehrkraft ein Widerspruch ergeben zwischen dem Wunsch, einen Schüler oder eine Schülerin zum weiteren Lernen zu ermutigen, und der Notwendigkeit, zu bewerten oder zu benoten.

Die Begriffe „bewerten, beurteilen, benoten" werden in der Deutschdidaktik unterschiedlich gebraucht. In Anlehnung an Fix (2006, S. 188ff) wird hier zwischen der *fördernden* und der *bewertend-prüfenden* Beurteilung unterschieden. Die fördernde Beurteilung ist eine schriftliche oder mündliche Rückmeldung der Lehrkraft an die Schülerin oder den Schüler. Sie hat die Funktion zu orientieren und zu motivieren und ist an eine Diagnostik der Schülerkompetenzen (s. o.) gebunden. Diese Art der Beurteilung steht am Anfang des Lernprozesses bzw. begleitet diesen, sie ist Bestandteil jeden Unterrichts und findet oft in informellen Kontexten statt. Beim fördernden Beurteilen geht es letztlich um die weitere Entwicklung der Kinder.

Die bewertend-prüfende Beurteilung steht am Ende des Lernprozesses und ist mit Benotungen und Zensuren verbunden (Fix, 2006, S. 189ff). Zensuren geben eine Rückmeldung über den Lernstand zu einem gewissen Zeitpunkt und schließen einen Vergleich mit der Lerngruppe ein. Letztlich geben die im Bildungsplan vorgegebenen Kompetenzen die Zielmarke an, an der sich eine Leistungsbewertung zu orientieren hat. Bei einem Vergleich mit der Lerngruppe besteht die Gefahr, dass die Lehrkraft eine Verteilung der Notenwerte nach einer Normalverteilung erwartet. Wenn jedoch alle Schülerinnen und Schüler die Ziele des Unterrichts erreichen, unter anderem weil es der Lehrkraft gelungen ist, sich optimal auf diese einzustellen, müsste eine im Durchschnitt gute oder sehr gute Beurteilung der meisten Schülerinnen und Schüler das Ergebnis sein. Das stimmt jedoch nicht mit der schulischen Praxis überein.

Dass in Bezug auf Schülerinnen und Schüler mit Deutsch als Zweitsprache die Frage der Bezugsnorm eine zusätzliche Brisanz aufwirft, wurde oben gezeigt (▶ Kap. 4.1). Da mehrsprachige Kinder häufig von Beginn ihrer Schullaufbahn die Erfahrung machen, hinter ihren einsprachigen Mitschülern zurückzubleiben, wäre für sie eine bestätigende, positive Rückmeldung besonders wichtig für einen erfolgreichen Lernprozess. Ein Problem ist hierbei, dass der Schule immer auch die Auswahlfunktion zukommt, d. h. mittels der Leistungsergebnisse werden Bildungschancen verteilt und Bildungsgänge zugewiesen. Auf Grund der in vielen Bundesländern nach wie vor üblichen Differenzierung in verschiedene Bildungsgänge wird bereits in einem Alter von ca. zehn Jahren von mehrsprachigen Kindern nahezu zwangsläufig eine Leistung erwartet, die mit einsprachigen zu vergleichen ist. Nach allem, was wir über den Verlauf der Zweitsprachaneignung wissen, haben viele mehrsprachige Kinder damit nicht die Lernzeit zur Verfügung, die sie brauchen, um die Leistungen der einsprachigen Kinder zu erreichen.

Der Widerspruch zwischen einer fördernden und einer bewertenden Beurteilung ist nicht auflösbar (vgl. Valtin, 2002). So weit wie möglich sollte die Lehrkraft der Schülerin oder dem Schüler jedoch den Unterschied der Beurteilungsweisen erläutern. Bei der Bewertung schriftlicher Texte ist es notwendig, ihnen zu verdeutlichen, welche ihrer „Fehler" auf Schwierigkeiten beim Zweitspracherwerb zurückgehen und wo die Fortschritte in diesem Bereich liegen. Im Idealfall können verschiedene Teilnoten für Orthographie, Text, Grammatik usw. gegeben und mit einem schriftlichen Kommentar versehen werden. Auch bei weniger guten Noten sollte aufgezeigt werden, worin die Lernfortschritte bestehen. Für eine prozessorientierte und differenzierte Beurteilung von schriftlichen Texten macht Fix (2006, 191ff) eine Reihe von Vorschlägen.

Zusammenfassung

In diesem Kapitel wurden verschiedene Zugriffsweisen bei der Erhebung des Sprachstands vorgestellt. Es wurde deutlich, dass quantitative und qualitative Verfahren jeweils unterschiedliche Ziele verfolgen. Um festzustellen, wie der Unterricht und die Förderung hinsichtlich der Fähigkeiten und Schwierigkeiten eines einzelnen Schülers konzipiert werden sollen, eignen sich qualitative Verfahren. Mittels zweier Fallbeispiele wurde vorgestellt, wie eine an den individuellen Fähigkeiten orientierte Vorgehensweise aussehen kann.

5 Pädagogische und didaktische Modelle

Erziehungswissenschaftliche Paradigmen spiegeln die gesellschaftspolitischen Entwicklungen wider, die den Rahmen zur Entwicklung und Konzeption von Unterrichts- und Fördermodellen bilden. Schule, Unterricht und Förderung ereignen sich innerhalb eines gesellschaftlichen Umfelds. Sprachliche Bildung und Förderung müssen als Teilaspekt der Ermöglichung von Chancengleichheit und Partizipation gesehen werden. Weltweit gibt es höchst unterschiedliche Konzepte für die Bildung von Kindern, die mit zwei oder mehr Sprachen aufwachsen. In mehrsprachigen Ländern wie der Schweiz, Kanada oder Marokko stellt sich die Frage in besonderer Weise, denn es gehört zu den Zielen der Bildungspolitik, dass die Kinder mehrsprachig aufwachsen und auch in mehreren Sprachen alphabetisiert werden.

Im Unterricht des Faches „Deutsch als Fremdsprache" gibt es, im Unterschied zum Arbeitsbereich „Deutsch als Zweitsprache", eine lange Tradition der Diskussion um didaktische Modelle, an die in Bezug auf den Unterricht in Deutsch als Zweitsprache zum Teil angeknüpft werden kann. Diese Modelle sind in der Regel aus der Kritik an alten Traditionen entstanden. Eine ähnliche Diskussion gibt es in Bezug auf den Unterricht in Deutsch als Zweitsprache.

5.1 Migrationspädagogik

Strömungen und Modellbildungen in der Erziehungswissenschaft gehen in der Regel aus bereits bestehenden Ansätzen hervor und werden häufig ihrerseits aus einer kritischen Position charakterisiert. Erst in der Rückschau können Entwicklungen oder Phasen ausgemacht werden, die charakteristisch für einen gewissen Zeitabschnitt sind. Die Entwicklung erziehungswissenschaftlicher Modelle in der Migrationspädagogik ist unmittelbar abhängig von der Einstellung, welche die aufnehmende Gesellschaft gegenüber zugewanderten Menschen einnimmt.

Häufig wird die Ansicht vertreten, dass Menschen mit Migrationshintergrund sich „integrieren" müssten (vgl. die Rede von der deutschen „Leitkultur"). Dieser Sprachgebrauch ist problematisch, denn wenn *Integration* so verwendet wird, ist damit *Assimiliation* gemeint. Mit Hilfe der folgenden Darstellung (▶ Abb. 5.1) sollen diese Begriffe geklärt werden.

5.1 Migrationspädagogik

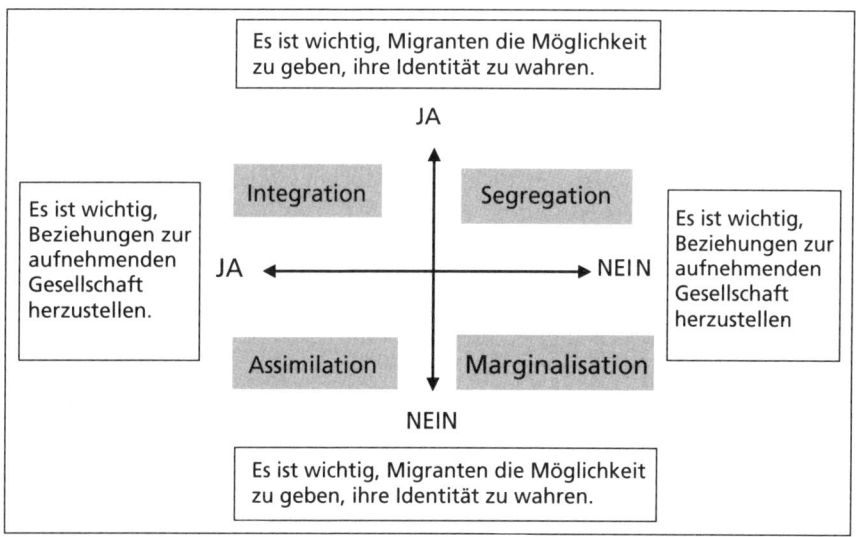

Abb. 5.1: Migrationspädagogische Begriffsklärung

Ist man der Ansicht, dass Migranten unter sich bleiben und ihre Kultur und Sprache pflegen können und ein Kontakt zur Mehrheitsgesellschaft im Prinzip nicht gefördert werden soll, so ist von *Segregation* die Rede. Segregation findet in der Praxis z. B. im Umgang mit osteuropäischen Wanderarbeitern (insbesondere nach Spanien, Holland und Italien) statt, die während der Dauer ihres Aufenthalts weitestgehend unter sich bleiben, um nach ihrem Arbeitseinsatz wieder in die Herkunftsländer zurückzukehren. Auch die Einrichtung sogenannter muttersprachlicher Klassen in den 1970er Jahren hatte segregative Aspekte, denn das Ziel war es, den Kindern eine Perspektive im Hinblick auf eine mögliche Rückkehr in das Herkunftsland zu geben. Wird von Zuwanderern erwartet, sich mehr oder weniger bedingungslos der aufnehmenden Gesellschaft anzupassen und ihre religiösen und kulturellen Gepflogenheiten weitestgehend aufzugeben, wird dies als *Assimilation* bezeichnet. Assimilation kann durchaus im Sinne der Einwanderer liegen, was z. B. an der Geschichte der Migration nach Amerika gezeigt werden kann, bei der viele Migranten bewusst mit ihrer Herkunftskultur brachen und sich der Umgebungskultur anpassen wollten.

Ist davon die Rede, dass sich Migranten „integrieren" sollten, ist letztlich Assimilation gemeint, denn von Integration kann nur die Rede sein, wenn anerkannt wird, dass beide Seiten dazu beitragen. Letztlich wird Migranten zwar zugestanden, z. B. ihre Religion zu pflegen, dies sollte sich jedoch im privaten Raum abspielen mit möglichst wenig Einfluss auf das öffentliche Leben. Von *Marginalisation* ist die Rede, wenn die Frage der Identitätsentwicklung als unbedeutend gilt. Die Tatsache, dass in der Bundespolitik lange Zeit nicht anerkannt wurde, dass Deutschland ein Einwanderungsland ist, hat etwas mit Marginalisation zu tun. In der gesellschaftlichen Praxis sind diese Paradigmen nicht als eindeutige Haltungen vertreten, vielmehr kann immer nur von einem Mehr oder Weniger eines Aspekts im Sinne einer stufenlosen Matrix nach allen vier Seiten ausgegangen werden.

In der modernen Migrationspädagogik (vgl. Mecheril, 2004) wird das Ziel der Integration zunehmend in Frage gestellt, denn Integration bedeutet, dass zwei eigentlich fremde Kulturen aufeinander zugehen und miteinander interagieren bzw. kooperieren. Letztlich muss jedoch das Ziel moderner, heterogener Gesellschaften sein, *Inklusion* zu erreichen. Das bedeutet, dass von vornherein kein Mitglied der Gesellschaft ausgeschlossen wird oder eine ausschließende Behandlung erfährt, sondern dass alle Beteiligten von Anfang an als integrale Bestandteile der Gesellschaft gesehen werden und gleiche Möglichkeiten und Chancen zugestanden bekommen.

Ausländerpädagogik

Die Entwicklung Deutschlands zu einem Einwanderungsland vollzog sich schleichend und zunächst unbemerkt, denn die ersten Arbeitsmigranten, sogenannte Gastarbeiter, sollten ja nach ein paar Jahren wieder nach Hause zurückkehren. Folglich war die gesellschaftliche Entwicklung in den 1960er und frühen 1970er Jahren von Marginalisation bzw. Segregation geprägt. Die Zunahme mehrsprachiger Kinder an den Schulen zeigte schließlich einen Handlungsbedarf auf, der zur Entstehung der Ausländerpädagogik führte. Ihr wichtigstes Anliegen war die (sprachliche) Förderung von Kindern aus Familien mit Migrationshintergrund, mit dem Ziel, möglichst schnell eine Eingliederung in den Unterrichtsalltag zu erreichen. Hierfür wurden Sprachfördergruppen gebildet. Parallel zur Förderung in der deutschen Sprache wurden an vielen Schulen auch Ausländerklassen eingerichtet. In diesen Klassen erhielten die Kinder vorrangig muttersprachlichen Unterricht, denn man ging davon aus, dass man die Kinder auf ein Leben in ihren Herkunftsländern vorbereiten müsse. In einigen Bundesländern hatten diese Ausländerklassen bis weit in die 1980er Jahre hinein Bestand.

Von Kritikern wird der Ausländerpädagogik vorgeworfen, „assimilatorisch, kompensatorisch und defizitorientiert" (Kniffka & Siebert-Ott, 2007, S. 160) ausgerichtet gewesen zu sein. Andererseits darf nicht vergessen werden, dass vieles, was uns heute problematisch erscheint, eine erste Reaktion auf ein bis dahin neues Phänomen war. Teilweise gab es eine gute Versorgung mit zusätzlichen Förderstunden, von der wir heute weit entfernt sind. Und eine Reihe von Migranten der sogenannten zweiten Generation erreichten vergleichsweise schnell hohe Kompetenzen in der Zweitsprache Deutsch. Die Annahme, dass viele Familien nach einigen Jahren wieder in ihre Herkunftsländer zurückkehren würden, erwies sich allerdings als Trugschluss. Erst in den letzten Jahren setzte sich die Erkenntnis durch, dass Migration in Deutschland kein vorübergehendes Phänomen ist.

Interkulturelle Pädagogik

Die interkulturelle Pädagogik entstand aus der Kritik an der Ausländerpädagogik. Dieser wurde vorgeworfen, einseitig an der Assimilation der Zuwanderer interessiert zu sein und kulturelle Vielfalt und Heterogenität nicht zu würdigen. Die Förderung der interkulturellen Kompetenz aller Schülerinnen und Schüler wurde zum zentralen Anliegen. Hatte die Ausländerpädagogik aus dieser Sicht die Beseitigung von (sprachlichen) Defiziten auf Seiten der Zuwandererkinder zum Ziel, so sollten nun die Sprachen und Kulturen der Migranten berücksichtigt und geschätzt werden. Die Strategie des individuellen Förderns wurde als nicht hinreichend angesehen, denn die Schule allein war bei der Bewältigung der Aufgabe überfordert, mehrsprachige Kinder auf diesem Wege zur Chancengleichheit zu verhelfen (Diehm & Radtke, 1999, S. 189).

Die Wertschätzung von sprachlicher und kultureller Heterogenität kann auf verschiedenen Ebenen betrachtet werden: Auf einer juristischen Ebene wird die Förderung von Herkunftssprachen und -kulturen als Menschenrecht gesehen, was auch seinen Niederschlag in der europäischen Menschenrechtscharta findet. Aus ökonomischer Sicht ist Mehrsprachigkeit eine Ressource, welcher im Zuge einer globalisierten Wirtschaft zunehmende Bedeutung zukommt. Das ökonomische Argument verkehrt sich allerdings gegen den interkulturellen Ansatz, wenn bestimmte Sprachen als bedeutsamer gelten als andere. Im Alltag spiegelt sich dies unter anderem darin, dass Familien mit Englisch oder Französisch als Familiensprachen mehr Wertschätzung erfahren als Familien mit Türkisch oder Italienisch. Auf einer motivationspsychologischen Ebene wird argumentiert, dass insbesondere Kinder sich dann der Sprache und Kultur der Umgebung öffnen, wenn sie in ihrer eigenen Sprache und Kultur gewürdigt werden. Dieses Argument spielt bei der aktuellen Diskussion um Sprachverbote an Schulen eine Rolle. Sprachpsychologisch wird außerdem argumentiert, dass der Erwerb einer zweiten Sprache auf vorhandenem Sprachwissen aufbaue (vgl. ▶ Kap. 2.4). Dies gilt auch für andere kulturelle Errungenschaften.

Als Folge des interkulturellen Ansatzes wurden entsprechende Inhalte in die Bildungspläne aufgenommen. Der Unterricht sollte die Auseinandersetzung mit anderen Sprachen und Kulturen fördern und so allen Schülerinnen und Schülern zugute kommen. Muttersprachlicher Unterricht hatte nun die Aufgabe, die Aneignung der Herkunftssprache zu unterstützen und die Kinder in ihrer Mehrsprachigkeit zu fördern. Gleichzeitig wurden jedoch seit den ausgehenden 1980er Jahren die zusätzlichen Ressourcen für Sprachförderung und Ergänzungsunterricht zurückgefahren. Dies lag zwar nicht in der Absicht der Vertreter des interkulturellen Ansatzes, aber das Argument, dass zusätzliche Sprachförderung diskriminierende und stigmatisierende Effekte haben kann, wurde teilweise dazu genutzt, um Sparprogramme durchzusetzen.

Auch die interkulturelle Pädagogik blieb nicht unkritisiert. Nach Diehm & Radtke (1999, S. 63) ist es fraglich, inwiefern die Sinnhorizonte für Angehörige einer Kultur überhaupt gleich sind. Der Kulturbegriff unterstelle eine Einheit der Deutungen, der soziale, politische und persönliche Determinanten hierarchisch konstruiert und bewertet. Insofern wird durch die Annahme kultureller Differenz z. B. von sozialen Zusammenhängen abgelenkt. Wenn kulturelle Einheiten (z. B. die deutsche Kultur) von fremden unterschieden werden, „wird eine Homogenitätsvorstellung mitgeführt, die eine breite ‚interkulturelle Variation' übersieht, die selbst einfache Gemeinschaften, erst recht aber sozial geschichtete und funktional differenzierte Gesellschaften kennzeichnet" (Diehm & Radtke, 1999, S. 63). Damit bietet der Kulturbegriff die Möglichkeit, klare Unterscheidungen zu treffen und Unterschiede anzunehmen, wo es gar keine gibt. So gibt es eine Reihe von Unterrichtskonzepten, bei denen Lieder, Spiele, Feste und andere Brauchtümer aus Einwanderungsländern thematisiert werden. Dass Kinder mit Migrationshintergrund die Herkunftsländer ihrer Eltern oder Großeltern häufig selbst nur als Urlaubsländer kennen und dass ein wesentliches Merkmal von „Migrantenkulturen" eben die Mischung und Umdeutung ist und dass Menschen, die aus einem bestimmten Land kommen, alles andere als eine homogene Gruppe darstellen, wird dabei schnell übersehen. Diese Überlegungen sollen Lehrkräfte nicht davon abhalten, sich mit den Lebensbedingungen, Lebensgewohnheiten und den kulturellen und sozialen Kontexten ihrer Schülerinnen und Schüler auseinanderzusetzen. Im Gegenteil: Es geht um die kulturellen und sozialen Kontexte, die das Leben der Kinder in der Klasse *tatsächlich* bestimmen und nicht um die Kulturen, die das Stereotyp des jeweiligen Herkunftslandes darstellen.

Der interkulturellen Pädagogik gelang es trotz ambitionierter Ansätze nicht, die weit verbreitete Ansicht aufzulösen, dass mehrsprachige Familien allein für ihre „Integration" (= Assimilation) verantwortlich seien und dass die deutsche Kultur möglichst vor fremden Einflüssen bewahrt werden müsse. Sprachen (Kulturen) werden dabei als getrennte Systeme gesehen, welche auch getrennt voneinander anzueignen seien. Einflüsse von anderen Sprachen (Kulturen) auf die deutsche Sprache (und Kultur) werden häufig als störend angesehen und negativ konnotiert.

> **Forschungsergebnisse**
> Moderne Sprachen sind aus dem Sprach- und Kulturkontakt hervorgegangen. Die meisten deutschen Wörter haben ihren Ursprung in anderen Sprachen (Latein, Französisch, Englisch, Türkisch, Arabisch, Russisch usw.; vgl. Jeuk, 2006). Beispielsweise sind Wörter wie Alkohol, Chemie, Gitarre, Jacke, Koffer, Lack, Maske, Matratze, Mütze, Rasse, Spinat, Tasse Entlehnungen aus dem Arabischen. Ohne Einfluss von außen und das Einmischen anderer Wörter müssten wir heute mit ca. 40 % unserer Vokabeln auskommen.

Migrationspädagogik

Für die Entwicklungen nach den 1990er Jahren, die aus der Kritik an der interkulturellen Pädagogik hervorgegangen sind, gibt es eine Reihe von Charakterisierungen. Mecheril (2004) schlägt den Begriff „Migrationspädagogik" vor. Mit dem Begriff wird ein Blickwinkel bezeichnet, unter dem „Fragen gestellt und thematisiert werden, die bedeutsam sind für eine Pädagogik unter den Bedingungen der Migrationsgesellschaft" (Mecheril, 2004, S. 18). Bewusst wird von Migrationsgesellschaft gesprochen, denn Einwanderergesellschaft bedeutet, dass die betroffenen Menschen selbst eingewandert sind. Migrationsgesellschaften müssen sich mit den *Folgen* von Migration und Einwanderung auseinandersetzen, auch wenn bei vielen Familien die eigentliche Wanderung bereits mehrere Generationen zurückliegt. Mit dem Begriff wird außerdem versucht, eine möglichst wertfreie Bezeichnung zu finden. Interkulturelle Pädagogik wurde bewusst als positives Paradigma eingeführt und musste sich an ihren eigenen Ansprüchen messen lassen. Mit dem Leitbegriff Migrationspädagogik werden Prozesse der Pluralisierung, der Partizipation und der Differenzierung betrachtet, eine Einengung auf die kulturelle Perspektive wird vermieden.

Unterricht und Förderung können nicht losgelöst vom gesellschaftspolitischen Umfeld gesehen werden. So führt z. B. die Forderung, dass mehrsprachige Kinder eine bessere Unterstützung brauchen, dazu, dass in nahezu allen Bundesländern Förderprogramme mit einem Schwerpunkt im vorschulischen Bereich aufgelegt werden (vgl. ▶ Kap. 4). Die Frage, welche Kinder Förderung bekommen sollen, ist jedoch von fiskalpolitischen Fragen bestimmt. So gelang es z. B. in Berlin allein durch den Wechsel der Sprachstandserhebungsverfahren, dass sich der Förderbedarf von 45 % der 6-Jährigen im Jahr 2003 auf 25 % der 6-Jährigen im Jahr 2006 verringert hat (vgl. Jeuk, 2009). Eine derartige Vorgehensweise ist problematisch, sie verweist darauf, dass es durchaus umstritten ist, welche sprachlichen Kompetenzen wir von Kindern erwarten können. Das Problem besteht in der Annahme, dass durch die Bündelung von Ressourcen Geld gespart werden könne. Hier kann wieder die Kritik der Migrationspädagogik ansetzen: Durch die Durchführung von Förderprogrammen wird der Eindruck erweckt, dass etwas unternommen und proaktiv die Bildungsbenachteiligung von Kindern mit Migrationshintergrund aufgehoben wird. Übersehen wird, dass Bildungsbenachteiligung ein Ergebnis institutioneller und gesellschaftlicher Prozesse ist. Wird versucht, allein durch Förderung Einzelner etwas an deren Situation zu verändern, wird implizit davon ausgegangen, dass es sich um Probleme Einzelner und nicht um Probleme der ganzen Gesellschaft handelt. Letztlich müsste ein Umdenken an wesentlich mehr Punkten ansetzen, als einfach zusätzliche Sprachförderung anzubieten. Problematisch wird dieser Ansatz zudem, wenn beachtet wird, dass zusätzliche Förderstunden von regulären Lehrkräften in den letzten 20 Jahren systematisch abgebaut wurden und zunehmend durch additive, von Ehrenamtlichen durchgeführte Maßnahmen ersetzt wurden.

Forschungsergebnisse
Ein Beispiel für migrationspädagogische Forschung ist die Untersuchung der „Institutionellen Diskriminierung" (Gomolla & Radtke, 2002). Un-

tersucht wird, wie Entscheidungen bezüglich des Schulbesuchs von Kindern mit Migrationshintergrund zustande kommen. Relevant sind hier Übergangsentscheidungen wie von der Kindertageseinrichtung zur Schule, von der Grundschule auf weiterführende Schulen sowie Zuweisungen zu Sonderschulen. Gomolla & Radke können zeigen, dass diese Entscheidungen von den Entscheidern, in der Regel Lehrkräfte, nach bestem Wissen und Gewissen gefällt werden, letztlich jedoch häufig Diskriminierung zur Folge haben. So wird z. B. argumentiert, ein Kind könne nicht aufs Gymnasium, weil die Eltern es nicht im erforderlichen Maße unterstützen könnten. Oder es werden Kinder einer Sonderschule zugewiesen mit dem Argument, die Deutschkenntnisse würden nicht ausreichen, um dem Bildungsplan der Grundschule zu folgen. Keines dieser Argumente ist durch Schulgesetze abgedeckt, die Entscheider handeln aufgrund ihrer Erfahrung und in der Regel nicht mit der Absicht zu diskriminieren. Die Diskriminierung ist das Ergebnis von ausländerpolitischen Vorgaben, bildungspolitischen Rahmenbedingungen, Organisationszwängen und etablierten pädagogischen Praktiken. Viele der Entscheidungen kommen dadurch zustande, dass entsprechende Verordnungen nicht hinreichend auf die Wirkungsmacht hinsichtlich Migration abgestimmt sind. Diskriminierung ist so gesehen das Ergebnis institutionellen Handelns, ohne dass die einzelnen Entscheider selbst diskriminierend handeln wollen.

5.2 Modelle zweisprachiger Erziehung

Faktoren, die mehrsprachige Bildung beeinflussen

Angestoßen wurde die Diskussion um mehrsprachige Erziehung ganz wesentlich von Skuttnab-Kangas (1992). Auf der Grundlage der Untersuchung für die UNESCO (vgl. ▸ Kap. 3.1) stellte sie eine Reihe von Überlegungen an, unter welchen Bedingungen Schulmodelle erfolgreich sind „und bei einer großen Zahl von Kindern zur Zweisprachigkeit führen, und unter welchen Bedingungen die Kinder scheitern" (Belke, 2012, S. 22). Die von Skuttnab-Kangas entwickelte Typologie bestimmt bis heute die bildungspolitische Diskussion. Demnach sind vor allem drei Faktoren entscheidend:
- die *Unterrichtssprache*, d. h. die Sprache, in der die Kinder ihr Wissen erwerben sollen,
- der Faktor Minderheit oder Mehrheit und damit der *Status der Sprachen*,
- die Frage nach dem *Ziel* des Schulmodells (vgl. ▸ Kap. 5.1: Segregation, Integration, Assimilation?)

Unter Berücksichtigung dieser Faktoren formuliert Belke (2012) vier Grundtypen. Diese Einteilung ist selbstverständlich idealtypisch, denn es gibt eine Reihe von Mischungen und Differenzierungen.

Segregation

Das Ziel solcher Modelle ist, dass die Kinder aus Zuwandererfamilien in ihrer Erstsprache nach den Richtlinien des Herkunftslandes beschult werden, um die Rückkehr in das Herkunftsland offenzuhalten. Die Zweitsprache, also die Sprache der Umgebungsgesellschaft, wird als Schulfach angeboten, aber die Separierung führt dazu, dass die Kinder die Umgebungssprache nicht so schnell erwerben. Es gibt kein schulisches Konzept zur Integration der Kinder in das Schulsystem des Gastlandes. Segregation ist ein allgemein akzeptiertes Modell für Kinder, deren Eltern vorübergehend beruflich im Ausland sind (sog. Auslandsschulen), aber auch in diesem Fall wird es teilweise ganz unterschiedlich umgesetzt und nicht von allen Familien in Anspruch genommen. Bis in die 1980er Jahre des letzten Jahrhunderts gab es in vielen Bundesländern nationale Klassen, die teilweise von Lehrkräften unterrichtet wurden, die von den Konsulaten eingestellt wurden. Das gemeinsame Ziel der Eltern sowie der Schulbehörde war, eine möglichst baldige Rückkehr in das Herkunftsland zu ermöglichen.

Sprachschutzprogramme

Im Unterschied zu den Segregationsprogrammen haben Sprachschutzprogramme das Ziel, einerseits die Herkunftssprache der Kinder zu erhalten und ihnen andererseits eine umfassende Bildung in der Zweitsprache zu ermöglichen. Zunächst werden die Kinder in ihrer Herkunftssprache beschult, die Grundlagen der Schriftlichkeit werden in der Herkunftssprache gelegt, und die Umgebungssprache wird als Unterrichtsfach angeboten. Später wird die Umgebungssprache zur Unterrichtssprache. Im Idealfall verläuft der Übergang zu den Regelklassen der Sprachmehrheit fließend. Entscheidend ist, dass die Alphabetisierung in der Sprache erfolgt, welche die Kinder am besten beherrschen. Je nach Art des Modells können bestimmte Fächer wie Musik, Kunst und Sport von Beginn an mit Kindern der Mehrheitsgesellschaft durchgeführt werden. Im weiteren Verlauf des Programms wird die Erstsprache zu einem Unterrichtsfach.

Sprachschutzprogramme werden besonders dann durchgeführt, wenn die Herkunftssprache der Migrantenkinder ein niederes Prestige hat und der bildungspolitische Wille besteht, diese zu fördern und zu erhalten. Zu den Sprachschutzprogrammen werden auch Konzepte gezählt, in denen Minderheitenkinder neben dem Unterricht in der Regelklasse ein mehrstündiges Angebot im sogenannten „Muttersprachlichen Ergänzungsunterricht (MEU)" erhalten. Wenn dieser allerdings nur zwei Stunden wöchentlich angeboten wird, die Lehrkräfte nur für kurze Zeit aus dem Herkunftsland für diesen Unterricht abgestellt werden und wenn es keine Abstimmung mit den Lehrkräften des Regelunterrichts gibt, dann besteht die Gefahr, dass der MEU als Zusatzangebot nur von wenigen Kindern in Anspruch genommen wird und nur wenig zum Auf- und Ausbau der Kompetenzen in der Erstsprache beiträgt.

Submersion („schwimm oder ertrink")

Mit diesen Programmen wird das Ziel verfolgt, dass die Kinder der zugewanderten Familien in der Zweitsprache (in unserem Falle Deutsch) Kompetenzen erwerben, die sich von denen der Mehrheit nicht unterscheiden. In der Regel hat die Minderheitensprache einen geringen Status und die mehrsprachigen Kinder müssen akzeptieren, dass sie in Klassen unterrichtet werden, in denen auch Kinder unterrichtet werden, für die die Unterrichtssprache die Erstsprache ist (sog. *native speakers*). Die Lehrkräfte verstehen die Herkunftssprache der Kinder nicht, und eine Förderung der Erstsprache der Migrantenkinder ist nicht vorgesehen. Submersion ist nach wie vor die häufigste Schulform für Minderheitenkinder, deren Muttersprache einen niederen Status hat. Submersionsprogramme haben die Assimilation der Migrantenkinder zum Ziel.

Immersion („Sprachbad")

Auf den ersten Blick können Immersionsprogramme mit der Submersion verwechselt werden: „Mehrheitskinder", deren Erstsprache einen hohen Status hat, entschließen sich freiwillig, in einer fremden Sprache unterrichtet zu werden. Dies trifft z. B. zu, wenn Kinder der kanadischen Provinz Quebec, deren Erstsprache Französisch ist, eine Schule besuchen, in welcher der gesamte Unterricht in der Zweitsprache Englisch erteilt wird und Französisch erst mit der Zeit als Fach hinzukommt. Ist bereits in der Kindertageseinrichtung die Zweitsprache dominant, so spricht man von *early total immersion*. Immersion ist in bilingualen Ländern sehr erfolgreich. Entscheidend scheint zu sein, dass beide Sprachen ein hohes Prestige genießen, außerdem sprechen die Lehrkräfte die Erstsprache der Kinder, so dass die Verständigung gewährleistet ist. Ein wichtiger Punkt scheint auch zu sein, dass das Ziel von Immersionsprogrammen nicht zwingend die perfekte Beherrschung der Zweitsprache als Bildungssprache vorsieht. So sind z. B. deutschsprachige Immersionsprogramme in den USA durchaus erfolgreich, auch wenn nicht alle Kinder muttersprachliche Kompetenzen in der Zweitsprache Deutsch erreichen (vgl. Melenk, 2000). Dies ist für die Kinder auch nicht zwingend notwendig, da die Bildungschancen in den USA nicht von der Beherrschung der deutschen Sprache abhängen. Für mehrsprachige Kinder, die deutsche Schulen besuchen, müssen selbstverständlich weitergehende Ziele gelten.

Zweisprachige schulische Bildung

Angesichts der Tatsache, dass Migrantenkinder, die in Deutschland eine Schule besuchen, zusammen mit deutschen Kindern alphabetisiert werden, ohne dass auf ihre sprachlichen Bedürfnisse in der erforderlichen Weise eingegangen werden kann, sind viele Kinder mit Migrationshintergrund mehrfach benachteiligt: Sie lernen die Schrift nicht in ihrer Erstsprache, und auf die Tatsache, dass sie die Zweitsprache noch lernen müssen, kann wenig Rücksicht genommen werden. Die Lehrkräfte können die Erstsprache der Kinder nicht, und die Kinder müssen eine Sprache in Wort und Schrift in Konkurrenz zu Kindern erwerben, die diese Sprache zur Muttersprache haben. Eine Möglichkeit, positive Aspekte der Immersion auf Kinder mit Migrationshintergrund in Deutschland zu übertragen, ist die zweisprachige Alphabetisierung. Hier bestehen die Klassen je zur Hälfte aus Schülern einer Migrantensprache und aus Kindern, die die Umgebungssprache als Muttersprache sprechen. Beispiele hierfür sind die Deutsch-Italienische Schule in Wolfsburg (vgl. Roddau-Senkpiel, 2002) und die Staatlichen Europaschulen in Berlin. In Berlin gibt es mittlerweile 19 solcher Schulen, teilweise mit Sekundarstufe, mit neun verschiedenen Sprachkombinationen, darunter Deutsch-Türkisch und Deutsch-Russisch. In solchen Klassen sind beide Sprachen gleichwertig, die Kinder lernen in beiden Sprachen parallel Lesen und Schreiben. Erste Erfahrungen zeigen, dass diese koordinierte Alphabetisierung die Möglichkeit bietet, Bildungsbenachteiligung von Kindern mit Migrationshintergrund deutlich zu reduzieren (vgl. Siebert-Ott, 2004). Das Ziel dieser Modelle ist die lebensweltliche Mehrsprachigkeit der Kinder. Allerdings ist unklar, wie diese positiven Erfahrungen auf Klassen übertragen werden können, in denen viele verschiedene Sprachen gesprochen werden.

Die positive Einschätzung solcher Modelle ist nicht unwidersprochen geblieben. Für Hopf (2005) ist es nicht empirisch erwiesen, dass sich in mehrsprachigen Modellen die Kompetenzen in der Zweitsprache besser entwickeln als in Modellen, in denen auf die Erstsprache keine Rücksicht genommen wird. Er hält die Zeit und die Intensität des Lernens in der Zweitsprache für den wichtigsten Faktor für den Bildungserfolg. Allerdings ist für ihn das Bildungsziel ausschließlich die Beherrschung der deutschen Sprache. Kompetenzen in den Herkunftssprachen scheiden somit als Bildungsressource aus, das Erziehungsziel lautet *Einsprachigkeit in der Zweitsprache*. Die meisten migrationspädagogischen Ansätze formulieren demgegenüber das Erziehungsziel Mehrsprachigkeit. Diese Diskussion verweist darauf, dass in diesem Bereich erhebliche Forschungsdefizite bestehen.

Unterricht in internationalen Vorbereitungsklassen

Nach wie vor wandern Kinder und Jugendliche im Schulalter nach Deutschland ein. Diejenigen im schulpflichtigen Alter unterliegen genau wie deutsche Kinder der Schulpflicht (vgl. Decker, 2008). Diese Kinder werden als Seiteneinsteiger bezeichnet, wenn sie in ihren Herkunftsländern bereits zur Schule gegangen sind. Rösch (2005) unterscheidet drei grundsätzliche Möglichkeiten der sprachlichen Förderung für diese Kinder und Jugendlichen: DaZ-Kurse, DaZ-Förderstunden und Vorbereitungs- oder Sprachlernklassen. In den meisten Bundesländern gibt es Vorbereitungsklassen. Förderkurse und zusätzliche Förderstunden sind häufig Ergänzungs- und Übergangsmaßnahmen. Allen diesen Modellen ist das Ziel gemeinsam, Schülerinnen und Schüler ohne ausreichende Sprachkenntnisse auf den Unterricht in einer ihrem Alter entsprechenden Regelklasse vorzubereiten. In der Grundschule bringt dies einen Schwerpunkt im Bereich des mündlichen Sprachgebrauchs mit sich, auch in der Sekundarstufe stehen zunächst mündlich-kommunikative Bereiche im Vordergrund. Einige Bundesländer gestalten diese Übergänge sukzessive (Sachsen, Bremen, Thüringen; Rösch, 2005, S. 75ff). In einigen Verwaltungsvorschriften (z. B. Baden-Württemberg) muss die Zuweisung in einen Vorbereitungsklasse auf der Grundlage eines Sprachstandserhebungsverfahrens erfolgen.

In der Regel werden Vorbereitungsklassen an Schwerpunktschulen eingerichtet. Es wird versucht, die Gruppengröße auf zwölf bis maximal achtzehn Schülerinnen und Schüler zu beschränken. Solche Klassen werden meist an Grund-, Haupt- oder Gesamtschulen eingerichtet. Der gesamte Unterricht findet in dieser Klasse statt, den größten Anteil, bis zu zehn Stunden, nimmt der Deutschunterricht ein. Insbesondere mit älteren Lernenden kann dann teilweise mit Methoden des Fremdsprachenlernens gearbeitet werden (vgl. ▶ Kap. 5.3). Der Besuch dieser Förderklassen ist meist auf ein Jahr begrenzt, er kann aber auf zwei Jahre ausgeweitet werden. Lernende, die schnell Fortschritte machen, werden auch früher in die Regelklassen integriert.

Der Vorteil dieser vorübergehenden Segregation ist, dass ein an die sprachlichen Kompetenzen der Kinder angepasstes Vorgehen ermöglicht wird und die Kinder und Jugendlichen nicht gezwungen sind, im Unterricht mit rudimentären Sprachkenntnissen zu kommunizieren, da nur so viel von ihnen verlangt wird, wie sie bereits gelernt haben. Ein Nachteil ist, dass der Kontakt zur Umgebungskultur und -sprache eingeschränkt ist. Deshalb sollten die Schülerinnen und Schüler in die Regelklasse integriert werden, sobald ihre kommunikativen Fähigkeiten dies zulassen. Gerade deshalb und auch aufgrund des ständigen Nachzugs weiterer Kinder und Jugendlicher ist die Fluktuation in diesen Klassen sehr groß. In der Sekundarstufe kann es vorkommen, dass die Schülerinnen und Schüler in einer Vorbereitungsklasse zwischen elf und sechzehn Jahre alt sind. Sie haben unterschiedliche Herkunftssprachen, in der Sekundarstufe können die meisten Seiteneinsteiger in ihrer Herkunftssprache lesen und schreiben. Manche sind bereits mehrsprachig (z. B. marokkanisches Arabisch und Französisch, Türkisch und Kurdisch), während einzelne Kinder aus schriftfernen Kulturen kommen und noch nie zur Schule gegangen sind. Die Arbeit in den Vorbereitungsklassen ist also sehr anspruchsvoll und bedarf hervorragend ausgebildeter Lehrkräfte (Kniffka & Sieber-Ott, 2007, S. 143).

In allen Bundesländern gibt es mittlerweile Handreichungen für den Unterricht in den Vorbereitungsklassen. Ein Vergleich der unterschiedlichen Curricula der Bundesländer findet sich in Rösch (2005, S. 83f). Im Unterricht muss dem Alter, dem Lernstand und den unterschiedlichen Herkunftssprachen Rechnung getragen werden. Grundsätzlich wird die Unterrichtskommunikation als Vorbereitung auf die Fachkommunikation verstanden. Wichtige Ziele sind die Entwicklung einer selbstständigen Sprachlernkompetenz, die Entwicklung von Sprachbewusstheit und von interkultureller Handlungsfähigkeit. Der Unterricht ist in aller Regel kommunikativ ausgerichtet, zusätzlich finden eine gesteuerte, progressive Vermittlung der Grammatik sowie eine gezielte Auswahl der Wortschatzbereiche statt. Die Themen sind einerseits an den Interessen der Kinder und Jugendlichen und andererseits am den Sachthemen der jeweiligen Schulart orientiert (in der Grundschule z. B. Wohnen, Familie, Schule usw.; Decker, 2008, S. 196ff). Für den Schriftspracherwerb gilt der Grundsatz, dass nichts geschrieben oder gelesen wird, was nicht zuvor gehört oder gesprochen wurde.

Weitere Organisationsformen

In der bildungspolitischen Diskussion der letzten Jahre liegt ein Schwerpunkt auf der Frage nach zusätzlichen Unterstützungsmaßnahmen für mehrsprachige Kinder. Wie in ▶ Kapitel 4 gezeigt, findet teilweise eine einseitige Fokussierung auf diagnostische Fragen statt, mehrsprachige Kinder und Jugendliche werden vor allem im Hinblick auf ihre Defizite in der Zweitsprache wahrgenommen. In gewisser Weise schließt die Diskussion an ausländerpädagogische Zugänge der 1970er und 1980er Jahre an, bei denen mit Hilfe spezieller Förderprogramme versucht wurde, mehrsprachige Kinder für das Schulsystem „fit" zu machen (Lüddecke & Luchtenberg, 2003, S. 317). Auch in den 2000er Jahren werden vor allem kompensatorische Maßnahmen diskutiert, wobei übersehen wird, dass in Ländern, in denen die Bildungsbenachteiligung von Kindern mit Migrationshintergrund geringer ist als in Deutschland, Fördermaßnahmen in ein umfangreiches Programm interkulturellen und inklusiven Lernens eingebettet sind (z. B. in einigen skandinavischen Ländern). Solche Konzepte und Programme richten sich an Sprachmehrheiten gleichermaßen wie an Sprachminderheiten. Ressourcen und Stärken von Migrantenkindern werden in die Konzepte einbezogen. Im Mittelpunkt stehen die Sozialisations- und Bildungsprozesse aller Kinder. Zusätzliche Förder- und Unterstützungsmaßnahmen bergen den Aspekt (positiver) Diskriminierung, sind aber zurzeit die einzigen Bereiche, in denen sich bildungspolitische Aktivitäten entfalten.

> **Im Unterricht**
> In der Fachdidaktik gibt es zwei grundsätzliche Zugänge der zusätzlichen Unterstützung: das Lehrgangsprinzip und das Integrationsprinzip (vgl. Rösch, 2008). Beim Lehrgangsprinzip wird versucht, relativ homogene Lerngruppen zu bilden, in denen Deutsch als Zweitsprache als eigenständiger Lernbereich vermittelt wird. Das Sprachenlernen wird so vom Fachlernen entlastet, und die Lehrkraft kann besser auf individuelle Bedürfnisse der Schülerinnen und Schüler eingehen. Beispiele für Modelle nach dem Lehrgangsprinzip sind neben der Vorbereitungsklasse Förderkurse in Kleingruppen durch Ehrenamtliche oder Studierende (z. B. Modell der Stiftung Mercator, Barzel & Salek, 2007) oder DaZ-Sommerkurse wie das Jacobs Sommercamp (Rösch, 2007). Letztlich sind solche additiven Angebote, insbesondere wenn sie nicht von Lehrkräften, sondern von Ehrenamtlichen oder Studierenden angeboten werden, immer unter weniger Kostenaufwand durchzuführen als grundlegende Veränderungen etwa im Bereich der Lehrerausbildung, der Klassengröße oder von Ganztagsangeboten. Ange-

> bote, die dem Integrationsprinzip folgen, setzen am Regelunterricht an. Innerhalb des Unterrichts in jedem Fach wird versucht, didaktische Entlastungen für mehrsprachige Lernende einzuführen, z. B. durch die Vereinfachung von Texten. Die muttersprachlichen Schülerinnen und Schüler sind in gemischten Gruppen ebenfalls Sprachvorbilder, dies kann didaktisch genutzt werden. Um solche Konzepte umzusetzen, müssen Lehrkräfte aller Fächer umfassend im Bereich Deutsch als Zweitsprache ausgebildet sein, um die mehrsprachigen Schülerinnen und Schüler entsprechend unterstützen zu können. Ein Problem könnte dabei sein, dass das fachliche Lernen bei der Fokussierung auf das Sprachenlernen in den Hintergrund tritt.

5.3 Didaktische Modelle des DaF-Unterrichts

Im Unterricht des Fachs „Deutsch als Fremdsprache" (DaF) gibt es, im Unterschied zum Arbeitsbereich „Deutsch als Zweitsprache" (DaZ), eine lange Tradition der Diskussion um didaktische Modelle, an die in Bezug auf den Deutsch-als-Zweitsprache-Unterricht zum Teil angeknüpft werden kann. Die Ziele des DaF-Unterrichts unterscheiden sich teilweise jedoch von den Anforderungen, die an DaZ-Lernende gestellt werden. Ein wesentlicher Unterschied ist, dass Lernende von Fremdsprachen mit den erworbenen Kenntnissen nicht sofort kommunizieren müssen. Der Unterricht kann sich an einer Progression orientieren, die nur zum Teil den Anforderungen des Alltags entspricht. Grundsätzlich ist das globale Lernziel des Fremdsprachenunterrichts die Beherrschung der deutschen Sprache, allerdings wird von Fremdsprachenlernenden selten eine Kompetenz erwartet, die mit den Kompetenzen eines *native speaker* identisch sind. Nach Henrici & Reimer (2001, S. 17) wird die Sprachbeherrschung durch die folgenden Komponenten konstituiert:
- Beherrschung eines bestimmten Wortschatzes und der dazugehörigen Bedeutungen und Bedeutungsschattierungen (auf unterschiedlichem Umfang, je nach Niveaustufe),
- Beherrschung grammatischer Strukturen (rezeptiv und produktiv, je nach Niveaustufe),
- Beherrschung der am häufigsten gebrauchten und am vielfältigsten verwendbaren Verbalisierungsmuster und Redemittel und deren grundlegende Sprechabsichten,
- Beherrschung von Kommunikationssituationen und der jeweils dazugehörigen produzierbaren Textsorten (kommunikative Fertigkeiten),
- Beherrschung parasprachlicher Ausdrucksmittel (Aussprache, Betonung) und außersprachlicher Ausdrucksmittel (Gestik, Mimik).

Die Beherrschung dieser Fähigkeiten bezieht sich auf die vier Teilfertigkeiten Hörverstehen, Sprechen, Leseverstehen und Schreiben, die je nach Gewichtung bei jedem Unterrichtsziel neu zu bestimmen sind. Bei Gebrauchsanweisungen ist z. B. vor allem das Leseverstehen bedeutsam. Grundsätzlich unterscheiden sich also die Ziele des DaF-Unterrichts von den Zielen des DaZ-Unterrichts lediglich hinsichtlich des Grads der Sprachbeherrschung, beim DaZ-Unterricht kommen integrative Ziele hinzu.

Die Grammatik-Übersetzungsmethode

Die Grammatik-Übersetzungsmethode ist vermutlich der älteste didaktisch-methodische Zugang zum Erwerb einer zweiten (fremden) Sprache. Ihre Wurzeln liegen in der Vermittlung der klassischen Sprachen (Latein, Griechisch, Hebräisch). Die Ziele dieser Methode sind vorrangig die Fähigkeit zum literarischen Übersetzen (in beide Richtungen) sowie das Beherrschen der (literarisch orientierten) Standardsprache. Die Unterrichtssprache ist die Erstsprache der Lernenden, die Vermittlung grammatischer Regelungen erfolgt deduktiv, also von der Einübung der Regel und der Formen hin zum Gebrauch. Der Bau einer Sprache soll grammatisch beschrieben und für das Lernen durchschaubar und beherrschbar gemacht werden. Hierzu wird Grammatik in Tabellen dargestellt und gelernt. Als vorrangige Übungsformen werden Lückentexte, Umformungsübungen sowie Nachbildungen von Beispielsätzen verwendet. Vokabeln werden mit Wortlisten auswendig gelernt. An der Grammatik-Übersetzungsmethode wird kritisiert, dass sie nicht zum Erwerb kommunikativer Fähigkeiten geeignet sei, da die Zielrichtung hauptsächlich in Richtung Schriftlichkeit gehe. Der Text spiele nur die Rolle eines Lieferanten zur Analyse und zum Übersetzen, der Inhalt sei nebensächlich. Durch „Einbläuen von Regeln" sei nur ein kleiner Ausschnitt des Fremdsprachenlernens zu erfassen. Im aktuellen Fremdsprachenunterricht sind dennoch einige Aspekte erhalten geblieben, wie z. B. das Vokabellernen, die Grammatiktabellen oder bestimmte Übungsformen (vgl. Huneke & Steinig, 1997).

Die audiolinguale und die audiovisuelle Methode

Wie so häufig entsteht ein neuer methodischer Zugang dann, wenn Unzufriedenheit mit bestehenden Methoden herrscht. In diesem Falle wurde im Zweiten Weltkrieg in der amerikanischen Armee ein eklatanter Mangel an Sprechern „exotischer" Sprachen festgestellt, so dass bereits 1941 Sprachprogramme des Militärs aufgelegt wurden. Mit der Bildungsexpansion in der 1950er und 1960er Jahren und der Entwicklung neuer Technologien wurden die Grundlagen für die Entwicklung von Sprachlaboren gelegt. Mit dem Behaviorismus und der Idee des Reiz-Reaktionslernens fand sich auch eine Lerntheorie zur Begründung der Methode. Die Prinzipien der audiolingualen Methode waren in verschiedener Hinsicht neu. So wurden eine konsequente Alltagsorientierung, die Einsprachigkeit des Unterrichts in der Zielsprache und die Authentizität der Lehrkraft propagiert. Über das Üben von Satzmustern (*pattern-drill*) sollte die Grundlage für kommunikative Kompetenzen gelegt werden. Charakteristische Übungsformen waren außerdem Satzschalttafeln, Substitutions- und Ergänzungsübungen, Modelldialoge, Lückentexte usw. Kommunikatives Können stand vor metasprachlichem Wissen, Mündlichkeit vor Schriftlichkeit. Eine Weiterentwicklung stellt die audiovisuelle Methode dar, bei der die Vermittlung alltäglicher Sprachkontexte, die Bedeutungsvermittlung über visuelle Gedächtnisstützen, die landeskundliche Anschauung sowie das situative Üben große Bedeutung erlangten. Auch hier liegt der Fokus auf der gesprochenen Sprache, und es erfolgt keine explizite Grammatikvermittlung.

Kritisiert wird an beiden Methoden, dass kognitive bzw. metasprachliche Aspekte ausgeklammert werden. Die Lehrkraft ist teilweise mehr mit technischen Abläufen als mit der Kommunikation bzw. dem Sprachunterricht befasst. Das Vorgehen ist häufig starr und schematisch und lässt wenig Raum für individuelle Übungsformen und Zugänge. An vielen Schulen sind die Sprachlabore wieder verschwunden, die Verwendung audiovisueller Übungsformen ist aus dem Unterricht jedoch nicht mehr wegzudenken. So sind in vielen E-Learning-Plattformen Aspekte audiovisuellen Lernens enthalten. Von dem behavioristischen Lernmodell hat man sich jedoch schon lange verabschiedet. Entscheidend an diesen Ansätzen war die Ausrichtung an kommunikativen und alltäglichen Anforderungen. Dies ist aus dem aktuellen DaF- und DaZ-Unterricht nicht mehr wegzudenken (vgl. Henrici & Reimer, 2001).

Der kommunikativ-pragmatische Ansatz

In den 1980er Jahren gewann der kommunikativ-pragmatische Ansatz zunehmend an Bedeutung. Eine wichtige Grundlage für diese Entwicklung ist die „kommunikative Wende" der Didaktik. Kommunikative Kompetenz wurde zum übergeordneten Lernziel im Fremdsprachenunterricht. Die zu erwerbende Sprache wurde wie bei der audiolingualen Methode das Medium des Lernens, der Fremdsprachenunterricht wurde monolingual. Die Sprache wird schrittweise erfahren, dennoch wird von Beginn an mit ihr kommuniziert. Grundlage des sprachlichen Lernens ist eine sich ständig weiterentwickelnde Lernersprache des Lernenden. Dieser Zugang erfordert die Orientierung der Lehrkraft an den Lernenden. Grammatische Strukturen werden nicht ohne Begründung eingeführt und geübt, sie spielen jedoch als „Werkzeuge" in Bezug auf kommunikative Kompetenzen eine untergeordnete Rolle. Ein solcher Zugang schließt die Abkehr vom ausschließlichen Frontalunterricht mit ein. Nicht die Äußerung eines fehlerfreien Satzes ist von Bedeutung, sondern es kommt auf die Verstehensleistung und das sprachlich angemessene Handeln an.

Kritisiert wird an diesem Ansatz, dass die Gefahr der Reduzierung auf die Alltagskommunikation und damit auf triviale, quasi authentische und alltägliche Inhalte bestehe. Wenn sich das Ziel der Kommunikationsfähigkeit als wichtigste Methode etabliert, wird Grammatikvermittlung, die für den Erwerb komplexer konzeptionell schriftlicher Formen notwendig sein kann, in den

Hintergrund gedrängt. Textverstehen, Lesen, Schreiben und nicht-dialogische Textsorten müssen jedoch besonders im fortgeschrittenen Fremdsprachenunterricht auch explizit geübt werden. Verliert der kommunikative Ansatz seine Lernziel- und Zielgruppenabhängigkeit aus den Augen und verwendet für die spezifische Zielgruppen irrelevante Inhalte und Verfahren, so ist er weder besser noch schlechter als andere Methodikansätze (Henrici & Reimer, 2001, S. 516ff).

Der interkulturelle Ansatz

Ab Mitte der 1980er Jahre etablierte sich der interkulturelle Ansatz. Seine Zielrichtung bestand darin, die Menschen für Mehrsprachigkeit und das Leben in multikulturellen Gesellschaften zu sensibilisieren und zu interkultureller Kommunikation zu befähigen. Somit rückte die Bedeutung sprachlicher Kompetenzen in den Hintergrund, ein umfangreiches Wissen über die andere Kultur wurde das vorrangige Lernziel. Einfühlungsvermögen, Toleranz, Konfliktfähigkeit und Kooperationsfähigkeit sollten erlernt werden. So wurden z. B. auch gestische und mimische Aspekte in der kulturellen Praxis des anderen Landes zum Unterrichtsgegenstand. Hinter dieser Zugangsweise steht die Annahme, dass ein falsches interkulturelles Verständnis schwerwiegendere Auswirkungen auf ein Gespräch haben kann als Grammatikfehler. Durch das Fremdverstehen sollte auch das bessere Verstehen der eigenen Person gefördert werden. Durch die starke Betonung von Unterschieden zwischen der eigenen Lebenserfahrung und der einer vergleichbaren Gruppe im Zielland besteht jedoch auch die Gefahr, dass eine künstliche Polarisierung in „Eigenes" und „Fremdes" entsteht, die eher interkulturelle Vorurteile als gegenseitige Verständigung hervorruft. Im interkulturellen Ansatz fehlen außerdem Überlegungen zu Textsorten, Arbeitsformen, Vermittlungs- und Lernverfahren sowie Lernerfolgskontrollen.

Bedeutung der DaF-Konzeptionen für den DaZ-Unterricht

Im modernen Fremdsprachenunterricht fließen sicherlich Aspekte der vier oben genannten didaktischen Konzeptionen ein, und keines der Modelle wird in Reinform angewendet. Durchgesetzt hat sich, dass die Kommunikationssprache auch die Zielsprache ist und dass alltägliche, kommunikative Kontexte und Erfahrungen einen wesentlich größeren Stellenwert einnehmen als beispielsweise im Unterricht der klassischen Sprachen. Auch im DaZ-Unterricht können und sollen Aspekte aller Ansätze einfließen. Eine grundlegende Orientierung an kommunikativen Kompetenzen ist eine wichtige Grundlage des Unterrichts. Dass interkulturelle Kompetenz ein wesentlicher Bestandteil der Arbeit in mehrsprachigen Klassen sein muss, dürfte unbestritten sein (vgl. Schader, 2003). Von großer Relevanz für den Unterricht in Deutsch als Zweitsprache ist die folgende Untersuchung.

Aus der Forschung
Diehl et al. (2000) untersuchten in einer Längsschnittstudie den Erwerb der deutschen Grammatik im Fremdsprachenunterricht in der französischen Schweiz (Genf). In 30 Schulklassen von der 4. bis zu 12. Klasse wurden im Verlauf von zwei Schuljahren acht Aufsätze beschrieben und im Hinblick auf die Verbalflexion, die Satzmodelle und das Kasussystem untersucht. Die Schülerinnen und Schüler haben ab der dritten Klasse Deutschunterricht, allerdings erfreut sich dieser aus verschiedenen Gründen keiner allzu großen Beliebtheit bei ihnen. Die Ergebnisse zeigen, dass der Erwerb der Grammatik bei allen Lernenden in einer jeweils festen Phasenabfolge verläuft, die sich nicht bzw. nur zum Teil mit der schulischen Grammatikprogression decken. Vielmehr zeigen sich große Parallelen zu Erwerbsfolgen des Deutschen als Erst- und Zweitsprache (vgl. das Phasenmodell nach Grießhaber, ▸ Kap. 3.2). Diehl et al. (2000) folgern daraus, dass sich die Progression des Grammatikunterrichts an der Entwicklung des ungesteuerten Spracherwerbs zu orientieren habe (vgl. auch Pienemann et al., 2006; vgl. ▸ Kap. 2.2)

Im Unterricht
Wenn die Untersuchungen von Diehl et al. auf den Fremdsprachenunterricht zutreffen, dann folgt für den Unterricht in Deutsch als Zweitsprache, dass jegliche Grammtikvermittlung sich an der ungesteuerten Entwicklung orientieren muss, wenn sie für die Lernenden hilfreich sein soll (vgl. ▸ Kap. 2.2). Ein solcher Zugang ist in Vorbereitungsklassen sicherlich umzusetzen. In Klassen, in denen mehrsprachige Kinder gemeinsam mit einsprachigen unterrichtet werden, ist jedoch eine explizite Vermittlung der Grammatik gar nicht vorgesehen. Grammatik wird im muttersprachlichen Unterricht als Lerngegenstand im Rahmen der Entwicklung metasprachlichen Wissens vermittelt. Hier muss im Unterricht in heterogenen Klassen umgedacht werden. Die Tatsache, dass mehrsprachige Schülerinnen und Schüler bestimmte grammatische Muster noch lernen müssen, kann für die Entwicklung der Sprachbewusstheit einsprachiger Kinder und Jugendlicher ein spannender Zugang sein. So erhält schulischer Grammatikunterricht eine neue Legitimation, z. B. indem der Sprachvergleich das Interesse für Strukturen der eigenen Sprache wecken kann (s. ▸ Kap. 5.4).

5.4 Didaktische Modelle des DaZ-Unterrichts

Probleme der Modellbildung

Förder- und Unterstützungsmaßnahmen für Kinder und Jugendliche mit Deutsch als Zweitsprache können nicht losgelöst von schulorganisatorischen Modellen betrachtet werden (siehe hierzu ▶ Kap. 5.2). So ist z. B. grundsätzlich zu unterscheiden, ob eine Konzeption für eine Vorbereitungsklasse, für einen Förderkurs oder für die Förderung in der Submersion in heterogenen Klassen gedacht ist. Auf Konzeptionen in bilingualen Klassen wird an dieser Stelle nicht eingegangen (vgl. hierzu Siebert-Ott, 2008).

Für jede DaZ-Konzeption gilt, dass der Unterricht im Spannungsverhältnis zwischen der Anwendbarkeit in relevanten Situationen und systematischer Darbietung steht. „Für den DaZ- Unterricht gilt dies in besonderem Maße, weil kaum etwas von so hoher praktischer Relevanz ist wie die Kommunikation, für die er qualifiziert" (Knapp, 2008, S. 136). Da im Alltag häufig ganz unterschiedliche grammatische Formen gefordert werden, tritt eine Diskrepanz zwischen der alltäglichen Relevanz und der systematischen Orientierung auf. Anders ausgedrückt: In der Alltagskommunikation muss der Lernende womöglich auf Formen zurückgreifen, die im Unterricht noch gar nicht behandelt wurden. „Um kommunizieren zu können, muss er die Sprache lernen, um die Sprache lernen zu können, muss er kommunizieren können" (Klein, 1992, S. 28). In der Kommunikationsaufgabe muss er primär auf den Inhalt der Äußerung achten, in der Lernaufgabe muss er dagegen auf die Form der Äußerung achten. Die oben formulierte Forderung, den DaZ-Unterricht an Phasen der ungesteuerten Entwicklung zu orientieren, muss also durch eine Orientierung an den Anforderungen im Alltag ergänzt werden.

Wie in ▶ Kapitel 5.3 gezeigt, können Modelle der DaF-Didaktik jeweils aus der Kritik an bestehenden Modellen heraus formuliert werden. Didaktische Modelle für den DaZ-Unterricht können z. B. in Anlehnung an Spracherwerbstheorien formuliert werden (Engin et al., 2004). In Anlehnung an die Kontrastivhypothese wird im *kontrastiven* Ansatz davon ausgegangen, dass Fehler und Schwierigkeiten beim Zweitspracherwerb auf Formen und Funktionen der Erstsprache beruhen. Dementsprechend ist der bewusste Vergleich der beiden beteiligten Sprachen ein zentrales methodisches Element. Der *kommunikationsorientierte* Ansatz entspricht demselben Ansatz in der Fremdsprachendidaktik und geht auf interaktionistische Theorien zurück. Im *handlungsorientierten* Ansatz wird demgegenüber die Relevanz von authentischen Alltagssituationen betont, hier werden z. B. Situationen im Klassenzimmer nachgestellt mit dem Ziel, dass die verschiedenen Wahrnehmungskanäle und sinnlichen Erfahrungen gegenseitig stützend zu einer Stärkung der Sprachaneignung beitragen. Diese drei didaktischen Modelle werden im Folgenden nicht als alternative Ansätze behandelt, sondern als Modelle, die eher den Rang didaktischer Prinzipien erhalten und sich gegenseitig ergänzen. Als viertes, gewissermaßen übergreifendes Modell wäre also ein *integrativer* Ansatz zu sehen, der Situations-, Kommunikations- und Handlungsorientierung mit einem systematischen Grammatikunterricht verbindet und die Herkunftssprachen mit einbezieht. Der Begriff Integration ist allerdings hinsichtlich des Deutschunterrichts vielfältig besetzt: So können die Integration von Lernbereichen (z. B. Sprach- und Literaturunterricht), fächerübergreifende bzw. fächerintegrierende Konzeptionen, Inhalts- und Handlungsorientierung oder die Methodenintegration damit gemeint sein (vgl. Ott, 2008).

Prinzipien des DaZ-Unterrichts

Unter Einbezug der oben genannten Modelle können didaktische Prinzipien formuliert werden, die in heterogenen Lerngruppen hinsichtlich des Deutsch-als-Zweitsprache-Erwerbs mehrsprachiger Kinder und Jugendlicher gelten sollten (vgl. Knapp, 2008; Engin et al., 2004). Prinzipien, die für alle Lernenden gelten, werden vorausgesetzt (z. B. Handlungsorientierung):

1. Jeder Unterricht ist DaZ-Unterricht. Die Hauptaufgabe der Förderung von Kompetenzen in der Zweitsprache liegt im Deutschunterricht, aber auch die Lehrkräfte aller anderen Unterrichtsfächer tragen Verantwortung. Neben der Vermittlung von Sachinhalten muss der Erwerb fachsprachlicher Kompetenzen gesichert werden.
2. Die Schule ist ein Raum interkulturellen Lernens. Die Mehrsprachigkeit der Kinder ist ein Teil des Unterrichts. So sollen Lieder, Texte, Beschriftungen usw. der im Klassenzimmer vertretenen Sprachen ein fester Bestandteil der Lernkultur in der Klasse sein. Elemente aus verschiedenen Sprachen können auch Anlass zur Sprachreflexion z. B. im Rahmen des Grammatikunterrichts bieten.
3. Sprechhandlungen, die in der alltäglichen Kommunikation relevant sind, bilden den Ausgangspunkt des Unterrichts. Die Kommunikationssituationen sind für die Kinder subjektiv bedeutsam und relevant. Alle alltäglichen Situationen in der Schule sind Kommunikationsanlässe und können als solche genutzt werden.
4. Die sprachlichen Fehlbildungen der Schüler sind im Sinne einer Lernersprache als Weg zum Ziel zur Sprachbeherrschung zu sehen (vgl. Interlanguage-Hypothese, ▶ **Kap. 2.2**). Eine gezielte Analyse gibt Lehrkräften die Möglichkeit, Entwicklungen und Verläufe einzuschätzen sowie eventuellen Stillstand und Rückschritte zu erkennen.
5. Die Lernenden müssen jederzeit die Möglichkeit haben, sich Hilfen zu holen, selbst wenn diese dazu dienen, sich Unterstützung in Bereichen zu holen, die eigentlich bereits beherrscht werden sollten. Hierzu gehört eine offene Fragekultur in der Klasse. Möglichkeiten sind z. B., dass sich mehrsprachige Schülerinnen nicht verstandene Sachverhalte von Schülern gleicher Erstsprache übersetzen lassen (vgl. Dirim, 1999), dass ihnen einsprachige Schüler Erklärungshilfen geben oder dass in zweisprachigen Wörterbüchern sowie in Lexika nachgeschlagen wird.

6. Vorbild Lehrersprache: Die Lehrkraft ist ein wichtiges Sprachvorbild für mehrsprachige Kinder und Jugendliche. Deshalb ist es besonders wichtig, dass sie die Sprache bewusst und kontrolliert einsetzt. Hierzu gehört z. B. langsam, deutlich und grammatikalisch korrekt zu sprechen (vgl. ▶ **Kap. 6.1**). In Alltagssituationen kann auch handlungsbegleitendes Sprechen ein wichtiges Mittel sein, besonders wenn die Kinder am Anfang des Zweitspracherwerbs stehen.
7. Die Schülerinnen und Schüler müssen die Möglichkeit haben, Einsichten in den Bau von Sprachen zu gewinnen. Insbesondere in heterogenen Klassen muss der Unterricht im Arbeitsbereich „Sprachbewusstsein entwickeln" auf die Bedürfnisse der mehrsprachigen Kinder ausgerichtet werden. Sprachliche Muster und Formen müssen so vermittelt werden, dass sie auch gelernt werden können und nicht nur dem Ziel der Vermittlung metasprachlicher Kategorien dienen. Die Einsicht in den Bau der Sprache(n) muss so systematisiert werden, dass die Funktion der Formen für die Kommunikation erfahrbar wird (vgl. Rösch, 2004; vgl. Schader, 2003).
8. Den Kindern und Jugendlichen muss die Möglichkeit zur imitierenden Wiederholung und damit zum Einüben von Redemitteln und Sprachmustern gegeben werden. Hierzu eignen sich insbesondere Reime, Gedichte und Lieder, aber auch interaktive Rollenspiele zur Übung kommunikativer Standardsituationen. Besonders in Vorbereitungsklassen sind solche Übungen eine wichtige Basis des Deutschlernens.
9. Das Ziel des Unterrichts ist einerseits die Beherrschung der Umgangssprache, andererseits die Beherrschung konzeptionell schriftlicher Formen und insbesondere der Bildungssprache. Eine an der Schrift orientierte Sprache ist auch die Unterrichtssprache. Die Förderung sprachlicher Kompetenzen verlagert sich mit zunehmendem Alter der Lernenden auf die Förderung der konzeptionellen Schriftlichkeit (insbesondere Lesekompetenz und Texte verfassen).

Im Folgenden werden wichtige Konzeptionen genannt, welche die hier genannten Kriterien erfüllen, allerdings mit unterschiedlichen Schwerpunktsetzungen.

Interkulturelle Deutschdidaktik

Die Wende von der Ausländerpädagogik zur interkulturellen Pädagogik führte innerhalb der Deutschdidaktik zur Entstehung der interkulturellen Deutschdidaktik (vgl. Lüddecke & Luchtenberg, 2003). Ziel des Deutschunterrichts sollte nicht die Angleichung, sondern die gegenseitige Wertschätzung sein. Vertrautes soll auch aus anderer Perspektive betrachtet werden. Das Bewusstsein um die Heterogenität der Schülerschaft soll zur Berücksichtigung der Lernfaktoren und zur Orientierung an der Schülerschaft führen. Interkulturell wird die Deutschdidaktik durch die Wahl der Gegenstände, den Einbezug der Herkunftssprachen und das bewusste Eingehen auf nationale Identitäten. Die Mehrsprachigkeit der Klasse soll in alle Prozesse des interkulturellen Unterrichts einbezogen werden. Das gemeinsame Lernen ein- und mehrsprachiger Schülerinnen und Schüler müsste eigentlich den Unterricht in ständige Sprachreflexion verwandeln. Dabei dürfen Schwierigkeiten nicht ignoriert werden, sondern sollen vielmehr thematisiert und zum Unterrichtsgegenstand gemacht werden. So können z. B. Probleme einzelner Schülerinnen und Schüler, Präpositionen korrekt einzusetzen, dazu führen, dass dies Gegenstand des Deutschunterrichts und damit der Sprachreflexion wird. Außerdem müssen die Inhalte des Unterrichts interkulturell überprüft werden, z. B. die Frage, welche Familien- und Wohnformen in Sprach- und Lesebüchern der Grundschule thematisiert werden. Interkulturelle Kompetenzen als Ziel des Deutschunterrichts bezieht sich sowohl auf die Befähigung des Einzelnen als auch auf gesamtgesellschaftliche Entwicklungen (vgl. Holzbrecher, 2008). Hierzu können z. B. folgende Faktoren gehören: Ethnische Spurensuche in Geschichte und Gegenwart, antirassistische Erziehung, Ideologiekritik, Lernen für Europa, sprachliche und kulturelle Allgemeinbildung, Verständnis von Sprache als Medium der persönlichen und kollektiven Identitätskonstruktion, interkulturelle Kommunikation sowie Mehrsprachigkeit als Entwicklungsperspektive. Nach Lüddecke & Luchtenberg (2003) ist seit dem schlechten Abschneiden Deutschlands in der PISA-Studie der Trend zu beobachten, Mehrsprachigkeit verstärkt unter der Defizitperspektive zu betrachten und damit in ausländerpädagogische Ansätze zurückzufallen. Das Wesen der interkulturellen Deutschdidaktik ist jedoch, die Ressourcen und nicht Defizite ins Zentrum des Unterrichts zu stellen.

Language awareness (Sprachbewusstheit)

Eine Möglichkeit, Kompetenzen Mehrsprachiger ins Zentrum des Deutschunterrichts zu stellen, sieht Oomen-Welke (2003) in der Umsetzung des „language awareness"-Konzepts. Ziel dieses Ansatzes ist, Freude an Sprachen und Neugier für sprachliche Prozesse zu wecken und dadurch den Umgang mit Sprache und auch mit Texten zu erleichtern. In mehrsprachigen Klassen können die Lehrkräfte kaum alle Sprachen der Schüler kennen. Als Folge müssen die Lehrer den Schülern vertrauen und deren Kompetenzen in den Unterricht einbeziehen. Die Lehrkräfte werden so selbst Sprachbewusstheit für fremde Sprachen lernen. Sprachvergleichendes Arbeiten dient auch der Erweiterung der Sozialkompetenz, da sich viele Schülerinnen und Schüler einbringen können.

Das Nachdenken über Sprache(n) kann im Rahmen von Übersetzungen stattfinden; sprachbewusste Tätigkeit kann als interkulturelle Tätigkeit gesehen werden und den Erwerb anderer Sprachen erleichtern. Mögliche methodische Zugänge sind z. B. Sprachvergleiche (z. B.: Warum fehlen in manchen Sprachen Artikel? Was machen Artikel überhaupt? Wie lösen andere Sprachen diese Funktionen?), Arten der Wortbildung in verschiedenen Sprachen, der Vergleich von Textsstrukturen und Textpragmatik, der spielerisch-kreative Umgang mit Sprache und die Auseinandersetzung mit Sprachmanipulation und Sprachmissbrauch. So weit möglich soll dabei von den Fragen und Impulsen der Schülerinnen und Schüler ausgegangen werden.

> **Im Unterricht:**
> Bereits in der 2. Klasse können Kinder Wörter in ihre Bestandteile zerlegen sowie neue Wörter bilden. Verschiedene Sprachen bieten verschiedene Möglichkeiten. Im Deutschen können z. B. durch Komposition aus selbstständigen Nomen nahezu unbegrenzt neue Wörter gebildet werden (Bodenseedampfschifffahrtsgesellschaftskapitän...). In anderen Sprachen ist dies nur eingeschränkt möglich: Im Französischen z. B. wird auf Genitivstrukturen zurückgegriffen (*porte de la maison* = Haustür), was eine Konstruktion wie die obige unmöglich macht. Im Türkischen ist die Möglichkeit gegeben, am Grundwort wird jedoch ein Deklinationspartikel angehängt (*Bebek* = Baby, *araba* = Wagen, *bebekarabası* = Kinderwagen). Wenn Kinder verschiedener Sprachen nun die Gelegenheit erhalten, im Unterricht Wortkompositionen zu übersetzen und dann auf Bildungsprinzipien aufmerksam zu werden, dient dies der Förderung der Sprachbewusstheit aller Kinder.
>
> Ähnlich kann im Hinblick auf die Bewusstmachung syntaktischer Strukturen gearbeitet werden. Durch den Sprachvergleich erhalten Schülerinnen und Schüler verschiedener Herkunftssprachen die Gelegenheit, Unterschiede und Gemeinsamkeiten wahrzunehmen. Damit eröffnen sich neue Möglichkeiten, Strukturen des Deutschen zu lernen und Strukturen anderer Sprachen zu erfahren. Dies dient unmittelbar dem Aufbau einer differenzierten Sprachbewusstheit. Der Sprachvergleich kann am Beispiel der Verbklammer, die eine Besonderheit des Deutschen darstellt, gezeigt werden. Die Strukturen, um die es geht, sollen dabei hervorgehoben werden:
>
> | Sprachen mit Verbklammer | Andere indoeuropäische Sprachen | Andere Sprachen |
> |---|---|---|
> | Deutsch: *Ich bin in die Schule gegangen.* | Spanisch: *Yo he ido al instituto.* | Türkisch: *Ben okula gitdim* (Ich Schulenach gegangenbin). |
> | | Kroatisch: *Isao šam u skolu* (*Gegangen bin* in Schule). | Ungarisch: *Elmetem az iskolába* (*Gegangen*(ich) die Schulein). |

Didaktik der Sprachenvielfalt

Der Ansatz Didaktik der Sprachenvielfalt (Oomen-Welke, 2008; Schader, 2003) führt das *language-awareness*-Konzept weiter und bietet Möglichkeiten der Übertragung auf andere Fächer. Es sollen nicht nur die Sprachen verglichen werden, sondern auch Texte, Alltagsroutinen und Kulturen. In allen Fächern sollen Kinder zum Philosophieren angeregt werden. Schader (2003) stellt 101 praktische Vorschläge für einen sprachübergreifenden Unterricht vor. Sprachliche und kulturelle Vielfalt soll bewusstgemacht und erlebt werden, wobei die Erfahrungen der Kinder die Basis für einen interkulturellen Unterricht bilden. Die Umsetzung solcher Konzeptionen erfordert die Sensibilisierung der Lehrkräfte.

> **Im Unterricht**
> *Wie heißt die Tante auf Türkisch? Verwandtschaftsbezeichnungen im Vergleich* (Schader, 2003, S. 296):
> Türkisch oder Albanisch sind in Bezug auf Verwandtschaftsbezeichnungen viel präziser als das Deutsche. Beide Sprachen kennen z. B. Termini für die Tante mütterlicherseits oder väterlicherseits und für die angeheiratete Tante. Der Unterrichtsvorschlag zeigt anhand von Verwandtschaftsbezeichnungen, wie verschiedene Sprachen manche Bereiche der Realität unterschiedlich hoch differenzieren.
> Ausgangspunkt ist ein Stammbaum über mindestens drei Generationen, in dem Tanten, Großonkel, Cousinen und Angeheiratete vorgesehen sind. Das Schema wird mit den Schülerinnen und Schülern besprochen und sie versuchen, die einzelnen Verwandtschaftsgrade zu beschreiben. Die deutschen Begriffe werden dabei, falls notwendig, erarbeitet. Die Frage, wie die Bezeichnungen in den anderen Sprachen heißen, bietet vielfältige Gesprächsanlässe (ab Klasse 5).

Zusammenfassung

In diesem Kapitel wurden zunächst pädagogische Modelle der Migrationspädagogik und der Beschulung mehrsprachiger Kinder und Jugendlicher vorgestellt. Es zeigt sich, dass diese Modellbildungen nicht losgelöst von gesellschaftspolitischen Entwicklungen betrachtet werden können. Didaktische Modelle des Arbeitsbereichs „Deutsch als Fremdsprache" lassen sich zum Teil auf die Arbeit mit DaZ-Lernende übertragen, allerdings sind die Ziele zum Teil andere. Für den Unterricht in mehrsprachigen Klassen liegen ebenfalls verschiedene Modelle vor, denen allen gemeinsam ist, dass Mehrsprachigkeit als Ressource gesehen wird, von der alle Kinder der mehrsprachigen Klasse profitieren können und sollen.

6 Methoden der Sprachförderung und des Sprachunterrichts

In diesem Kapitel werden Methoden der Sprachförderung und des Sprachunterrichts vorgestellt. Es können allerdings nur exemplarisch verschiedene Zugänge beschrieben werden, denn letztlich lassen sich methodische Entscheidungen nur im Hinblick auf eine konkrete Gruppe oder auf einen Schüler bzw. eine Schülerin bestimmen. Begonnen wird mit Fragen der Sprachförderung im Elementarbereich, denn in kaum einem Bildungsbereich haben sich in den letzten Jahren so grundlegende Veränderungen ergeben wie in der Elementarpädagogik. Kindertageseinrichtungen werden als Orte der Bildung anerkannt, und seit der Jahrtausendwende wurden in allen Bundesländern Bildungs- oder Orientierungspläne für die elementarpädagogische Arbeit entwickelt. Die Kenntnis dieser Diskussion ist für Lehrkräfte zentral, denn zum einen baut der Unterricht in der Grundschule auf der Elementarpädagogik auf, zum anderen können grundlegende Methoden der sprachlichen Förderung in der Grundschule weitergeführt werden.

Im Unterschied zu Kindertageseinrichtungen gibt es an Schulen einen Ort expliziten sprachlichen Lehrens und Lernens, nämlich den Deutschunterricht. Hier spielen auch Sprachbetrachtung und Grammatik eine Rolle. Im Rahmen eines sprachbewussten Unterrichts werden z. B. neue Perspektiven für den Sprachunterricht in multilingualen Lerngruppen eröffnet.

6.1 Sprachförderung im Elementarbereich

In Bezug auf die Sprachaneignung im Vorschulalter wird in den Bildungs- und Orientierungsplänen zwischen *Sprachbildung* und *Sprachförderung* unterschieden, meist ohne die Begriffe ausreichend zu definieren (Reich, 2008, S. 12). Bei der Sprachbildung geht es um Prozesse des Auf- und Ausbaus von Sprache im Zusammenhang mit den Tätigkeiten des Kindes und der Kooperation mit den Bezugspersonen. Bei der Sprachförderung geht es um die „gezielte Erweiterung der Sprachkompetenz durch in den Alltag integrierte sprachanregende Angebote" (ebd.). Sprachförderung wird also als zusätzliches Angebot gesehen, um Benachteiligungen zu kompensieren. Sprachförderung wird vom *Sprachtraining* abgegrenzt: Sprachtraining wird als isoliertes Zusatzangebot nach einem festen Programm definiert.

Kinder, die der Sprachförderung bedürfen, stehen in gewisser Weise zwischen Kindern, deren Entwicklung ohne wahrnehmbare Beeinträchtigungen verläuft und Kindern mit spezifischen sprachlichen Entwicklungsstörungen, die von Logopäden und Sprachheilpädagogen betreut werden. Die Abgrenzung der drei Gruppen ist jedoch unklar, zumal, bezogen auf mehrsprachige Kinder, die Norm der einsprachigen Kinder ungeeignet ist (vgl. ▶ Kap. 4.1). Förderbedarf besteht in der Regel im Hinblick auf die Schulfähigkeit, denn erst in der Schule werden Kompetenzen bewertet. In Bezug auf die sprachlichen Anforderungen der Schule liegen jedoch eher allgemeine Normvorstellungen vor als verbindliche Standards.

In jüngerer Zeit wurden in allen Bundesländern Sprachförderprogramme aufgelegt. Ausgangspunkt ist in der Regel die Erhebung des Förderbedarfs.

Forschungsergebnisse
In Nordrhein-Westfalen wurden 2007 145 000 Vierjährige mit Hilfe des Verfahrens „Delfin 4" (Fried et al., 2007) getestet, ein Verfahren, bei welchem dem Kind in spielerischer Weise Aufgaben gestellt werden, die zum Teil den Anforderungen des SETK (vgl. ▶ Kap. 4.2) ähneln. Bei 95 000 Kindern (65 %) wurde ein erhöhter Sprachförderbedarf festgestellt. Die Ergebnisse wurden in der Öffentlichkeit kritisiert, denn die Zahlen erscheinen angesichts des Stands der nationalen und internationalen Forschung als unverhältnismäßig hoch. In der Presse wurden Beispiele angeführt, die zeigen sollten, dass die schlechten Ergebnisse unter anderem deshalb zustande kamen, weil viele Kinder die Zusammenarbeit verweigerten (vgl. Frangenberg, 2007).

In Baden-Württemberg wird die Sprachstandserhebung seit 2009 von den Gesundheitsämtern mittels eines Screenings (HASE, Schöler, 2003) und ggf. eines Sprachtests (SETK, vgl. ▶ Kap. 4.2) durchgeführt. Werden in einer Einrichtung vier oder mehr Kinder mit Sprachförderbedarf identifiziert, können Gelder zur Sprachförderung beantragt werden. Diese wird in der Regel von zusätzlich eingestellten Personen in additiver Form angeboten, kann aber auch in integrierten Programmen stattfinden. Die Durchführung des Screenings durch die Gesundheitsämter soll die Objektivität der Zuteilung von Förderbedarf gewährleisten. Allerdings können so gewonnene Daten allenfalls als Momentaufnahme gesehen werden und müssen mit der Erfahrung der Erzieherinnen abgeglichen werden.

Die Beispiele zeigen, dass keinesfalls Konsens über die Frage besteht, worin Sprachförderbedarf besteht und wer letztlich Förderung bekommen soll. Sprachförderung ist so gesehen als Hilfe zur Erfüllung von Zielvorstellungen zu verstehen, die durch institutionellen Auftrag und gesellschaftlichen Konsens gesetzt sind. Dabei besteht die Gefahr, sich einseitig an sprachlichen Defiziten und nicht an Kompetenzen auszurichten. Wenn Sprachförderung ein zusätzliches Angebot ist, wird unter Umständen der Separierung Vorschub geleistet. Daraus kann sich ein Widerspruch zur kompetenzorientierten Tradition der Elementarpädagogik ergeben (Reich, 2008, S. 14).

Situationsbezug oder Funktionsorientierung

Wie Sprachförderung organisiert und durchgeführt werden soll, ist umstritten. Grundsätzlich gibt es zwei Ansätze: den *funktionsorientierten* und den *situationsbezogenen* Ansatz. Im Zuge der Vorschulerziehung der 1970er Jahre entstanden funktionsorientierte Ansätze, die sich an schulischen Lehr- und Lernformen orientierten. Diese Modelle sind häufig lerntheoretisch begründet und gehen vom System der Sprache aus. Zusätzlich (additiv) und mehr oder weniger unabhängig vom Alltag in den Einrichtungen werden ausgewählte Kinder mit vorstrukturierten sprachlichen Übungen konfrontiert, wie z. B. Wortschatzübungen oder Satzmustertrainings. Dieses *additive* Vorgehen bedeutet, dass die Kinder aus der Gruppe genommen werden und zu bestimmten festgelegten Zeiten in Kleingruppen ein Förderprogramm absolvieren. Häufig werden Kinder im letzten Kindergartenjahr dieser Förderung zugewiesen, die somit auf die Schule vorbereiten soll. Teilweise werden Trainingsprogramme zur Prävention von Lese- und Schreibschwierigkeiten eingesetzt, wie das Würzburger Trainingsprogramm (Küspert & Schneider, 2005). Solche Programme zeichnen sich durch Strukturiertheit und einfache Anwendbarkeit aus, sind jedoch für die sprachliche Qualifizierung mehrsprachiger Kinder weder konzipiert noch geeignet.

In den letzten Jahren sind eine Reihe sprachbezogener Programme entstanden. Maier (2003) entwickelt eine an alltäglichen Situationen der Einrichtung orientierte Sammlung von Spielen, Liedern, Reimen und anderen Fördervorschlägen, mit deren Hilfe das morphologische System sowie einige Bereiche der Syntax, der Semantik und der Phonologie erarbeitet werden können. Das Kon-Lab Modell (Penner et al., 2007) stellt Betonungs- und Wortbildungsmuster des Deutschen in den Vordergrund und erhebt den Anspruch, für einsprachige und für mehrsprachige Kinder geeignet zu sein. Auch Berghoff & Mayer-Koenig (2003) bieten ein strukturiertes Modell von Stufen und Kategorien, wobei die Bestandteile variabel nach den Bedürfnissen der Kinder eingesetzt werden können. Das Heidelberger Modell (Kaltenbacher & Klages, 2006) stellt sprachliche Qualifikationen in den Mittelpunkt, auch hier werden für bestimmte Bereiche (z. B. Genus und Kasus) strukturierte Übungen und Handlungsanleitungen vorgelegt. Nicht alle Programme erfordern ein additives Vorgehen, viele Anregungen können auch in Alltagssituationen umgesetzt werden. Die Programme unterscheiden sich außerdem hinsichtlich des Grads der Verbindlichkeit und der Striktheit der Abfolge bestimmter Bausteine.

Additive Förderprogramme zeichnen auch das Modell der Landesstiftung Baden-Württemberg (s. o.) aus. Seit 2003 stellt die Landesstiftung Gelder zur Verfügung, damit zusätzliche Sprachfördergruppen für Kinder mit Migrationshintergrund, aber auch für einsprachige Kinder eingerichtet werden können.

Die Wahl des Förderprogramms ist dabei den Einrichtungen überlassen. Die Gruppengröße beträgt zwischen sechs und elf Kinder, es werden zwei bis vier Stunden zusätzliche Förderung in der Woche angeboten. Die Einrichtung muss ein Förderkonzept vorlegen, das sich auf ein bestehendes Modell beziehen kann (s. o.). Das Modell der Landesstiftung wurde von der Pädagogischen Hochschule Weingarten und der Pädagogischen Hochschule Heidelberg in den Jahren 2005 bis 2008 wissenschaftlich begleitet und evaluiert. Die Ergebnisse sind interessant, denn es konnte nicht gezeigt werden, dass die Kinder, die Sprachförderung erhalten hatten, besondere Fortschritte gemacht hatten: Auf der Grundlage von quantitativen Sprachtests (SSV, SETK, HASE), die mit 490 Kindern vor und nach der einjährigen Förderung durchgeführt wurden, konnte bei *allen* Kindern eine deutliche Verbesserung festgestellt werden, unabhängig davon, ob sie Förderung erhalten hatten oder nicht! Auch Kinder, bei denen Förderbedarf festgestellt wurde, die aber keine Förderung erhalten hatten, machten im Schnitt gleich große Fortschritte wie die Kinder, die Förderung erhalten hatten. Dabei wurden die Kinder durchaus nach unterschiedlichen Programmen gefördert, gemeinsam war ihnen der additive Charakter (vgl. Hofmann et al., 2008).

Die detaillierten Ergebnisse können hier nicht vorgestellt werden. Zu beachten ist, dass die individuellen Unterschiede enorm sind. Es drängt sich die Frage auf, ob es legitim ist, einsprachige und mehrsprachige Kinder mit den gleichen an der einsprachigen Entwicklung orientierten Verfahren zu untersuchen. Legitimiert wird dieses Vorgehen durch die Forderung, dass zum Zeitpunkt der Einschulung alle Kinder vergleichbare Kompetenzen haben sollten. Eine mögliche Begründung für die nicht sehr ermutigenden Ergebnisse könnte sein, dass bei den Förderprogrammen häufig mit Kärtchen, Bildern, gezielten Spielen und vorstrukturierten Materialien gearbeitet wird. Diese Arrangements werden der Sprachaneignung im Vorschulalter, die auf Interaktion in relevanten Handlungssituationen angewiesen ist, möglicherweise nicht gerecht (vgl. ▶ Kap. 2.1: Wortschatz). Ermutigend ist, dass die Kinder, die keine Förderung erhielten, im Alltag der Einrichtung offenbar ebenfalls enorme Fortschritte in der Sprachaneignung machten.

Situationsbezogene Ansätze

In Abgrenzung zu den funktionsorientierten Ansätzen entstanden ebenfalls in den 1970er Jahren ganzheitliche bzw. situationsbezogene Ansätze. Im Zentrum sollten die Lebenswirklichkeit und die aktuellen Anliegen der Kinder stehen. Frühkindliche Bildungsprozesse werden in erster Linie als soziale Prozesse angesehen und nicht als isoliertes, instrumentelles Lernen. Dabei spielen die Individualität und emotionale Bedürfnisse eine besondere Rolle. Situative Ansätze stehen für die Eigenständigkeit der Elementarpädagogik gegenüber den Anforderungen der Schule. Sowohl die geplanten als auch die ungeplanten Spiel- und Arbeitsfelder im Kindergarten werden als sprachliche Übungsfelder aufgefasst und können unter diesem Gesichtspunkt gestaltet und genutzt werden. So werden alle alltäglichen Aktionen als sprachtragende und bedeutungskonstituierende Aktivitäten verstanden: Bewegungsspiele, rhythmisch-musikalische Aktivitäten, Waldtage, Koch- und Backaktionen, Theaterprojekte, Tischspiele wie Memory und Puzzles, die eigenen Rollenspiele der Kinder, sprachliche Alltagsrituale usw. (vgl. Jeuk & Lamparter-Posselt, 2008).

Die situationsbezogenen Ansätze lassen sich gut mit den aktuellen Orientierungsplänen vereinbaren. Allerdings besteht die Gefahr, sprachliche Qualifikationen aus dem Auge zu verlieren und Kindern, bei denen tatsächlich eine zusätzliche Unterstützung notwendig wäre, zu wenig individuelle Hilfen zukommen zu lassen. Hier ist es notwendig, steuernd einzugreifen und unter anderem mit Hilfe gut strukturierter und systematischer Beobachtung herauszufinden, an welcher Stelle und in welcher Form Kindern zusätzliche Angebote gemacht werden müssen.

Konzeptionelle sprachliche Förderung

Vieles deutet darauf hin, dass sprachliche Förderung ein konzeptioneller Bestandteil elementarpädagogischer Arbeit sein muss und sich nicht in zusätzlichen Aktivitäten, die nicht in den Alltag der Einrichtung integriert sind, erschöpfen darf. Ausgangspunkt einer am Kind orientierten Sprachförderung muss eine strukturierte Beobachtung sein. Beobachtung von kindlichen Entwicklungsprozessen ist ein wesentlicher Bestandteil der Elementarpädagogik. Eine gute Möglichkeit ist, den SISMIK-Bogen (▶ **Kap. 4.4**) als eine Grundlage strukturierter Beobachtung zu nutzen.

Zur konzeptionellen Einbindung der Sprachförderung sind die Aktivitäten in der Kindertageseinrichtung insbesondere hinsichtlich qualitativer Aspekte neu zu konzipieren und zu gestalten. Dazu sind vielerlei professionelle Fähigkeiten der Erzieherinnen notwendig, wie z. B. die sensible Abwägung zwischen didaktischer Überbeanspruchung und interaktiver Bedeutsamkeit der Situation. Auch erweisen sich Rollenspiele und Gespräche unter Kindern als bedeutsames sprachliches Lernfeld (vgl. Andresen, 2002). Dazu gehört, dass Kinder vielfältige Anregungen und ausreichend kommunikative Partner als sprachliche Vorbilder in der Gruppe vorfinden. Dabei sollten die Kinder aller Altersgruppen auf ihren jeweiligen sprachlichen Entwicklungsniveaus in die Sprachförderung einbezogen werden. Sprachförderung wird in diesen konzeptuellen Ansätzen zu einer umfassenden Unterstützung der individuellen Sprachaneignung. So kann es durchaus sinnvoll sein, mit einer Kleingruppe eine gewisse Zeit lang an einem Projekt zu arbeiten oder einen bestimmten Inhalt und damit einen bestimmten Wortschatz ins Zentrum der kindlichen Aufmerksamkeit zu rücken. Die sprachstrukturelle Arbeit wird dabei also nicht vernachlässigt, sie soll aber zu einem Zeitpunkt geschehen, an dem das Kind sich einem bestimmten Inhalt zuwendet und es den Interessen und Möglichkeiten des Kindes entspricht (vgl. Militzer, 2000; vgl. Jampert, 2002).

In einem solchen Setting erscheint die Diskussion, ob Sprachförderung ganzheitlich oder sprachbezogen, situativ oder geplant stattfinden soll, wenig sinnvoll. Besser ist eine Betrachtungsweise, die verschiedene Zugriffsweisen zulässt, immer unter der Maßgabe, dass es den Bedürfnissen und dem Förderbedarf der Kinder entspricht (vgl. ▸ Abb. 6.1). So kann es sinnvoll sein, mit einem Kind eine gewisse Zeit lang täglich ein kurzes Sprachmustertraining durchzuführen und mit anderen Kindern Singspiele, Kimspiele oder ähnliche Aktivitäten zu machen. Hierbei gibt es einen fließenden Übergang zwischen sprachbezogenen und ganzheitlichen Angeboten. Dasselbe gilt für die Frage, ob eine Maßnahme aus der Situation heraus oder gezielt und geplant durchgeführt werden soll. Für beide Vorgehensweisen kann es, je nach Kind und Kontext, gute Begründungen geben. In der folgenden Abbildung wird dies verdeutlicht: Verschiedene Aktivitäten lassen sich auf einer stufenlosen vierpoligen Matrix als mehr oder weniger geplant und mehr oder weniger auf die sprachliche Form bezogen charakterisieren.

		Didaktische Dimension	
		Ganzheitlich	Auf sprachliche Form bezogen
Methodische Dimension	Situativ	z. B. von Kindern initiiertes Rollenspiel	z. B. Korrektives Feedback
	Geplant	z. B. Singspiel z. B. Kimspiel	z. B. Sprachspiel z. B. Sprachmustertraining

Abb. 6.1: Planung der Sprachförderung

Die Erzieherin als Sprachvorbild

Der Aufbau stabiler Beziehungen bildet die Basis sprachlichen Lernens in Kindertageseinrichtungen. Dabei muss die kommunikative Angemessenheit des Sprachhandelns im Mittelpunkt stehen. Zunächst gilt es, die Sprechfreude in der Zweitsprache zu wecken und die kommunikativen Bemühungen der Kinder in jeder ihrer Sprachen als Gesprächspartner zu belohnen. Hierzu muss die pädagogische Fachkraft ihr sprachliches Verhalten angemessen gestalten. In Anlehnung an die interaktionistische Spracherwerbstheorie (vgl. ▸ Kap. 2.1) wird davon ausgegangen, dass die Beziehung zwischen dem Kind und seinen Bezugspersonen eine der wichtigsten Wurzeln der Sprachaneignung ist. Eine sichere Beziehung gibt dem Kind den Halt, den es benötigt, um seine Umwelt auch sprachlich zu erobern. Das sprachliche Verhalten der Bezugspersonen ist in höchstem Maße geeignet, den Kindern Sprache (und noch einiges mehr) beizubringen.

Auch eine zweite Sprache kann ein Kind nur auf der Grundlage von stabilen emotionalen Beziehungen erwerben. Sie müssen so beschaffen sein, dass das Kind einerseits eine sichere Basis, andererseits notwendige Freiräume hat. Zu einer positiven Beziehung gehört auch zu akzeptieren, wenn ein Kind sich zunächst nicht verbal mitteilt oder wenn die Äußerungen des Kindes nicht unseren Zielvorstellungen entsprechen. Dies ist nicht immer einfach, weil manche Kinder auch nach einiger Zeit in der Kindertageseinrichtung nur wenige sichtbare Fortschritte in der deutschen Sprache gemacht haben. Dennoch ist es wichtig, abzuwarten und dem Kind mit einer aufmunternden Geste zu verstehen zu geben, dass es grundsätzlich Zeit hat, sein Anliegen zum Ausdruck zu bringen.

Eingebettet in gemeinsame Handlungen ist die Reflexion ihres Sprachverhaltens durch die Erzieherin ein wichtiges Förderelement. Dazu gehört ferner, sich dem Kind körperlich zuzuwenden, ihm Zeit zur Äußerung zu lassen, langsam und deutlich zu sprechen, durch Nachfragen und Erklären inhaltliches Interesse zu signalisieren, Mimik und Gestik unterstützend einzusetzen und grammatikalisch korrekt zu sprechen. Als Beispiel kann die deutliche Aussprache der Artikel dienen: Es macht keinen Sinn, mit einem Kind in der Stunde der Sprachförderung den Gebrauch der bestimmten Artikel zu üben und dem Kind im Alltag aufgrund eines dialektalen Gebrauchs die korrekten sprachlichen Formen vorzuenthalten, so dass es sie weder hören, verarbeiten noch erproben kann. Beim gemeinsamen Frühstück, beim Bauen, beim Rollenspiel gibt es viele Möglichkeiten, als sprachliches Vorbild zu wirken. Ein wichtiges Element kann die Versprachlichung von Handlungen sein. In ▸ **Kapitel 2.2** sind wichtige Aspekte sprachlichen Verhaltens von Bezugspersonen zusammengestellt. Diese Zusammenstellung soll eine Orientierung bieten, worauf beim Sprechen geachtet werden sollte. Zentral ist dabei, dass die kommunikative Angemessenheit des Sprachhandelns im Mittelpunkt steht. So darf langsames und deutliches Sprechen keinesfalls unnatürlich und gestelzt wirken. Leitend muss das Anliegen sein, dass die Kinder uns verstehen und aus unseren Äußerungen wichtige kommunikative und sprachliche Informationen entnehmen können (Wendlandt, 2003, S. 66f).

Eingebettet in die oben beschriebene Grundhaltung kann man einem Kind auch signalisieren, wenn man etwas nicht verstanden hat, oder das Kind auffordern, ein Wort, das man nicht verstanden hat, zu wiederholen. Allerdings muss man derartige Verhaltensweisen sehr dosiert und vorsichtig einsetzen, generell ist von direkter Korrektur abzuraten. Kinder möchten uns einen Inhalt, eine Begebenheit, eine Handlung oder eine Bezeichnung mitteilen und reagieren verwirrt, wenn wir uns auf die sprachliche Form beziehen. Sinnvoll ist es hingegen, die Kinderäußerungen aufzugreifen und in der richtigen Form noch einmal zu äußern. So hören Kinder die korrekte Form, das Gespräch kann aber weitergeführt werden. Auch Eltern wenden dieses Verfahren ganz spontan an. Eine Unterstützung sprachlichen Lernens, das sich an diesen Prämissen orientiert, muss nicht im Voraus geplant sein, es ergibt sich bei gemeinsamen Handlungssituationen im Kindergarten. Eine wichtige Grundlage dieser sprachlichen Unterstützung ist allerdings die Kompetenz der Erzieherin, den sprachlichen Entwicklungsstand des Kindes einschätzen zu können. Eine wichtige Grundlage hierfür ist eine strukturierte Beobachtung (z. B. in Form des SISMIK-Bogens, vgl. ▸ **Kap. 4.3**).

Die hier beschriebenen sprachlichen Verhaltensweisen gelten für die ersten Grundschuljahre im selben Maße. Wenn die Kinder älter werden, muss die

Lehrkraft selbstverständlich ihr sprachliches Verhalten den kognitiven, sprachlichen und sozial-emotionalen Kompetenzen der Kinder anpassen.

Einbezug der Herkunftssprachen

Viele Kinder haben in ihrer Erstsprache bereits einiges gelernt: Sie wissen, dass man beim Sprechen seinen Gesprächspartner ansieht, wie man eine Frage stellt und wie man Mimik und Gestik einsetzt. Sie sind in der Lage, sich auch längere Äußerungsteile zu merken und mehrere Wörter zu einem Satz zu formen. Zudem haben die Kinder einen Wortschatz in ihrer Erstsprache aufgebaut und damit ein altersgemäßes Wissen von der Welt (vgl. ▶ **Kap. 2.4**). Beim Lernprozess wird sich ein zweisprachiges Kind ganz wesentlich auf dieses Wissen beziehen können. Deshalb ist es auch wünschenswert, dass Erzieherinnen zweisprachige Kinder nach ihrem Wissen fragen.

> **Im Unterricht**
> Bei einer Bilderbuchbetrachtung kann das Kind gefragt werden, wie der entsprechende Gegenstand in der Erstsprache heißt. So kann das Kind sein Wissen einbringen und tut sich leichter, die neue sprachliche Form zu erlernen. Es ist auch sinnvoll, wenn Erzieherinnen und Lehrkräfte einzelne Worte wie Grußformeln oder Bestätigungsformeln in der Erstsprache der Kinder können. Dies kann zum Aufbau eines Vertrauensverhältnisses beitragen. Besonders wenn ein Kind noch kein oder wenig Deutsch spricht, ist die Bereitschaft, sich auf die Sprache des Kindes einzulassen, ein wesentlicher Baustein der Förderung. Auch Sprachmischungen sollten nicht verhindert werden, sie sind Bestandteil des Zweitspracherwerbs und unterstützen das Kind beim Aufbau von Verknüpfungen. Es besteht kaum eine Gefahr, dass die Kinder die Sprachen nicht auseinander halten können. Dennoch sollte dem Kind klar sein, welche Bezugsperson welche Sprache spricht, damit es weiß, welche Sprache es zu wählen hat (vgl. ▶ **Kap. 2.4**).

6.2 Sprachunterricht und Sprachförderung in der Schule

Zur Frage der Unterrichtsmethoden

Bei der Frage nach den Unterrichtsmethoden geht es letztlich darum, wie unterrichtet werden soll. Hier spielen Faktoren der Lernstoffauswahl und Gliederung, aber auch die Adressaten und die Kompetenzen, die erreicht werden sollen, eine Rolle (vgl. Decker & Oomen-Welke, 2008). Unterrichtsmethoden können nicht losgelöst von den konkreten Personen, die unterrichtet werden, betrachtet werden. Auch wenn in der Praxis häufig der Ruf nach *der* Methode zu vernehmen ist, kann eine Methode immer nur auf den konkreten lernenden Menschen bezogen ausgewählt werden. Zu den wichtigsten Kompetenzen einer Lehrkraft gehört es deshalb, über ein Methodenrepertoire zu verfügen, um im konkreten Fall die Methode auszuwählen, die ihr zur Erreichung der Unterrichtsziele notwendig erscheint. Allerdings muss davor gewarnt werden, die Lehrkraft als alleinige Herrscherin über die Methodik zu sehen. Allzu verlockend ist das Bild des Lehrers als Macher, der zielsicher für jede Situation das richtige Spiel, das beste Arbeitsblatt und die gelungenste Unterrichtsidee parat hat. Letztlich darf bei der besten methodischen Planung der Blick für die Initiative und die Möglichkeiten der Schülerinnen und Schüler nicht verloren gehen.

Umfangreiche methodische Ideen und Hinweise für den DaZ-Unterricht finden sich in Rösch (2003 und 2004), Berghoff & Meyer-König (2003), Engin et al. (2004), Belke (2012, 2007a und b) sowie Schader (2003). Wie mehrfach angedeutet, muss zwischen Angeboten, die für Lerngruppen, bei denen DaZ-Lernende unter sich sind (Förderkurse, Vorbereitungsklassen, Förderunterricht) und Unterrichtskontexten in gemischten Lerngruppen unterschieden werden. In beiden Fällen müssen die besonderen Bedürfnisse der mehrsprachigen Lernenden berücksichtigt werden (vgl. die didaktischen Prinzipien in ▶ Kap. 5.4; vgl. auch Belke, 2012).

Die Arbeit in relativ homogenen Lerngruppen wie Vorbereitungsklassen oder Fördergruppen ist insofern einfacher, als hier mehrsprachige Lernende unter sich sind und die Lehrkraft sich bei der Vermittlung von Kompetenzen an einer Progression orientieren kann. Bezüglich des Wortschatzes kann z. B. mit Lernfeldern gearbeitet werden, die sich am Sachunterricht orientieren. Auch in Regelklassen mit einem sehr hohen Anteil an mehrsprachigen Kindern bietet es sich an, eine Orientierung an Lernfeldern vorzunehmen. In heterogenen Lerngruppen kommt der Binnendifferenzierung große Bedeutung zu. Im Grammatikunterricht kann jedoch über das Thematisieren von Sprache(n) die Sprachaneignung der einen Schüler mit einem sprachbewusstseinsfördernden Zugang für die anderen Schüler verbunden werden.

Im Unterricht
In einem Lernfeld (z. B. Schule, Kleidung, Wohnen) werden ein bestimmter Grund- und Aufbauwortschatz, für dieses Lernfeld relevante Redemittel sowie bestimmte grammatische Themen gebündelt. Je nach Alter und Lernstand der Schülerinnen und Schüler verschieben sich natürlich die Gewichte. Das Lernfeld Schule, das zu Beginn der 1. Klasse behandelt werden sollte, enthält z. B folgende Wörter: das Buch, das Heft, das Klassenzimmer, die Tafel usw. Redemittel sind z. B. Lokalisierungsfragen (*wo ist …?*) und Fragen nach einem Begriff (*was ist …?*). Dazu gehörende grammatische Mittel sind z. B. die entsprechenden Präpositionen. In Handreichungen zum DaZ-Unterricht sind solche Lernfelder zusammengestellt (Aschenbrenner et al., 2009b).

Die vier sprachlichen Grundfertigkeiten (-fähigkeiten)

In der Fremdsprachendidaktik werden Lernziele traditionell im Hinblick auf die vier Grundfertigkeiten *Hören, Sprechen, Lesen, Schreiben* formuliert (Decker & Oomen-Welke, 2008, S. 327). Diese Einteilung kann für den DaZ-Unterricht übernommen werden. Die Bereiche müssen im Hinblick auf den Qualifikationenfächer (vgl. ▶ Kap. 2.3) auf den verschiedenen sprachlichen Ebenen (Phonologie, Semantik, Morphosyntax, Diskurs) bearbeitet werden. Es herrscht weitgehend Einigkeit, dass für den methodischen Unterrichtsaufbau das isolierte Üben einzelner Fertigkeiten ungünstig ist.

Damit ergibt sich eine etwas andere Strukturierung als im muttersprachlichen Unterricht, der nach den Arbeitsbereichen Sprechen, Lesen und Umgang mit Medien, Schreiben (Rechtschreiben und Texte verfassen) sowie Entwicklung von Sprachbewusstsein gegliedert ist (vgl. Ossner, 2006). In beiden Fällen soll an die außerunterrichtliche Kommunikationssituation angeknüpft werden. Im Folgenden werden in Anlehnung an Decker & Oomen-Welke (2008) einige Hinweise zu den sprachlichen Grundfertigkeiten gegeben.

Hören und Sprechen

Für den Bereich des Hörens sind bei Kindern und Jugendlichen mit Deutsch als Zweitsprache eine Reihe von methodischen Zugängen notwendig, die für einsprachige Lernende seltener zum Einsatz kommen. Hierzu gehören z. B. Übungen zur Lautdiskriminierung und Lautdifferenzierung sowie zur Wortdiskriminierung. Einige dieser Methoden kommen im Anfangsunterricht beim Schriftspracherwerb besonders häufig zum Einsatz. Mit mehrsprachigen Schülerinnen und Schülern muss darüber hinaus immer wieder das Ausführen mündlicher Aufforderungen, das Erkennen von Text- und Dialogmerkmalen, das Beantworten gezielter Fragen zu Texten usw. geübt werden.

Die Fertigkeit des Sprechens geht in alle anderen Bereiche mit ein. Ausspracheübungen sind insbesondere bei älteren Seiteneinsteigern, deren Artikulation in der Erstsprache bereits sehr gefestigt ist, eine wichtige Basis. Dies kann bis hin zur Einübung von Phonemen, die in der Erstsprache des Lerners anders gebraucht werden als im Deutschen, eine Rolle spielen. Hier ist z. B. die Artikulation des /h/ als hinteres ch (*ach*-Laut) durch Personen mit Russisch als Erstsprache zu nennen, während der behauchte Stimmeinsatz im Deutschen (*Hexe*) für Lernende mit verschiedenen Erstsprachen nicht ganz einfach ist. Zum Sprechen gehören auch Sprechübungen in einfachen Standardsituationen (Begrüßungsfloskeln, Einkaufen, Bestellen im Café usw.). Freies und dialogisches Sprechen sind weitere Bereiche, die gezielt geübt werden müssen.

Lesen und Schreiben

Hinsichtlich des Lesens bedarf es neben der Lesemotivation (vgl. Lüddecke & Luchtenberg, 2003) geeigneter Methoden, um die Lesetechnik und das Leseverstehen zu fördern. Hierzu gehören texterschließende und textsichernde Methoden. Eine besondere Schwierigkeit besteht darin, dass sich mündliche und schriftliche Texte substantiell unterscheiden (vgl. ▶ Kap. 3.1). Insofern sind Schwierigkeiten beim Lesen gerade bei den Lernenden zu erwarten, die mit wenig Leseerfahrungen (in der Erst- oder Zweitsprache) in die Schule kommen. Für Lernende des Deutschen als Zweitsprache kommen besondere Schwierigkeiten hinsichtlich des Wortschatzes und der Morphosyntax hinzu. Hier sind z. B. Schwierigkeiten beim Einsatz von Pronomen, die Verknüpfung komplexer Sätze durch Konjunktionen, die besondere Verwendung von Verbformen (Präteritum, Konjunktiv, Passiv) sowie der Einsatz von Indefinitpronomen (man, es) zu nennen (vgl. ▶ Kap. 3.4). Mit Methoden der Textentlastung kann den Schülerinnen und Schülern beim Textverständnis geholfen werden.

> **Im Unterricht: Methoden der Textentlastung**
> Eine wichtige Methode ist, komplexe grammatische Strukturen durch einfachere zu ersetzen (Präteritum durch Präsens, Passiv- durch Aktivsätze, Konjunktiv durch Indikativ). Des Weiteren können z. B. Nomen wiederholt statt durch Pronomen ersetzt werden (vgl. Eggers, 1988). Sollten solche Vereinfachungen nicht möglich sein, können Erläuterungen oder Nachschlaghilfen gegeben werden. Besonders in mehrsprachigen Klassen darf natürlich nicht das Ziel des Unterrichts aus den Augen verloren werden, die Schülerinnen und Schüler zu befähigen, auch die komplexen Texte entschlüsseln zu können. Weitere Hilfen können gegeben werden durch antizipierende Verfahren (Inhalt vorab mündlich klären, Bezug zu Alltagserfahrungen herstellen, Bilder einbeziehen, Schlüsselwörter klären, Sicherung des Wortschatzes, Fragen zum Thema entwickeln) sowie texterschließende und textsichernde Techniken (Paraphrase, Segmentierung undurchschaubarer Worteinheiten, Identifikation bestimmter Strukturen, Textstruktur herausarbeiten, Reflexion der Prosodie, Parallel- und Gegentexte).

Bezüglich der Fertigkeit des Schreibens muss zunächst geklärt werden, ob die Kinder bereits in einer anderen Sprache alphabetisiert wurden. Sollte dies nicht der Fall sein, wird die Erstsprache einen relativ geringen Einfluss auf die Entwicklung von Schreibfertigkeiten haben (vgl. ▶ Kap. 2.4). Hat der Schüler oder die Schülerin bereits eine andere Schrift gelernt, muss zunächst das lateinische Alphabet mit der deutschen Orthographie eingeführt werden. Bei in der Erstsprache alphabetisierten Schülern kann es auch geschehen, dass sprachliche Textmuster und Stile aus der Erstsprache übertragen werden.

Wie die aktuelle Schreibprozessforschung verdeutlicht (vgl. Fix, 2006) müssen mehrsprachige Lernende Unterstützung bei der Planung, der Textproduktion sowie der Textüberarbeitung erhalten. Die Planung kann z. B. durch schriftvorbereitende Verfahren wie Listen für Satzanfänge, Mindmaps und Cluster, Sammlung von Wortfeldern und Wortfamilien unterstützt werden. Zur Textproduktion muss die Möglichkeit der Nutzung von Wortlisten, Nachschlagewerken und Textmustern erlaubt sein. Zur Überarbeitung sind Verfahren der Schreibkonferenzen und der Schreibberatung hilfreich (vgl. Aschenbrenner et al., 2009a). Im Wesentlichen können hier Methoden eingesetzt werden, wie sie auch bei einsprachigen Schülerinnen und Schülern zum Einsatz kommen (vgl. Fix, 2006).

Methoden der Grammatikvermittlung

Die Notwendigkeit eines sprachbewussten Unterrichts („language awareness") wurde in ▶ Kapitel 5.4 erörtert. Ein wichtiger Stellenwert kommt in diesem Zusammenhang der Grammtikvermittlung zu. Trotz der anhaltenden Kritik an der Grammatik-Übersetzungsmethode werden im Fremdsprachenunterricht grammatische Strukturen häufig deduktiv vermittelt und mit Übungssätzen geübt (s. ▶ Kap. 5.3). Dabei wird erwartet, dass der Transfer in realen Situationen stattfindet. Im muttersprachlichen Unterricht hingegen liegt im Arbeitsbereich „Sprachbewusstsein entwickeln" traditionell ein Schwerpunkt auf der Vermittlung metasprachlicher Begriffe (z. B. für Wortarten und Satzglieder). In einem sprachbewussten Grammatikunterricht müssen die beiden Perspektiven (Aneignung von Kompetenzen in der Morphosyntax und Sprachreflexion) zusammengebracht werden.

Sowohl in der Fremdsprachendidaktik als auch in der muttersprachlichen Didaktik kommen den Glinzschen operationalen Verfahren (Proben) große Bedeutung zu: Ersetzen, Umformen, Verschieben, Tilgen und Einsetzen von grammatikalischen Einheiten (Laute, Morpheme, Wörter, Satzglieder; Ossner, 2006, S. 227ff). Menzel (1999) legt dazu eine Reihe praktikabler Methoden vor. In mehrsprachigen Lerngruppen kommt die Möglichkeit des Vergleichens grammatikalischer Strukturen hinzu. Dabei kann es nicht um die Konkurrenz zwischen deduktiven und induktiven Herangehensweisen gehen (vgl. Knapp, 1998). Wie an dem Beispiel in ▶ Kapitel 5.4 (Verbklammer, S. 123) gezeigt werden kann, ist die Visualisierung eine gute Möglichkeit, Strukturen zu verdeutlichen. Mehrsprachige Kinder benötigen immer auch die bewusste Thematisierung und Benennung als einen möglichen Zugang, so dass auch deduktiven Zugängen Bedeutung zukommt.

In der Fremdsprachendidaktik gibt es seit Längerem die Kontroverse zwischen form- versus bedeutungsbezogenem Grammatikunterricht, die zunehmend in der DaZ-Didaktik diskutiert wird (vgl. Keßler & Plesser 2011, 149ff). Drei Zugänge werden hier behandelt: *Focus on Meaning* entstammt dem kommunikativ-pragmatischen Ansatz und basiert auf der Annahme, dass über das sprachliche Thematisieren von Inhalten und deren Bedeutung die Grammatik einer Sprache automatisch erworben wird. Als Gegenmodell wird *Focus on FormS* gesehen, das im Wesentlichen auf der Grammatik-Übersetzungsmethode beruht und von einem strukturierten Grammatik-Curriculum ausgeht. Beide Modelle sind auf Grund ihrer Einseitigkeit umstritten.

Gewissermaßen dazwischen steht *Focus on Form* (FoF). Hier sollen sprachliche (nicht nur grammatische) Strukturen da bewusst gemacht werden, wo sie für den Lerner und den derzeit bearbeiteten Gegenstand sinnvoll und zielführend sind. Die sprachliche Bewusstmachung wird situativ eingebettet (vgl. Kühn 2010). Kommunikative und analytische Aufgaben geben Gelegenheit, grammatische Strukturen zu thematisieren, zu bearbeiten und mit der Sprachaneignung zu verknüpfen. Dieser Zugang findet sich z. B. im Language-Awareness-Ansatz wieder. Die Voraussetzung für einen FoF-basierten Grammatikunterricht ist, dass die Lehrkraft den sprachlichen Entwicklungsstand der Schülerinnen und Schüler kennt und die jeweiligen Lernersprachen hinsichtlich des Entwicklungsstands einschätzen kann. Auf dieser Basis kann sie die Unterrichtsmedien und -methoden auf den Entwicklungsstand abstimmen, um so die Lerner auf die für sie wichtigen Lernfelder zu lenken. Daraus ergeben sich situationsbezogen auch grammatische Themen (Kessler & Plesser 2011, 156). Allerdings ist diese Vorgehensweise im Fremdsprachenunterricht, in dem die Schülerinnen und Schüler einen vergleichbaren Stand in der Fremdsprache aufweisen, einfacher umzusetzen, als in heterogenen Klassen, in denen die Spracherfahrungen in der Zweitsprache höchst unterschiedlich sein können.

Im Unterricht
Jeuk & Schäfer (2008) zeigen exemplarisch an der Erarbeitung der Genuszuweisung vier Zugriffsweisen für die Grammatikvermittlung auf:

Bei *ausdrücklich-nachahmenden* Lernarrangements wird explizit auf das Problem (Artikelzuweisung) verwiesen, verbunden mit der Aufforderung, sich die Zuordnung einzuprägen. Z. B. werden Wörter geangelt und der Schüler muss den Artikel benennen oder es werden mit Hilfe von Memorys Wort-Artikel-Zuordnungen geübt. Solche Übungen sind sinnvoll, wenn ein Kind bei der Zuordnung unsicher ist und einen Partner oder eine Partnerin hat, die ihm hilft. Das ausdrücklich-nachahmende Lernen sollte in einen sinnvollen Kontext eingebettet sein.

Beiläufig-nachahmende Lernarrangements setzen auf implizites, unbewusstes Lernen: Durch das Singen von Liedern, mittels Reimen und Versen wird der korrekte Sprachgebrauch geübt. Die Kinder erhalten einerseits ein Sprachmuster, an dem sie sich orientieren können, andererseits ermöglicht der spielerische Charakter eine vielfältige Wiederholung.

Beim *ausdrücklich-entdeckenden* Lernen sollen Strukturen durch Vergleichen und Sortieren entdeckt werden. So kann z. B. mit vorbereitetem Wortmaterial aus der Wortschatzliste gearbeitet werden, wobei die Wörter in ein Wortschatzheft bzw. Wortschatzkästchen übernommen werden können und mit Hilfe einer Tabelle so sortiert werden, dass die Genus-Kasus-Markierungen abgebildet werden. Wichtig ist, dass die Tabelle nicht vorgegeben wird, sondern möglicherweise über einen längeren Zeitraum hinweg durch Ausprobieren, Revidieren und erneutes Versuchen entsteht.

> Eine vierte Form ist das *beiläufig-entdeckende* Lernen. Hier macht Belke (2007a und b) eine Reihe von Vorschlägen. Vereinfacht geht es darum, innerhalb einer sinnlichen oder spielerischen Tätigkeit grammatische Strukturen einzuüben. Eine Möglichkeit besteht z. B. im Weiterdichten von Reimen oder im Erfinden von Gedichten (s. ▶ Kap. 6.3).

Scaffolding (ein Lerngerüst anbieten)

In der Zweitsprachendidaktik setzt sich in jüngerer Zeit ein Konzept durch, das *scaffolding* genannt wird (vgl. Kniffka & Siebert-Ott, 2007). Der Ausdruck wurde von Gibbons (2002) in Anlehnung an die interaktionistische Theorie Bruners (1987) geprägt. Grundlage ist die Beobachtung der intuitiven elterlichen Didaktik (vgl. ▶ Kap. 2.1), die ein Anpassen der sprachlichen Komplexität der Äußerungen der Eltern an die Kompetenzen des Kindes beinhaltet. Der Ansatz entwickelte sich zu einer zentralen Methode der englischen Zweitsprachendidaktik. Ein *scaffold* ist ein Baugerüst, *scaffolding* wäre also am ehesten mit „einrüsten" zu übersetzen. Mit dieser Metapher wird die Vorstellung transportiert, die Lehrkraft gebe dem Kind ein Gerüst bzw. eine Unterstützung zum Aufbau von (sprachlichen) Kompetenzen.

Die Überlegungen von Gibbons (2002) beziehen sich zunächst auf die Beobachtung, dass Lehrende im Unterricht mit mehrsprachigen Schülern intuitiv zur Vereinfachung ihrer sprachlichen Äußerungen neigen. Dabei besteht die Gefahr, die konzeptionell mündliche Variante zu bevorzugen und so den Lernenden den Erwerb der konzeptionell schriftlichen Zielsprache bis zu einem gewissen Grad vorzuenthalten. Das Scaffolding-Konzept sieht nun vor, die Sprache der Schülerinnen und Schüler im Unterricht systematisch auf- und auszubauen.

Da mehrsprachige Schülerinnen und Schüler in mehrsprachigen Lerngruppen konzeptionell mündliche Sprache vergleichsweise schnell erwerben, benötigen sie vor allem zu Beginn des Zweitspracherwerbs systematische Unterstützung. Für Kinder, die in Deutschland geboren und aufgewachsen sind, müsste dies in der Kindertageseinrichtung und zu Beginn der Grundschulzeit erfolgen. Konzeptionell schriftlicher Sprachgebrauch bedarf in jedem Fall der systematischen Unterweisung. Mehrsprachige Schülerinnen und Schüler scheitern oft an den Anforderungen der Bildungs- bzw. Unterrichtssprache. Nach dem Modell von Gibbons sollen sich die Schüler dem Stoff zunächst auf der ihnen eher geläufigen mündlichen Ebene nähern z. B. in Gesprächsrunden oder Arbeitsgruppen. In einem nächsten Schritt werden fachsprachliche Wendungen und Begriffe systematisch eingeführt, hier muss die Lehrkraft ermitteln, welche Fragen des mündlichen Textgebrauchs, der Höraufgaben, der Textsorten, der Grammatik und des Wortschatzes für den Unterrichtsgegenstand relevant sind. Den Lernenden muss dabei genügend Raum und Zeit gelassen werden, die Begriffe, Wendungen und Muster zu verstehen. Die Lehrkraft unterstützt die

Lernenden sprachlich und gibt ihnen Gelegenheit zur Wiederholung. Dann werden von den Schülerinnen und Schülern erste konzeptionell schriftliche Äußerungen angefertigt, dies führt schließlich zur Anfertigung eigener Texte. Bei jedem Schritt werden die Schüler von der Lehrerin oder anderen Schülerinnen unterstützt, insofern ist die Methode gut in heterogenen Klassen einsetzbar. Lexikalische und grammatische Mittel werden eingebettet in ihren kommunikativen Gebrauchswert gelernt.

Im diesem Unterstützungs-Konzept werden ganz bewusst von aktuellen Ressourcen ausgehend neue sprachliche Mittel aufgebaut. Hierzu muss jedes Sachthema zunächst auf sprachliche Besonderheiten und Schwerpunkte hin analysiert werden (s. o., Lernfelder). Danach ist zu überlegen, in welcher Weise sie in einer Unterrichtssequenz vorbereitet und welche Elemente in welchem Kontext eingeführt werden sollen.

Das *scaffolding*-Konzept beruht auf denselben entwicklungspsychologischen Grundlagen wie die Überlegungen zum Sprachvorbild (vgl. ▶ **Kap. 6.1**). In der Kindertageseinrichtung geht es vor allem darum, dem Kind sprachlich einen Schritt voraus zu sein und sich so zu verhalten, dass die an das Kind gerichtete Sprache für das Kind Vorbild und Anreiz zugleich ist. Systematische sprachliche Förderung ist hier auf den Erwerb konzeptioneller Mündlichkeit ausgerichtet und findet in alltäglich relevanten Kommunikationssituationen statt. Zu Beginn der Grundschulzeit ist dies sicherlich vergleichbar, mit der Zeit kommt in der Schule jedoch die (systematische) Förderung der (konzeptionellen) Schriftlichkeit hinzu. Die Schüler werden mehr und mehr in die Lage versetzt, auch schriftliche Formen und systematische Angebote zum Lernen zu nutzen. Für die Lehrkraft gilt das Gleiche wie für die Erzieherin: Ihr sprachliches Verhalten muss dem Alter und den Kompetenzen der Kinder angepasst werden.

Auch in der Schule können bei der Konzeption der Förderung systematische Beobachtungen und Verfahren eingesetzt werden, zu Beginn der Grundschulzeit z. B. das SISMIK-Verfahren oder das HAVAS, später zunehmend häufiger die Analyse von Schülertexten (vgl. ▶ **Kap. 4.4**). Auf dieser Grundlage kann entschieden werden, ob und inwieweit die Schülerinnen und Schüler innerhalb der Klasse gefördert werden können und welche Hilfestellungen sie ggf. benötigen. In kleinen Lern- bzw. Fördergruppen kann dies zur Erstellung eines systematischen Förderplans führen. In den Förderplänen werden individuelle Voraussetzungen und Entwicklungen zur grundlegenden Konzeption der individuellen Förderung dokumentiert (vgl. Domsch & Krowatschek, 2009).

6.3 Spezielle Methoden des Sprachunterrichts und der Sprachförderung

Im letzten Kapitel wurden grundsätzliche methodische Fragen für mehrsprachige Lerngruppen erörtert. Im Folgenden sollen drei methodische Konzeptionen für den Sprachunterricht und die Sprachförderung exemplarisch vorgestellt werden.

Das Spiel mit Sprache als Ausgangspunkt eines integrativen Sprachunterrichts (Belke)

Ausgehend von der poetischen Funktion der Sprache in der Koordination von handlungsorientierten und formal orientierten Methoden der Sprachvermittlung soll Sprache als Mittel zum Zweck in Gedichten, Versen, Reimen und Liedern zum Gegenstand des Unterrichts gemacht werden. Für die Nutzung ästhetischer Texte als Grundlage sprachlicher Lernprozesse in multilingualen Lerngruppen sprechen die spezifischen Eigenschaften dieser Texte: Bei Kinderliedern handelt es sich z. B. um einfache und einprägsame Strukturen, die dennoch konzeptionell schriftliche Formen verwenden. Somit wird ein Weg in Richtung konzeptionelle Schriftlichkeit beschritten. Poetische Texte sind zudem offen für Deutungsmöglichkeiten und bieten somit Gesprächsanlässe. Durch die Erwartbarkeit und Redundanz der Strukturen sind sie verständlich, und die Strukturen können spielerisch erfasst und verändert werden, auch wenn sie nicht von Anfang an selbst produziert werden können. Kennzeichnend ist eine spezifische strukturierte Sprache, die den Kindern den Einstieg in ein komplexes System ermöglicht. Die poetische Sprache lässt sich durch das Hervorheben wichtiger Regularitäten wie Reim, Rhythmus, Parallelismus, Ketten- und Regelbildung sowie Reihenbildung manipulieren. So wird das Interesse auf die sprachliche Form gelenkt und paradigmatische Beziehungen wie Konjugations- und Deklinationsmuster können bewusstgemacht werden. Die strukturelle Ähnlichkeit von Texten erleichtert das Verständnis, denn solche Texte gibt es in allen Kulturen. Die Schülerinnen und Schüler sollen im Sprachunterricht an interessanten Textteilen, Äußerungen und Sprachstrukturen Beobachtungen machen und die Aufmerksamkeit auf das zu Lernende richten. Dabei können die richtigen Strukturen auch geübt werden, denn letztlich ist Sprachrichtigkeit unerlässlich, um an der Anforderungen der mündlichen und der schriftlichen Kommunikation und am Umgang mit Medien teilzuhaben.

Belke (2007a und b) legt eine Reihe solcher Vorschläge vor, die auch im Rahmen des „generativen Schreibens" zu Schreibanlässen werden können. Das Kind erhält ein, häufig literarisches Muster – z. B. ein Gedicht, ein Lied oder einen einfachen Text –, das von ihm verändert, abgewandelt oder weiterentwickelt werden soll. In einer Reihe von Forschungsarbeiten wurde die Wirksamkeit eines solchen Musterlernens bestätigt (sog. *chunk-learning*). Insbesondere für Wörter, die den Regelmäßigkeiten nicht folgen, kann eine solche Einübung sinnvoll sein. Das Modell von Belke geht über das nachahmende Lernen hinaus, wenn Lieder, Verse und Reime zum expliziten Gegenstand der Sprachbetrachtung gemacht werden. Insofern kann dieser Ansatz dem *Focus on Form*-Lernen zugeordnet werden.

> **Im Unterricht (Klasse 3/4)** (Belke, 2007b, S. 75):
> Über DER-DIE-DAS-Gedichte soll den Kindern bewusst gemacht werden, dass man Genus-Zuordnungen lernen muss. Zugleich sollen die Verse eine Merkhilfe bieten. Mit Hilfe des Wörterbuchs können die Kinder selbst Wörter suchen, Reime erfinden, aufschreiben und lernen.
> *Der Mann, der Mann, der kauft sich einen Kamm.*
> *Die Frau, die Frau, die ist besonders schlau.*
> *Das Kind, das Kind, ist immer froh gestimmt.*
> *Der Baum, der Baum, der steht am Gartenzaun.*
> *Die Blume, die Blume, wächst auf der Gartenkrume.*
> *Das Haus, das Haus, da geht man ein und aus.*

> **Im Unterricht (Klasse 5/6)** (Belke, 2007b, S. 105f)
> In der 5. oder 6. Klasse sollen die Schüler mit „Puppe in der Puppe-Texten" experimentieren. Ein Beispieltext:
> *Derjenige erhält zehn Euro Belohnung, der den Täter anzeigt, der den Wegweiser umgerissen hat, der an der Brücke steht, der an der Straße liegt, die nach Kleinkleckersdorf führt.*
> Implizites sprachliches Lernen ist durch die Erörterung verschiedener Fragen möglich:
> - Welches Verb gehört zu welchem Subjekt?
> - Welches Pronomen bezieht sich worauf?
> - Welche sprachlichen Mittel gibt es in anderen Sprachen, um solche Verschachtelungen auszudrücken?
> - Kann man solche Texte in andere Sprachen übersetzen?
>
> Außerdem wird in dem Versuch, selbst einen solchen Text zu schreiben, das „generative Schreiben" umgesetzt: Durch das Vorbild erhalten die Schülerinnen und Schüler ein Muster, an dem sie sich orientieren können und das formale Schwierigkeiten des Schreibprozesses minimiert. In Partner- oder Kleingruppenarbeit können weitere Aufgaben bearbeitet werden:
> - Wer schafft es, einen möglichst langen Satz zu konstruieren?
> - Kann eine Gruppe gemeinsam einen Satz basteln?
> - Wer kann diesen Satz aufdröseln?

Lernszenarien (Hölscher)

Ein anderer Weg wird mit den Lernszenarien eingeschlagen. Ausgangspunkt der Überlegungen von Hölscher (2007b) ist die Beobachtung, dass der *Sprachkontakt* eine entscheidende Größe der Aneignung einer zweiten Sprache ist. Demnach brauchen Kinder keine grammatischen Erläuterungen, um sprechen und schreiben zu lernen. Vielmehr stehen die eigene Hypothesenbildung, die Selbsttätigkeit und die Handlungsorientierung im Zentrum der Sprachaneignung. Dabei kommt dem Ausprobieren und damit konkreten Sprechhandlungen große Bedeutung zu. Fehler, die in diesen Situationen entstehen, sind als notwendige Zwischenstufen („Lernersprache", Interlanguage, vgl. ▸ Kap. 2.2) zu betrachten. Da Kinder, die Deutsch als Zweitsprache lernen, dies in der Schule häufig in Konkurrenz zu einsprachigen tun, fallen diese Fehler den Lehrkräften besonders auf. Das kann dazu führen, dass den Kindern mangelnde Sprachkompetenzen unterstellt werden. Das in der Schule übliche Fehlertabu wirkt sich daher auf die Lernenden verhängnisvoll aus, denn es verhindert das eigentätige Experimentieren. Für den Kindergarten und die Grundschule formuliert Hölscher (2007a) „20 Regeln, wie man Sprachenlernen verhindert".

Für den Unterricht (Elementar- und Primarbereich, Mündlichkeit)
20 Regeln, wie man Sprachenlernen verhindert (Hölscher, 2007a, S. 7)
1. Machen Sie einen systematischen Grammatikkurs.
2. Differenzieren Sie in Ihrem Kurs nach Leistung.
3. Sorgen Sie dafür, dass nur Kinder der gleichen Muttersprache miteinander spielen.
4. Setzen Sie viele Arbeitsblätter ein!
5. Spielen Sie nicht zu oft, Spiele haben nichts mit Unterricht zu tun.
6. Bringen Sie dem Kind die Furcht vor dem Fehlermachen bei.
7. Achten Sie weniger auf den Inhalt als auf die Form des Gesagten.
8. Machen Sie dem Kind ständig klar, dass es Fehler macht. Runzeln Sie die Stirn, verziehen Sie Ihr Gesicht und verbessern Sie jeden Fehler.
9. Fordern Sie die anderen Kinder auf, das Kind immer zu verbessern, wenn es einen Fehler macht.
10. Lassen Sie fehlerhafte Sätze so lange wiederholen, bis das Kind keinen Fehler mehr macht.
11. Vermeiden Sie, dass dem Kind zu viel Sprache begegnet.
12. Lesen Sie keine Bilderbücher vor, in denen viele unbekannte Wörter vorkommen.
13. Reden Sie mit dem Kind nicht natürlich, sondern in einfachster, reduzierter Sprache.
14. Verbieten Sie dem Kind die Muttersprache.
15. Lassen Sie das Kind vom ersten Tag an im Stuhlkreis reden, auch wenn es das nicht so gern will.
16. Machen Sie viele solcher Übungen: Lassen Sie beschreiben, was das Kind sieht, z. B. *Der Stift ist rot. Auf dem Bild ist eine Kuh.* Auch das Nachsprechen von Sätzen ist besonders sinnvoll. Es sollte Sie nicht stören, dass das wenig spannend ist.
17. Reden Sie im Kurs viel und lassen Sie die Schüler weniger sprechen. Sie sind das gute Sprachvorbild und nur, was Sie sagen, lernt das Kind wirklich.
18. Lassen Sie die Kinder untereinander nicht unbeaufsichtigt sprechen, denn im Gespräch mit anderen Kindern lernt das Kind nur viele Fehler.

6.3 Spezielle Methoden des Sprachunterrichts und der Sprachförderung

> 19. Lassen Sie das Kind die Sprache nicht einfach ausprobieren, denn dabei treten Fehler auf.
> 20. Seien Sie sparsam mit Lob. Das Kind braucht von seinen Fortschritten nichts zu wissen.

Hölscher folgt aus diesen Überlegungen, dass Sprachaneignung nicht durch einen systematischen Kurs gefördert werden kann, sondern dass ein handelnder, kommunikativer Umgang mit Sprache für die Sprachaneignung motiviert. Der Ansatz ist somit eindeutig dem *Focus on meaning*-Ansatz zuzuordnen. Es geht um die Anwendung und Erprobung sprachlicher Handlungsmuster, um einen funktionalen Einsatz von Grammatik. Hierzu werden sogenannte Lernszenarien entwickelt, in deren Mittelpunkt Kernthemen aus dem Erfahrungs- und Erlebnisbereich der Kinder stehen, aber auch Literatur und Sachtexte. Das Thema wird durch verschiedene Aufgaben und Arbeitsaufträge bearbeitet. Im Gegensatz zu Belke (s. o.) hält Hölscher den Erwerb expliziten grammatischen Wissens für die Aneignung einer zweiten Sprache für unbedeutend. An diese Stellen treten Spiele und vielfältige Probehandlungen. Die folgende Grafik zeigt die Gestaltung eines Lernszenarios mit Texten (Sekundarstufe).

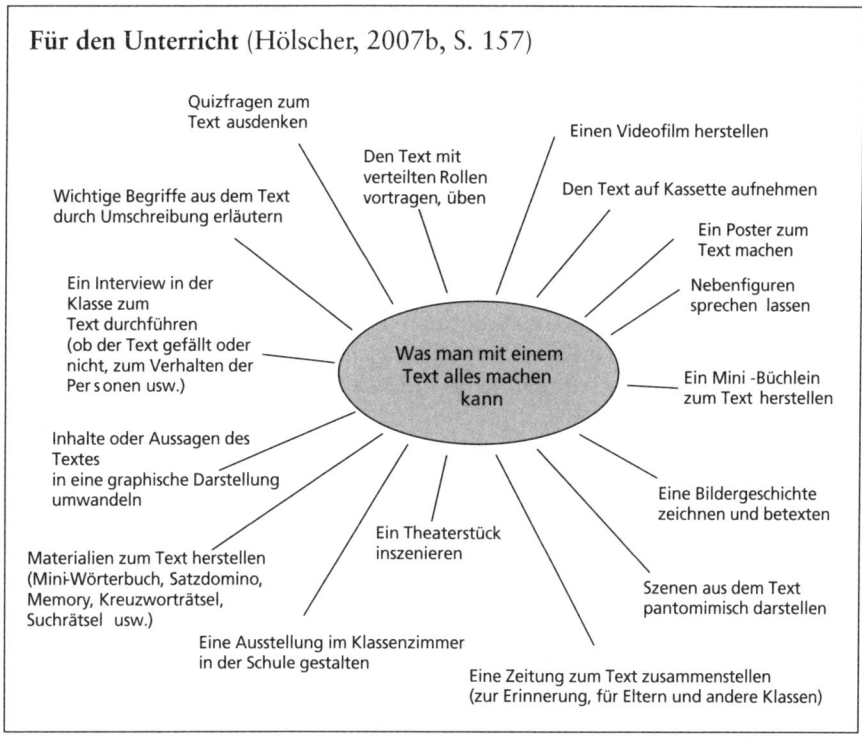

Abb. 6.2: Aufträge zur Erarbeitung von Texten in einem Lernszenario

Formale Richtigkeit soll in der Gruppe durch Zusammenarbeit unter den Schülerinnen erreicht werden. Jedes Szenario wird mit einer Präsentation der Ergebnisse durch die Gruppen beendet. Die Lernszenarien werden also für einen echten kommunikativen Zweck bearbeitet.

Hölscher (2007b) entwickelt DaZ-Koffer mit Lernszenarien für Kindergarten, Grundschule und Sekundarstufe. Bezüglich des Erwerbs konzeptionell mündlicher Strukturen gibt es gute Gründe, den Annahmen Hölschers zu folgen. Ob mittels Lernszenarien jedoch auch komplexe schriftliche Strukturen erworben werden können, bleibt unklar, denn Lesen und Schreiben zu lernen bedeutet von Beginn an auch die bewusste Auseinandersetzung mit sprachlichen Strukturen. Insofern stehen die Annahmen Hölschers in Opposition zum *language awareness*-Konzept. Vielleicht ist der Widerspruch auch dadurch aufzulösen, dass sich Hölschers Argumentation gegen eine traditionelle Grammatik-Übersetzungsmethode richtet, von der sich der *language awareness*-Ansatz ebenfalls abgrenzt. Für die Förderung des Wortschatzerwerbs ist der Lernszenarienansatz sicher zu empfehlen. Viele konkrete Lernangebote unterscheiden sich nicht grundsätzlich von anderen DaZ-Lehrwerken, was erstaunlich ist, denn der Szenarienansatz propagiert eigentlich eine Abkehr von den Lehrwerken. Problematisch könnte sein, dass es den Lehrkräften überlassen bleibt, aus den verschiedenen Angeboten ein Lernszenario herzustellen. Dies erfordert viel Zeit und hohe Kompetenzen (vgl. Rösch, 2008).

Sprachenportfolio (Oomen-Welke)

Oomen-Welke (2006) sieht im Einsatz von Sprachenportfolios eine autonome Methode zur Dokumentation von Lernfortschritten. Sprachenportfolios sind meist als Heft oder Mappe konzipiert, in denen verschiedene sprachbezogene Arbeiten gesammelt werden. Charakteristisch ist die aktive Beteiligung der Lernenden an der Auswahl der Inhalte sowie eine Kombination von Selbst- und Fremdeinschätzungen individueller Kompetenzen. Betrachtet werden sowohl die Prozesse des Sprachenlernens als auch die aus den Prozessen hervorgegangenen Produkte. Ziele sind die Lernerautonomie, Selbstreflexion und die Orientierung an Kompetenzen und nicht an Defiziten.

In den Portfolios sollen alle sprachlichen Kompetenzen von Lernenden berücksichtigt werden. Sukzessive werden unterschiedliche Arbeitsmaterialien zum Thema Sprache gesammelt. Arbeitsblätter, wie von Oomen-Welke (2006) vorgeschlagen, liefern dafür Anhaltspunkte. Sie erfragen Informationen zum Kind, zu seinem sprachlichen Lernen und seinen kulturellen Erfahrungen. Zum anderen enthalten die Materialien Fragen zum Sprachenlernen (Spracherwerb, Dominanz der Sprachen), Vorschläge zur Lexik sowie zu weiterführenden Sprachprojekten. Dies schafft Verbindungen zwischen den Sprachen des Kindes und zwischen den Sprachen der Gruppe. Subjektive, sprachbezogene Theorien werden thematisiert und ausgebaut, Sprachwissen wird aufgebaut. Durch das Portfolio entsteht Identifikation, Motivation und Engagement. Denn jedes Kind entscheidet letztlich selbst über die Ausgestaltung seines Portfolios. Anregungen zu den Sprachenportfolios finden sich in den thematischen Heften der Arbeitsreihe „Sprachenfächer" (www.sprachenfaecher.de).

Zusammenfassung

Didaktische und methodische Entscheidungen im Unterricht in heterogenen Lerngruppen müssen sich an vielfältigen Gegebenheiten orientieren, die hohe Anforderungen an die Lehrkräfte stellen. Letztlich ist es nicht möglich, Rezepte oder klare methodische Entscheidungsgrundlagen zu formulieren, denn Auswahl und Begründung von Unterrichtsmethoden sind von der jeweiligen Lerngruppe und den Kompetenzen der Kinder und Jugendlichen abhängig. In diesem Kapitel wurden Grundlagen des Unterrichts in mehrsprachigen Lerngruppen erörtert sowie einige methodische Zugänge exemplarisch vorgestellt.

Literatur

Ahrenholz, B. (Hrsg.). (2006). *Kinder mit Migrationshintergrund.* Freiburg: Fillibach.
Aitchison, J. (1997). *Wörter im Kopf. Eine Einführung in das mentale Lexikon.* Tübingen: Niemeyer.
Andresen, H. (2002). *Interaktion, Spiel und Sprache.* Tübingen: Narr.
Apeltauer, E. (1992). Sind Kinder bessere Sprachenlerner? *Lernen in Deutschland, 1(92),* 6–19.
Apeltauer, E. (2008). Wortschatzentwicklung und Wortschatzarbeit. In B. Ahrenholz & I. Oomen-Welke (Hrsg.), *Deutsch als Zweitsprache* (S. 239–252). Baltmannsweiler: Schneider.
Aschenbrenner, K., Junk-Deppenmaier, A. & Schäfer, J. (2009a). Förderung von Kindern und Jugendlichen mit Schwierigkeiten bei der Textproduktion durch Lese- Schreibberatung. In B. Ahrenholz (2009) (Hrsg.), *Empirische Befunde zu DaZ-Erwerb und Sprachförderung* (S. 235–255). Freiburg: Fillibach.
Aschenbrenner, K., Bauer, W., Jeuk, S., Junk, A. & Wiedmaier, K. (2009b). *Deutsch als Zweitsprache in der Grundschule.* Hrsg. vom Ministerium für Kultus, Jugend und Sport Baden-Württemberg. Stuttgart: MKS.
Barrett, M. (1995). Early Lexical Development. In P. Fletcher & B. MacWhinney (Ed.), *Handbook of Child Language* (pp. 393–412). Oxford: Blackwell.
Barzel, D. & Salek, A. (2007). Bessere Bildungschancen für Kinder und Jugendliche mit Migrationshintergrund. In B. Ahrenholz (Hrsg.), *Deutsch als Zweitsprache* (S. 205–214). Freiburg: Fillibach.
Baumert, J. et al. (Hrsg.). *Herkunftsbedingte Disparitäten im Bildungswesen: differenzielle Bildungsprozesse und Probleme der Verteilungsgerechtigkeit.* Wiesbaden: VS.
Baur, R. & Spettmann, M. (2008). Sprachstandsmessung und Sprachförderung mit dem C-Test. In B. Ahrenholz & I. Oomen-Welke (Hrsg.), *Deutsch als Zweitsprache* (S. 430–444). Baltmannsweiler: Schneider.
Beauftragte der Bundesregierung für Migration, Flüchtlinge und Integration (2012). *9. Bericht über die Lage der Ausländerinnen und Ausländer in Deutschland.* Bonn und Berlin.
Belke, G. (2012). *Mehr Sprache(n) für alle. Sprachunterricht in einer mehrsprachigen Gesellschaft.* Baltmannsweiler: Schneider.
Belke, G. (2007a). *Poesie und Grammatik: Textkommentar.* Baltmannsweiler: Schneider.
Belke, G. (2007b). *Mit Sprache(n) spielen.* Baltmannsweiler: Schneider.
Berghoff, W. & Mayer-Koenig, B. (2003). *Ludmilla, Paul, Hassan, Lisa und Ayse lernen Deutsch.* Baltmannsweiler: Schneider.
Böttle, Y. & Jeuk, S. (2008). Türkisch. In S. Colombo-Scheffoldt et al. (Hrsg.), *Ausländisch für Deutsche* (S. 187–197). Freiburg: Fillibach.
Bredel, U. (2005). Sprachstandsmessung – Eine verlassene Landschaft. In K. Ehlich (Hrsg.), *Anforderungen an Verfahren der regelmäßigen Sprachstandsfeststellung als*

Grundlage für die frühe und individuelle Förderung von Kindern mit und ohne Migrationshintergrund (S. 78–120). Berlin: BMBF.

Bredel, U. (2012). (Verdeckte) Probleme beim Orthographieerwerb des Deutschen in mehrsprachigen Klassenzimmern. In Grießhaber, W. & Kalkavan, Z. (Hrsg.), *Orthographie- und Schriftspracherwerb bei mehrsprachigen Kindern* (S. 125–142). Freiburg: Fillibach.

Bruner, J. S. (1987). *Wie das Kind sprechen lernt*. Bern: Huber.

Bundschuh, K. (2005). *Einführung in die sonderpädagogische Diagnostik*. München: Reinhardt.

Chomsky, N. (1957). *Syntactic structures*. The Hague: Mouton.

Crystal, D. (1995). *Die Cambridge Enzyklopädie der Sprache*. Frankfurt am Main: Campus.

Cummins, J. (2000). *Language, Power and Pedagogy*. Clevedon: Multilingual Matters.

De Houwer, A. (1994). The Separate Development Hypotheses: method and implications. In G. Extra & L. Verhoeven (Eds.), *The Cross-Linguistic Study of Bilingual Development* (S. 39–49*)*. North-Holland: Nederlandse Akademie van Wetenschappen.

Decker, Y. & Oomen-Welke, I. (2008). Methoden für Deutsch als Zweitsprache. In B. Ahrenholz & I. Oomen-Welke (Hrsg.), *Deutsch als Zweitsprache* (S. 324–342). Baltmannsweiler: Schneider.

Decker, Y. (2008*)*. Deutsch als Zweitsprache in internationalen Vorbereitungsklassen. In B. Ahrenholz, & I. Oomen-Welke (Hrsg.), *Deutsch als Zweitsprache* (S. 162–172). Baltmannsweiler: Schneider.

Dehn, M. (2006). *Zeit für die Schrift*. Berlin: Cornelsen.

Deutsches PISA-Konsortium (Hrsg.). (2001). *PISA 2000. Basiskompetenzen von Schülerinnen und Schülern im internationalen Vergleich*. Opladen: Leske & Budrich.

Diehl, E., Christen, H., Leuenberger, S., Pelvat, I. & Studer, T. (2000). *Grammatikunterricht: Alles für die Katz?* Tübingen: Niemeyer.

Diehm, I. & Radtke, F.-O. (1999). *Erziehung und Migration*. Stuttgart: Kohlhammer.

Dirim, İ. (1999). Lernen in zweisprachiger Interaktion. *Grundschule 31*(5), 43–46.

Dittmann, J. (2006). *Der Spracherwerb des Kindes*. München: Beck.

Domsch, H. & Krowatschek, D. (2009). *Förderpläne – kein Problem* (5. Auflage). Buxtehude: AOL.

Dörnyei, Z. (2003). *Attitudes, Orientations and Motivations in Language Learning*. Blackwell: Mass.

Dreyer, H. & Schmitt, R. (2000). *Lehr- und Übungsbuch der deutschen Grammatik*. Ismaning: Hueber.

Eberwein, H. & Knauer, S. (2009). *Lernprozesse verstehen* (3. Auflage). Weinheim: Beltz.

Eggers, C. (1988). *Darko und Sven – Inge und Ayşe: gemeinsam Lernen; Deutsch als Zweitsprache in der Regelklasse*. Heinsberg: Dieck.

Ehlich, K. (2001). Ein Europa – viele Sprachen. *Grundschule 33*(10), 12–14.

Ehlich, K. (Hrsg.). (2005). *Anforderungen an Verfahren der regelmäßigen Sprachstandsfeststellung als Grundlage für die frühe und individuelle Förderung von Kindern mit und ohne Migrationshintergrund*. Berlin: BMBF.

Ehlich, K. (Hrsg.). (2009). *Referenzrahmen zur altersspezifischen Sprachaneignung – Forschungsgrundlagen*. Berlin: BMBF.

Engin, H., Müller-Boehm, E. Steinmüller, U. & Terhechte Merneroğlu, F. (2004). *Kinder lernen Deutsch als Zweitsprache*. Berlin: Cornelsen.

Feilke, H. (2012). Bildungssprachliche Kompetenzen – fördern und entwickeln. *Praxis Deutsch*, 233, 4–13.

Fippinger, F. (1991). *AST 3, Allgemeiner Schulleistungstest für 3. Klassen*. Göttingen: Hogrefe.
Fix, M. & Melenk, H. (2004). *Schreiben zu Texten – Schreiben zu Bildimpulsen*. Baltmannsweiler: Schneider.
Fix, M. (2002). „Die Recht Schreibung verbesern" – Zur orthographischen Kompetenz in der Zweitsprache Deutsch. *Didaktik Deutsch 12*, 39–55.
Fix, M. (2006). *Texte schreiben*. Paderborn: Schöningh.
Frangenberg, H. (2007). Ein Delfin der Stress macht. In: *Kölner Stadtanzeiger 23.03.2007*. http://www.ksta.de/html/artikel/1174922311976.shtml [Download 21.10.2009].
Fried et al. (2007). Delfin 4. In http://www.delfin4.fb12.uni-dortmund.de/downloads/MulitplikatorInnen_Info.pdf [Download 21.10.2009].
Fthenakis, W. (Hrsg.). (1985). *Bilingual – bikulturelle Entwicklung des Kindes*. München: Hueber.
Gardner, R. & Lambert, W. (1972). *Attitudes and Motivation in Second Language Learning*. Rowley: Mass.
Gibbons, P. (2002). *Scaffolding Language, Scaffolding Learning*. Portsmouth: Heinemann.
Gogolin, I. (1994). *Das nationale Selbstverständnis der Bildung*. Münster: Waxmann.
Gogolin, I. (1999). Mehrsprachigkeit. *Grundschule 31(5)*, 40–43.
Gogolin, I., Neumann, U. & Roth, H. J. (2003). *Förderung von Kindern und Jugendlichen mit Migrationshintergrund*. Bonn: Bund-Länder-Kommission.
Gomolla, M. & Radtke, H.-O. (2002). *Institutionelle Diskriminierung*. Opladen: Leske & Budrich.
Graf, P. (1989). Deutsch als Zweitsprache in der Schule. In A. J. Tumat (Hrsg.), *Deutsch als Fremdsprache – Konzeption und Unterricht*. Hohengehren: Schneider.
Grießhaber, W. (2005). *Sprachstandsdiagnose im kindlichen Zweitspracherwerb: Funktional-pragmatische Fundierung der Profilanalyse*. [online]: http://spzwww.uni-muenster.de/griesha/pub/tprofilanalyse-azm-05.pdf [Download: 21.10.2009].
Grießhaber, W. (2006). Die Entwicklung der Grammatik in Texten vom 1. bis zum 4. Schuljahr. In B. Ahrenholz (Hrsg.), *Kinder mit Migrationshintergrund* (S. 150–167). Freiburg: Fillibach,.
Grießhaber, W. (2008). Zu den Bedingungen der Förderung in Deutsch als Zweitsprache. In B. Ahrenholz (Hrsg.), *Zweitspracherwerb* (S. 211–228). Freiburg: Fillibach.
Grundler, E. (2009). Argumentieren in der Zweitsprache. In B. Ahrenholz (Hrsg.), *Deutsch im Fachunterricht* (S. 56–68). Tübingen: Narr.
Grimm, H. & Schöler, H. (1999). *Heidelberger Sprachentwicklungstest HSET*. Göttingen: Hogrefe.
Grimm, H. (2001). *Sprachentwicklungstest für Kinder, SETK*. Göttingen: Hogrefe.
Guckelsberger, S. (2009). Diskursive Basisqualifikation. In K. Ehlich (Hrsg.), *Referenzrahmen zur altersspezifischen Sprachaneignung – Forschungsgrundlagen* (S. 103–134). Berlin: BMBF.
Haberzettl, S. (2005). *Der Erwerb der Verbstellungsregeln in der Zweitsprache Deutsch durch Kinder mit russischer und türkischer Erstsprache*. Tübingen: Niemeyer.
Hacker, D. (1999). Phonologie. In S. Baumgartner & I. Füssenich (Hrsg.), *Sprachtherapie mit Kindern,* (S. 13–62) (4. Auflage). München: UTB.
Haueis, E. (2007). *Unterricht in der Landessprache*. Baltmannsweiler: Schneider.
Henrici, G. & Reimer, C. (2001). *Deutsch als Fremdsprache*. Baltmannsweiler: Schneider.

Hobusch, A., Lutz, N. & Wiest, U. (1999). *SFD, Sprachstandsüberprüfung und Förderdiagnostik für Ausländer- und Aussiedlerkinder 1. bis 4. Schuljahr.* Horneburg: Persen.
Hofmann, N., Polotzek, S., Roos, J. & Schöler, H. (2008). Sprachförderung im Vorschulalter – Evaluation dreier Sprachförderkonzepte. In *Diskurs Kindheits- und Jugendforschung 3,* 291–300.
Holler-Zittlau, I., Dux, W. & Berger, R. (2003). *MSS, Marburger Sprach-Screening für 4- bis 6-jährige Kinder.* Horneburg: Persen.
Hölscher, P. (2003). *DaZ Lernen aus dem Koffer.* Oberursel: Finken.
Hölscher, P. (2007a). *Unser kleiner Wörterladen.* Oberursel: Finken.
Hölscher, P. (2007b). Lernszenarien. Sprache kann nicht gelehrt, sondern nur gelernt werden. In B. Ahrenholz (Hrsg.), *Deutsch als Zweitsprache* (S. 151–168). Freiburg: Fillibach.
Holzbrecher, A. (2008). Interkulturelles Lernen. In B. Ahrenholz & I. Oomen-Welke (Hrsg.), *Deutsch als Zweitsprache* (S. 118–130). Baltmannsweiler: Schneider.
Hopf, D. (2005). Zweisprachigkeit und Schulleistung bei Migrantenkindern. *Zeitschrift der Pädagogik 51*(2), 236–251.
Horstkemper, M. (2006). Fördern heißt diagnostizieren. *Friedrich Jahresheft 06,* 4–7.
Huneke, H. W. & Steinig, W. (1997). *Deutsch als Fremdsprache.* Berlin: Schmidt.
Jampert, K. (2002). *Schlüsselsituation Sprache.* Opladen: Leske & Budrich.
Jampert, K. et al. (2007). *Schlüsselkompetenz Sprache.* (2. Auflage). Berlin: das Netz.
Jeuk, S. & Junk-Deppenmeier, A. (2012). Konzeption eines Sprachstandsfeststellungsverfahrens für die Sekundarstufe I. In: Ahrenholz, B. & Knapp, W. (Hrsg.), *Sprachstand erheben – Spracherwerb erforschen* (S. 209–224). Freiburg: Fillibach bei Klett.
Jeuk, S. & Schäfer, J. (2007). Beobachtung des Zweitspracherwerbs im Anfangsunterricht – Schwerpunkt Grammatik. *Grundschule Deutsch 14*(2), 38–39.
Jeuk, S. & Schäfer, J. (2008). „Der, die, das – ist mir doch egal". *Grundschule Deutsch 18,* 11–15.
Jeuk, S. & Schäfer, J. (2009). *Schriftsprache erwerben.* Berlin: Cornelsen.
Jeuk, S. (2003). *Erste Schritte in der Zweitsprache Deutsch.* Freiburg: Fillibach.
Jeuk, S. (2006). Die Sprache und die Sprachen. In S. Bibouche (Hrsg.), *Interkulturelle Integration in der Kinder- und Jugendarbeit* (S. 87–101). Weinheim: Juventa.
Jeuk, S. (2009). Sprachstandserhebung bei mehrsprachigen Kindern. *ZSE 29*(2), 141–156.
Jeuk, S. (2010). Analyse der diskursiven Basisqualifikation bei mehrsprachigen und einsprachigen Kindern zum Zeitpunkt der Einschulung. In Rost-Roth, M. (Hrsg.), *DaZ-Spracherwerb und Sprachförderung Deutsch als Zweitsprache* (S. 123–139). Freiburg: Fillibach.
Kaltenbacher, E. & Klages, H. (2006). Sprachprofil und Sprachförderung bei Vorschulkindern mit Migrationshintergrund. In B. Ahrenholz (Hrsg.), *Kinder mit Migrationshintergrund* (S. 80–97). Freiburg: Fillibach.
Kany, W. & Schöler, H. (2007). *Fokus: Sprachdiagnostik.* Berlin: Cornelsen.
Karasu, I. (1995). *Bilinguale Wortschatzentwicklung türkischer Migrantenkinder vom Vor- bis ins Grundschulalter in der Bundesrepublik Deutschland.* Frankfurt am Main: Lang.
Kauschke, C. (1999). Früher Wortschatzerwerb im Deutschen. In J. Meibauer & M. Rothweiler (Hrsg.), *Das Lexikon im Spracherwerb* (S. 128–156). Tübingen: Francke.
Kemp, R. & Bredel, U. (2009). Morphologisch-syntaktische Basisqualifikationen. In K. Ehlich (Hrsg.), *Referenzrahmen zur altersspezifischen Sprachaneignung – Forschungsgrundlagen* (S. 77–101). Berlin: BMBF.

Keßler. J.-U. & Plesser, A. (2011). *Teaching Grammar*. Paderborn: Schöningh.
Klann-Delius, G. (2008). *Spracherwerb* (2. Auflage). Stuttgart: Metzler.
Klein, W. (1992). *Zweitspracherwerb* (3. Auflage). Königstein: Athenäum.
Klieme, E. & Jude, N. (2006): *Sprachliche Kompetenzen. Konzepte und Testinstrumente zur Messung der Leistung im Deutschen und Englischen*. (= DESI-Band 1). Weinheim: Beltz.
Klünemann, C. & Arnauld-Kreutzer, N. (2008). Französisch. In S. Colombo-Scheffoldt et al. (Hrsg.), *Ausländisch für Deutsche* (S. 91–104). Freiburg: Fillibach.
Knapp, W. (1997). *Schriftliches Erzählen in der Zweitsprache*. Tübingen: Narr.
Knapp, W. (1998). „Situationsorientiert – gesteuert", „kommunikationsorientiert – systematisch", „funktional – formal", „induktiv – deduktiv": Wider vermeintliche Antithesen im Grammatikunterricht. *Deutsch lernen, 23*(3), 228–252.
Knapp, W. (1999). Verdeckte Sprachschwierigkeiten. *Grundschule, 31*(5), 30–34.
Knapp, W. (2001). Diagnostische Leitfragen. *Praxis Grundschule, 3,* 4–6.
Knapp, W. (2008). Didaktische Konzepte Deutsch als Zweitsprache. In B. Ahrenholz & I. Oomen-Welke (Hrsg.), *Deutsch als Zweitsprache* (S. 133–148). Baltmannsweiler: Schneider.
Kniffka, G. & Siebert-Ott, G. (2007). *Deutsch als Zweitsprache*. Paderborn: Schöningh.
Koch, P. & Oesterreicher, W. (1994). Schriftlichkeit und Sprache. In H. Günther & O. Ludwig (Hrsg.), *Schrift und Schriftlichkeit. Writing and Its Use. Ein interdisziplinäres Handbuch internationaler Forschung* (S. 586–604). Berlin, New York: De Gruyter.
Komor, A. (2009). Semantische Basisqualifikationen. In K. Ehlich (Hrsg.), *Referenzrahmen zur altersspezifischen Sprachaneignung – Forschungsgrundlagen* (S. 51–76). Berlin: BMBF.
Konsortium Bildungsberichterstattung (Hrsg.). (2006). *Bildung in Deutschland. Ein indikatorengestützter Bericht mit einer Analyse zu Bildung und Migration*. Bielefeld: Bertelsmann.
Kracht, A. (2000). *Migration und kindliche Zweisprachigkeit*. Münster: Waxmann.
Krashen, S. D. (1981). *Second language acquisition and second language learning*. Oxford: Pergamon Press.
Kühn, P. (2010). *Sprache untersuchen und erfordern*. Berlin: Cornelsen.
Küspert, P. & Schneider, W. (2002). *Hören, lauschen, lernen*. Göttingen: Vandenhoek & Ruprecht.
Lamparter-Posselt, M. & Jeuk, S. (2008). Deutsch als Zweitsprache im Kindergarten. In B. Ahrenholz & I. Oomen-Welke (Hrsg.), *Deutsch als Zweitsprache* (S. 149–161). Baltmannsweiler: Schneider.
Landua, S., Maier-Lohmann, C. & Reich, H. (2009). Deutsch als Zweitsprache. In K. Ehlich (Hrsg.), *Referenzrahmen zur altersspezifischen Sprachaneignung – Forschungsgrundlagen* (S. 171–202). Berlin: BMBF.
Lenneberg, E. (1967). *Biological foundations of language*. New York: Wiley.
Lüddecke, J. & Luchtenberg, S. (2003). PISA und die Folgen aus Sicht interkultureller Erziehung. In U. Abraham et al. (Hrsg.), *Deutschdidaktik und Deutschunterricht nach PISA* (S. 309–329). Freiburg: Fillibach.
Maier, W. (2003). *Deutsch lernen in Kindergarten und Grundschule*. München: Don Bosco.
May, P. (2006). *Hamburger Schreibprobe HSP*. Seelze: vpm.
Mecheril, P. (2004). *Einführung in die Migrationspädagogik*. Weinheim: Beltz.

Meixner, J. (2000). „Kamele schlafen in der Luft": Selbstorganisationsprozesse in Lernersprachen. In M. Wendt (Hrsg.), *Konstruktion statt Instruktion* (S. 87–101). Frankfurt: Lang.
Melenk, H. (2004). (Hrsg.). *Amerikanische Kinder lernen Deutsch*. Baltmannsweiler: Schneider.
Menzel, W. (1999). *Grammatik-Werkstatt*. Seelze: Kallmeyer.
Militzer, R., Demandewitz, H. & Fuchs, R. (2000). *Hallo, Hola, Ola. Sprachförderung in Kindertagesstätten*. Berlin, Bonn: Beauftragte der Bundesregierung für Ausländerfragen.
Müller, N., Kupisch, T., Schmitz, K. & Cantone, K. (2007). *Einführung in die Mehrsprachigkeitsforschung*. Tübingen: Narr.
Müller, R. (1997). *Sozialpsychologische Grundlagen des schulischen Zweitspracherwerbs bei MigrantenschülerInnen*. Aarau: Sauerländer
Oomen-Welke, I. (2003). Ein Viertel laut PISA „ganz unten". In U. Abraham et al. (Hrsg.), *Deutschdidaktik und Deutschunterricht nach PISA* (S. 279–296). Freiburg: Fillibach.
Oomen-Welke, I. (2008). Didaktik der Sprachenvielfalt. In B. Ahrenholz & I. Oomen-Welke (Hrsg.), *Deutsch als Zweitsprache* (S. 479–493). Baltmannsweiler: Schneider.
Oome-Welke, I. (2006). „Meine Sprache und ich". Inspiration aus der Portfolio-Arbeit in DaZ für Vorbereitungsklassen und Kindergarten. In B. Ahrenholz (Hrsg.), *Kinder mit Migrationshintergrund* (S. 115–131). Freiburg: Fillibach.
Ossner, J. (2006). *Sprachdidaktik Deutsch*. Paderborn: Schöningh.
Ott, M. (2008). Integrativer Deutschunterricht in Regelklassen. In B. Ahrenholz & I. Oomen-Welke (Hrsg.), *Deutsch als Zweitsprache* (S. 200–214). Baltmannsweiler: Schneider.
Pagonis, G. (2009). *Kritische Periode und altersspezifischer Antrieb*. Frankfurt am Main: Lang.
Pangh, C. (2003). Diagnosekompetenz – den Blick für das Lernen schärfen. In T. Bohl, H.-U. Grunder & K. Kansteiner-Schänzlin (Hrsg.), *Lernende in der Hauptschule – ein Blick auf die Hauptschule nach PISA* (S. 91–112). Baltmannsweiler: Schneider.
Penner, Z. & Krügel, C. (2007). *Sprache und frühkindliche Bildung*. Zürich: Bildungsverlag eins.
Pienemann, M., Keßler, J.-U. & Roos, E. (Hrsg.). (2006). *Englischerwerb in der Grundschule. Ein Studien- und Arbeitsbuch*. Paderborn: Schöningh.
Reich, H. H. (2008). Sprachstandserhebungen, ein- und mehrsprachig. In B. Ahrenholz & I. Oomen-Welke (Hrsg.), *Deutsch als Zweitsprache* (S. 420–429). Baltmannsweiler: Schneider.
Reich, H. H. (2009). Die Sprachaneignung von Kindern in Situationen der Zwei- und Mehrsprachigkeit. In K. Ehlich (Hrsg.). *Referenzrahmen zur altersspezifischen Sprachaneignung – Forschungsgrundlagen* (S. 163–170). Berlin: BMBF
Reich, H. H. et al. (2002). *Spracherwerb zweisprachig aufwachsender Kinder und Jugendlicher. Ein Überblick*. Hamburg: Behörde für Bildung und Sport.
Reich, H. H. & Roth, H.-J. (2004). *HAVAS 5. Hamburger Verfahren zur Analyse des Sprachstandes bei Fünfjährigen*. Hamburg: Landesinstitut für Lehrerbildung und Schulentwicklung. Zu beziehen über: http://www.foermig.uni-hamburg.de/web/de/all/mat/diag/havas/index.html
Roddau-Senkpiel, R. (2002). Die Deutsch-Italienische Gesamtschule in Wolfsburg. In T. Fitzner (Hrsg.), *Alphabetisierung und Sprachenlernen*. Stuttgart: Klett.

Röhner, C. & Hausmann, A. O. (2007). Zweitsprachliche Produktivität von Migrantenkindern im Übergang vom Kindergarten zur Grundschule. In B. Ahrenholz (Hrsg.), *Deutsch als Zweitsprache* (S. 75–94). Freiburg: Fillibach.
Röhr-Sendlmeier, U. M. (1985). *Zweitsprachenerwerb und Sozialisationsbedingungen.* Frankfurt am Main: Lang.
Ronjat, J. (1913). *Le développement du langage observez chez un enfant bilingue.* Paris: Champion.
Rösch, H (2008). Sprachförderung DaZ oder Lernbegleitung. In B. Ahrenholz, & I. Oomen-Welke (Hrsg.), *Deutsch als Zweitsprache*. Baltmannsweiler: Schneider.
Rösch, H. (Hrsg.). (2003). *Deutsch als Zweitsprache. Grundlagen, Übungsideen, Kopiervorlagen.* Braunschweig: Schroedel.
Rösch, H. (Hrsg.). (2004). *Mitsprache. Sprachförderung in der Sekundarstufe I. Grundlagen, Übungsideen, Kopiervorlagen.* Braunschweig: Schroedel.
Rösch, H. (2005). *DaZ-Förderung in der Grundschule – ein Überblick.* In H. Bartnitzky, & A. Speck-Hamdan (Hrsg.), *Deutsch als Zweitsprache lernen* (S. 75–87). Frankfurt am Main: Grundschulverband.
Rösch, H. (2007). DaZ-Förderung in Feriencamps. In B. Ahrenholz (Hrsg.), *Deutsch als Zweitsprache* (S. 229–246). Freiburg: Fillibach.
Rothweiler, Monika (2007). Spezifische Sprachentwicklungsstörungen und Mehrsprachigkeit. In H. Schöler & A. Welling (Hrsg.), *Sonderpädagogik der Sprache* (S. 254–258). Göttingen: Hogrefe.
Schader, B. (2003). *Sprachenvielfalt als Chance.* Zürich: Bildungsverlag eins.
Schäfer, J. (2009). Die Schwierigkeiten, Schreibschwierigkeiten zu erfassen: Vorüberlegungen zur einer Studie zur Erfassung der Schreibkompetenz von Hauptschülerinnen und Hauptschülern. In S. Jeuk & I. Schmid-Barkow (Hrsg.), *Differenzen, diagnostizieren und Kompetenzen erfassen im Deutschunterricht* (S. 229–247). Freiburg: Fillibach.
Schöler, H. (2003). *Heidelberger Auditives Screening, HASE.* Göttingen: Hogrefe.
Schulz, P. & Tracy, R. (2011). *Linguistische Sprachstandserhebung – Deutsch als Zweitsprache* (Lise-DaZ). Göttingen: Hogrefe.
Schumann, J. H. (1986). Research on the acculturation model for second language acquisition. *Journal of Multilingual and multicultural Development 5*, 379–392.
Schümer, G. (2004): Zur doppelten Benachteiligung von Schülern aus unterprivilegierten Gesellschaftsschichten im deutschen Schulwesen. In G. Schümer, K.-J. Tillmann & M. Weiß (Hrsg.), *Die Institution Schule und die Lebenswelt der Schüler* (S. 73–114). Wiesbaden: VS.
Siebert-Ott, G. (2001). *Frühe Mehrsprachigkeit.* Tübingen: Niemeyer.
Siebert-Ott, G. (2004). Schulerfolg und Mehrsprachigkeit – eine unendliche Geschichte? *IZA (Zeitschrift für Migration und Soziale Arbeit) 3/4*, 27–31.
Siebert-Ott, G. (2008). Zweisprachigkeit und mehrsprachige Schulen. In B. Ahrenholz & I. Oomen-Welke (Hrsg.), *Deutsch als Zweitsprache* (S. 493–501). Baltmannsweiler: Schneider.
Skinner, B. F. (1957). *Verbal behavior.* New York: McMillan.
Skutnabb-Kangas, T. & Toukomaa, P. (1976). *Teaching Migrant Childrens' Mother Tongue and Learning the Language of the Host Country in the Context of the Sociocultural Situation of the Migrant Family.* Helsinki: Tampere.
Skutnabb-Kangas, T. (1992). Mehrsprachigkeit und die Erziehung von Minderheitenkindern. *Deutsch Lernen 17*, 38–67.
Staatsinstitut für Schulqualität und Bildungsforschung München (2002). *Kenntnisse in Deutsch als Zweitsprache erfassen. Screening-Modell für Schulanfänger.* Stuttgart: Klett.

Stanat, P. (2006). Disparitäten im schulischen Erfolg: Forschungsstand zur Rolle des Migrationshintergrunds. In *Unterrichtswissenschaft 36*(2), 98–124.

Statistik Baden Württemberg (2008). *Statistisches Jahrbuch 2007*. Stuttgart. Auch einzusehen in: www.statistik.baden-wuerttemberg.de.

Thoma, D. & Tracy, R. (2006). Deutsch als frühe Zweitsprache. Zweite Erstsprache? In B. Ahrenholz (Hrsg.), *Kinder mit Migrationshintergrund* (S. 58–79). Freiburg: Fillibach.

Tracy, R. & Gawlitzek-Maiwald, I. (2000). Bilingualismus in der frühen Kindheit. In H. Grimm (Hrsg.), *Sprachentwicklung* (S. 495–535). Göttingen: Hogrefe.

Tracy, R. (1996). Vom Ganzen und seinen Teilen. Überlegungen zum doppelten L1 Erwerb. *Sprache & Kognition 15*, 70–92.

Trautmann, C. (2009). Pragmatische Qualifikationen I und II. In K. Ehlich (Hrsg.), *Referenzrahmen zur altersspezifischen Sprachaneignung – Forschungsgrundlagen* (S. 31–50). Berlin: BMBF.

Ulich, M. & Mayr, T. (2003). *SISMIK. Sprachverhalten und Interesse an Sprache bei Migrantenkindern in Kindertageseinrichtungen*. Freiburg: Herder.

Ulich, M. & Mayr, T. (2006). *SELDAK: Sprachentwicklung und Literacy bei deutschsprachig aufwachsenden Kindern*. Freiburg: Herder.

Valtin, R. (2002). *Was ist ein gutes Zeugnis? Noten und verbale Beurteilung auf dem Prüfstand*. Weinheim: Juventa.

Vygotskij, L. S. (2002, Original 1934). *Denken und Sprechen*. Weinheim: Beltz.

Weiß, H. (1989). *Familie und Frühförderung*. München: Reinhardt.

Wendlandt, W. (2010). *Sprachstörungen im Kindesalter* (6. vollständig überarbeitete Auflage). Stuttgart: Thieme.

Whitehead, M. R. (2007). *Sprache und Literacy von 0 bis 8 Jahren*. Zürich: Bildungsverlag eins.

Wode, H. (1992). *Psycholinguistik. Eine Einführung in die Lehr- und Lernbarkeit von Sprachen*. Ismaning: Hueber.

Zollinger, B. (1996). *Die Entdeckung der Sprache*. Bern: Haupt.

Stichwortverzeichnis

A

Alltagskommunikation 21, 48, 54, 119
Arbeitsmigranten 17
Assimilation 103
Ausländerpädagogik 104, 121
Aussprache 30, 40, 41

B

Beobachtungsbögen 86
Bezugsnorm 80, 82
Bezugsperson 30
BICS (basic interpersonal communicative skills) 51
Bildung
– mehrsprachige 108
– muttersprachliche 50
– schulische 25, 50
– zweisprachige schulische 110
Bildungsaufgabe 20
Bildungsbenachteiligung 19, 78
– migrationsbedingte 25
Bildungsbeteiligung 18
Bildungspläne 22, 23
Bildungspolitik 82
Bildungssprache 48, 49, 52, 73, 110
Bildungsstandards 22, 78, 82

C

CALP (cognitive academic language proficiency) 51

code-mixing 43
code-switching 43

D

DaF 114
DaZ 117, 133
Deixis 57
Deutschdidaktik 121
– interkulturelle 121
Diskriminierung
– institutionelle 107

E

eine Person – eine Sprache 15, 44
Einschulungsuntersuchung 83
Einwortsätze 63
Elementarpädagogik 127
Entwicklung
– kognitive 28
Entwicklungstheorien
– sprachliche 27
Erstsprache 15
Erzählen 58

F

Fähigkeit 40
Familiensprache 15, 16
Fehleranalyse 72, 94
Fehlertoleranz 43
Förderklassen 112

Förderplanung 83
Förderschule 18
Förderung
– konzeptionelle 129
Förderunterricht 22, 133
Fremdspracherwerb 17
Funktionsorientierung 127
Funktionsverbgefüge 75
Funktionswörter 60, 63, 71

G

Gelegenheit 41
Genus und Kasus 22, 68, 69
Genuszuweisung 70
Gesprächspartner 130
Grammatikentwicklung 43
Grammatik-Übersetzungsmethode 115
Grammatikunterricht 22, 120, 133
Grammatikvermittlung 136
– explizite 116
Grundfertigkeiten
– sprachliche 134

H

Herkunftssprachen 16
Heterogenität
– kulturelle 105
Hören 134

I

Immersion 50, 110
Indefinitpronomen 74
Inklusion 104
Integrationsprinzip 113
Interaktion 29, 58
Interdependenzhypothese 50
Interferenz 42
Interlanguage-Hypothese 42

K

Kommunikation 59, 119
– interkulturelle 122
Kommunikationsaufgabe 119
Konjugationsformen 62, 67
Kontakt 41
Kontaktalter 82

L

Language Acquisition Device 28
Language Acquisition Support System 29
Language awareness 122
Laut-Buchstaben-Zuordnung 65
Lehrgangsprinzip 113
Lernbedingungen 16
Lernerfahrungen 39
Lernergrammatik 74
Lernprozesse 81
Lernschwierigkeiten 48
Lernstrategien 41
Leseerfahrungen 64
Lesekompetenz 66
Lesen 135
Lesesozialisation 66

M

Marginalisation 103
Mathematikaufgaben 75
Mehrsprachigkeit 13, 22
Methode
– audiolinguale 115
– interkulturelle 117
– kommunikativ-pragmatisch 116
Migrantenanteil 20
Migrantenkulturen 106
Migrationsgesellschaft 107
Migrationshintergrund 18
Migrationspädagogik 106
Motivation 38
– instrumentelle 39
– integrative 39

Multikulturalität 40
Mündlichkeit 53
Muttersprache 14

N

Nationalsprache 14
native speaker 16, 49
Natürliches-Geschlecht-Prinzip 68
Nebensatzstrukturen 63
Nominalstil 75
Norm 82
Notenschutz 83

O

Objektivität 80
Orthographie 65

P

Pädagogik
– interkulturelle 105, 121
Pluralbildung 71
Prinzipien
– des Unterrichts 120
Problemlösestrategien 81
Programme
– additive 127
– situationsbezogene 128
Prozentrang 80
Prozesse
– phonologische 56
Pseudoaktant 74

Q

Qualifikation 64
– diskursive 58
– literale 64
– morphosyntaktische 61
– phonische 56

– pragmstische 57
– semantische 58, 85
Qualifikationenfächer 54, 134

R

Reliabilität 80

S

Satzmuster 45, 67
Satzmustertraining 127
scaffolding 42
Schreiben 135
Schreibprozessforschung 135
Schriftlichkeit 52, 53
Schulbesuchsdauer 18
Schwellenniveauhypothese 48
Screening 78, 81
– qualitativ 88
Segregation 103, 109
Selbstkonzept 24
Situationsbezug 127
Sprachaneignung 27
Sprachbildung 125
Sprachenportfolio 144
Sprachentrennung 44
Sprachentwicklung 27
Sprachentwicklungsstörungen 77
Sprachenvielfalt 124
Spracherfahrung 22, 60
Spracherwerb 21, 27
Spracherwerbstheorie
– interaktionistische 29
Sprachförderbedarf 126
Sprachförderprogramme 85
Sprachförderung 125, 129, 130
Sprachkontakt 60, 62
Sprachlabor 115
sprachlicher Schwierigkeiten 21
Sprachmischungen 45, 47
Sprachschutzprogramme 109
Sprachschwierigkeiten 23
Sprachstand 21

Sprachstandserhebung 77
Sprachstandserhebungsverfahren 112
Sprachverhaltens 131
Sprachvorbild 30
Sprechen 134
Sprossvokal 65
Staatsbürgerschaft 18
Submersion 50, 110

T

Testgütekriterien 79
Testnormierung 79
Textentlastung 135
Textproduktion 65
Transfer 42

U

Umgebungssprache 16
Unterricht
– muttersprachlicher 105, 134
Unterstützung 131

V

Validität 80
Variation
– interkulturelle 106

Verbendstellung 44
Verbklammer 123
Verbstellungsregeln 63
Verbzweitstellung 44
verdeckten Sprachschwierigkeiten 21
Verfahren
– halbstandardisiert 89
– informell 81
– standardisiert 80, 83
Verschriftung 65
Vorbereitungsklassen
– internationale 111
Vorschulalter 21

W

Wechselpräpositionen 71
Wörterbücher 120
Wortschatz 60, 63, 132
Wortschatzentwicklung 59
Wortschatzerwerb 61
Wortschatzumfang 60

Z

Zweitsprache 15
Zweitspracherwerb 17
– sukzessiver 15, 16, 56

2013. 168 Seiten. Kart.
€ 21,90
ISBN 978-3-17-021888-8
Lehren und Lernen

Wolfgang Lenhard

Leseverständnis und Lesekompetenz

Grundlagen – Diagnostik – Förderung

Die Schriftsprache ist eine der faszinierendsten Errungenschaften der Menschheit. Der Prozess des Verstehens beim Lesen ist sehr komplex und wird von vielen Einflussfaktoren bestimmt. Im Buch werden diese Faktoren, ihre Entwicklung und ihr Zusammenspiel systematisch erarbeitet. Hierdurch eröffnet sich eine Perspektive auf die Frage, an welchen Punkten Diagnostik und Förderung ansetzen können. Dieses Buch bietet dem Leser einen Einblick in Theorien und Modelle und zeigt aktuelle Forschungsergebnisse und die Entwicklung im deutschsprachigen Raum seit der ersten PISA-Untersuchung auf. Darüber hinaus beleuchtet es die Frage, wo die besonderen Bedürfnisse schwacher Leser liegen, schildert Diagnosemöglichkeiten und geht auf systematische und evidenzbasierte Fördermöglichkeiten ein.

▶ www.kohlhammer.de

W. Kohlhammer GmbH · 70549 Stuttgart
Tel. 0711/7863 - 7280 · Fax 0711/7863 - 8430

3., vollst. überarb. und erw. Auflage 2013
540 Seiten. Fester Einband
€ 39,90
ISBN 978-3-17-022462-9
Kohlhammer Standards Psychologie

Marcus Hasselhorn/Andreas Gold

Pädagogische Psychologie

Erfolgreiches Lernen und Lehren

Wie lernen Menschen und wie kann man ihnen dabei helfen? In diesem Lehrbuch werden Theorien und sie stützende empirische Befunde dargestellt, auf deren Grundlage erfolgreiches Lernen und Lehren möglich ist. Dabei geht es um die allgemeinen und individuellen Voraussetzungen erfolgreichen Lernens und Lehrens sowie um die besonderen Herausforderungen, die aus der Unterschiedlichkeit der Lernenden resultieren. Für die 3. Auflage wurden neben einer grundlegenden Überarbeitung auch neue Abschnitte zu den Dimensionen der Unterrichtsqualität und den Voraussetzungen erfolgreichen Lehrens sowie zu Schulbereitschaft und Einschulung hinzugefügt.

▶ www.kohlhammer.de

W. Kohlhammer GmbH · 70549 Stuttgart
Tel. 0711/7863 - 7280 · Fax 0711/7863 - 8430